L'ÉCUME DES JOURS

BORIS VIA

ÉTUDE DE L'
MARC SA

COLLECTION
PARCOURS D'UNE ŒUVRE

SOUS LA DIRECTION DE MICHEL LAURIN

Beauchemin

CHENELIÈRE ÉDUCATION

L'Écume des jours
Texte intégral

Édition présentée, annotée et commentée par
   Marc Savoie, enseignant au Collège Ahuntsic

Collection « Parcours d'une œuvre »

Sous la direction de Michel Laurin

© 2010 Chenelière Éducation inc.

Conception éditoriale : Sophie Gagnon
Édition : Johanne O'Grady
Coordination : Johanne Lessard
Révision linguistique : Paul Lafrance
Correction d'épreuves : Christine Langevin
Conception graphique : Josée Bégin
Infographie : Interscript
Impression : Imprimeries Transcontinental

Photographie de la couverture :
Boris Vian à la trompette, vers 1946.
Archives Fond'action Boris Vian — D. R.

**Catalogage avant publication
de Bibliothèque et Archives nationales du Québec
et Bibliothèque et Archives Canada**

Vian, Boris, 1920-1959

   L'Écume des jours

   (Collection Parcours d'une œuvre)

   Comprend des réf. bibliogr.

   Pour les étudiants du niveau collégial.

   ISBN 978-2-7616-5606-1

   1. Vian, Boris, 1920-1959. Écume des jours. 2. Vian, Boris,
1920-1959 – Critique et interprétation.   I. Savoie, Marc, 1966-   .
II. Titre.   III. Collection : Collection Parcours d'une œuvre.

PQ2643.I152E38 2009   843'.914   C2009-942135-6

Beauchemin

CHENELIÈRE ÉDUCATION

7001, boul. Saint-Laurent
Montréal (Québec) Canada H2S 3E3
Téléphone : 514 273-1066
Télécopieur : 450 461-3834 / 1 888 460-3834
info@cheneliere.ca

Membre du CERC

ISBN 978-2-7616-5606-1

Dépôt légal : 1er trimestre 2010
Bibliothèque et Archives nationales du Québec
Bibliothèque et Archives Canada

Imprimé au Canada

1 2 3 4 5 ITG 13 12 11 10 09

Nous reconnaissons l'aide financière du gouvernement du Canada
par l'entremise du Programme d'aide au développement de
l'industrie de l'édition (PADIÉ) pour nos activités d'édition.

Gouvernement du Québec – Programme de crédit d'impôt pour
l'édition de livres – Gestion SODEC.

Membre de
l'Association nationale
des éditeurs de livres

ASSOCIATION
NATIONALE
DES ÉDITEURS
DE LIVRES

À Esther, Serge, Élisabeth et Frédérique.

TABLE DES MATIÈRES

BORIS VIAN.
JEAN WEBER — D. R.

INTRODUCTION

LA PETITE HISTOIRE D'UN GRAND ROMAN

Écrite à la vitesse de l'éclair au cours de l'année 1946, pressentie pour le prix de la Pléiade décerné par la prestigieuse maison d'édition Gallimard, *L'Écume des jours* est l'œuvre d'un ingénieur de 26 ans au cœur aussi rebelle que fragile. L'imagination débordante, le goût pour l'humour absurde, l'anticonformisme et le sens de la poésie de l'auteur y sont mis au service d'une histoire d'amour qui est aussi une réflexion sur la mort et sur la beauté : celle des filles et du jazz. C'est que, en plus d'être ingénieur et romancier, Boris Vian est un trompettiste de talent, admirateur sans borne de Duke Ellington et futur prince de Saint-Germain-des-Prés, le quartier fréquenté par les existentialistes où il fera vibrer la jeunesse de l'après-guerre au son de sa « trompinette ».

L'Écume des jours, c'est aussi l'histoire d'adultes qui persistent à vivre comme des enfants et d'enfants qui se prennent pour des adultes. C'est le reflet d'une vie marquée par la guerre, mais plus spécialement par la mort tragique du père de même que par la fin prématurée et brutale d'une jeunesse insouciante. C'est le récit d'un amour qui résiste mal aux exigences d'une société matérialiste, celui de Colin et Chloé, mais également celui de Boris Vian et Michelle Léglise, dont le mariage s'étiole déjà au moment où la souris grise enfouit sa tête dans la gueule du chat.

Échec commercial à sa parution, ce roman ne sera redécouvert qu'après la mort de son auteur, en 1959. Depuis, il a été célébré par la jeunesse de mai 1968 et par celle de toutes les époques, devenant ironiquement, à l'instar du *Petit Prince* de Saint-Exupéry, l'un des plus grands succès de librairie. Plus qu'un simple « roman pour la jeunesse », *L'Écume des jours* est un petit chef-d'œuvre d'humour, de poésie et d'invention qui, comme *L'Attrape-cœurs* de J. D. Salinger [1], demeure l'une des œuvres majeures de la littérature d'après-guerre.

---

1. *L'Attrape-cœurs* (*The Catcher in the Rye*) est un roman de l'Américain J. D. Salinger (né en 1919) publié en 1951 et qui, comme *L'Écume des jours,* célèbre à sa manière l'innocence de l'enfance.

Il faut parler de Zin (Zolin) — 1
Il avait beaucoup d'argent
C'était d'un héritage —
Je voudrais dans sa maison
Pleine de cuillers à dessert
De tasses pleines aussi
De frigidaires à gâteaux
de bœuf et de moutons cuit —

Ça lui faisait de la peine — 2
D'avoir tout ça pour lui tout seul
Il avait le cœur sensible et donnait de du e[...]
aux gens
Il aimait danser, et voir des jeunes filles
avec des yeux, des cheveux, des charrettes,
jaunes. et des jambes, et des petites fleurs
rouges plein les manches.

Il allait souvent danser, le byglemoi. — 3
le deboité, la tramontane,
C'était la danse la plus moderne. —

Un jour, c'était pour sa fête, il a — 4
eu dans sa part de gateau une fille
une très jeune, très jolie (il trouvait)
Il s'appelait Zin (Zolin). c'était joli,
Et ça plut. — Alors Zin (Zolin)

PLAN DU ROMAN *L'ÉCUME DES JOURS*.
© ARCHIVES COHÉRIE BORIS VIAN.

Pour mon bibi [1]

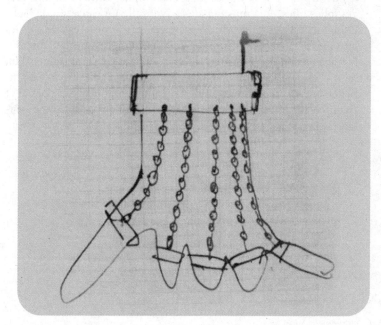

---

1. Bibi : surnom intime de Michelle Léglise, la première femme de Boris Vian.

Avant-propos

Dans la vie, l'essentiel est de porter sur tout des jugements *a priori* [1]. Il apparaît en effet que les masses ont tort, et les individus toujours raison. Il faut se garder d'en déduire des règles de conduite : elles ne doivent pas avoir besoin d'être formulées pour qu'on les suive.
5 Il y a seulement deux choses : c'est l'amour, de toutes les façons, avec des jolies filles, et la musique de La Nouvelle-Orléans [2] ou de Duke Ellington [3]. Le reste devrait disparaître, car le reste est laid, et les quelques pages de démonstration qui suivent tirent toute leur force du fait que l'histoire est entièrement vraie, puisque je l'ai imaginée d'un
10 bout à l'autre. Sa réalisation matérielle proprement dite consiste essentiellement en une projection de la réalité, en atmosphère biaise et chauffée, sur un plan de référence irrégulièrement ondulé et présentant de la distorsion. On le voit, c'est un procédé avouable, s'il en fut.

La Nouvelle-Orléans.
10 mars 1946.

N.B. : Les trois extraits de l'œuvre qui font l'objet d'une analyse approfondie sont indiqués par une trame superposée au texte. Les mots suivis d'un astérisque sont définis dans le glossaire, à la page 304.

1. Jugements *a priori* : jugements subjectifs, faits avant l'observation des faits.
2. La Nouvelle-Orléans, fondée en 1718, est une ville importante de la Louisiane. C'est dans l'un de ses quartiers (Storyville, où se trouvaient les maisons de prostitution) que se développe le jazz au début du XXe siècle.
3. Edward Kennedy Ellington (1899-1974), dit « Duke » (le Duc) : pianiste, compositeur et chef d'orchestre, un géant du jazz américain et l'une des plus célèbres personnalités noires du XXe siècle.

I

Colin terminait sa toilette. Il s'était enveloppé, au sortir du bain,
d'une ample serviette de tissu bouclé dont seuls ses jambes et son torse
dépassaient. Il prit à l'étagère, de verre, le vaporisateur et pulvérisa
l'huile fluide et odorante sur ses cheveux clairs. Son peigne d'ambre [1]
divisa la masse soyeuse en longs filets orange pareils aux sillons que le
gai laboureur trace à l'aide d'une fourchette dans de la confiture d'abricots. Colin reposa le peigne et, s'armant du coupe-ongles, tailla en
biseau les coins de ses paupières mates, pour donner du mystère à son
regard. Il devait recommencer souvent, car elles repoussaient vite. Il
alluma la petite lampe du miroir grossissant et s'en approcha pour vérifier l'état de son épiderme. Quelques comédons saillaient aux alentours
des ailes du nez. En se voyant si laids dans le miroir grossissant, ils ren-
trèrent prestement sous la peau et, satisfait, Colin éteignit la lampe. Il
détacha la serviette qui lui ceignait les reins et passa l'un des coins entre
ses doigts de pied pour absorber les dernières traces d'humidité.

Dans la glace, on pouvait voir à qui il ressemblait, le blond qui joue
le rôle de Slim dans *Hollywood Canteen* [2]. Il avait la tête ronde, les
oreilles petites, le nez droit, le teint doré. Il souriait souvent, d'un sourire de bébé, et, à force, cela lui avait fait venir une fossette au menton.
Il était assez grand, mince, avec de longues jambes, et très gentil. Le
nom de Colin lui convenait à peu près. Il parlait doucement aux filles
et joyeusement aux garçons. Il était presque toujours de bonne
humeur, le reste du temps il dormait.

Il vida son bain en perçant un trou dans le fond de la baignoire. Le
sol de la salle de bains, dallé de grès cérame [3] jaune clair, était en pente
et orientait l'eau vers un orifice situé juste au-dessus du bureau du

---

1. Ambre : résine fossile de couleur dorée entrant dans la confection de bijoux ou d'objets divers.
2. À l'origine, la *Hollywood Canteen* était un club offrant divertissement et repas aux soldats de la Seconde Guerre mondiale de retour de mission. Le personnel bénévole (serveurs, cuisiniers, etc.) était entièrement composé de stars du cinéma américain. En 1944, il inspira un film du même nom qui racontait l'histoire de Slim, un jeune soldat tombant amoureux d'une des vedettes de l'établissement.
3. Grès cérame : grès vitrifié.

40 locataire de l'étage inférieur. Depuis peu, sans prévenir Colin, ce dernier avait changé son bureau de pièce. Maintenant, l'eau tombait sur son garde-manger.

Il glissa ses pieds dans des sandales de cuir de roussette [1] et revêtit un élégant costume d'intérieur. Son pantalon était de velours à côtes
45 vert d'eau très profonde et son veston de calmande [2] noisette. Il accrocha la serviette au séchoir, posa le tapis de bain sur le bord de la baignoire et le saupoudra de gros sel afin qu'il dégorgeât toute l'eau contenue. Le tapis se mit à baver en faisant des grappes de petites bulles savonneuses.

50 Il sortit de la salle de bains et se dirigea vers la cuisine afin de surveiller les derniers préparatifs du repas. Il avait invité à dîner, comme tous les lundis soir, son camarade Chick, qui habitait tout près. On n'était encore que samedi, mais Colin se sentait l'envie de voir Chick et de lui faire goûter le menu élaboré avec une joie sévère par Nicolas, son
55 nouveau cuisinier. Chick était aussi célibataire. Il avait le même âge que Colin, vingt-deux ans, et des goûts littéraires comme lui, mais moins d'argent. Colin possédait une fortune suffisante pour vivre convenablement sans travailler pour les autres, Chick devait aller tous les huit jours au ministère voir son oncle et lui emprunter de l'argent car son
60 métier d'ingénieur ne lui rapportait pas de quoi se maintenir au niveau des ouvriers qu'il commandait, et c'est difficile de commander à des gens mieux habillés et mieux nourris que soi-même. Colin l'aidait de son mieux en l'invitant à dîner toutes les fois qu'il le pouvait, mais l'orgueil de Chick l'obligeait d'être prudent, et de ne pas montrer, par des
65 faveurs trop fréquentes, qu'il entendait lui venir en aide.

Le couloir de la cuisine était clair, vitré des deux côtés, et un soleil brillait de chaque côté car Colin aimait la lumière. Il y avait des robinets de laiton soigneusement astiqués un peu partout. Les jeux des soleils sur les robinets produisaient des effets féeriques. Les souris de
70 la cuisine aimaient danser au son des chocs des rayons de soleil sur les robinets, et couraient après les petites boules que formaient les rayons en achevant de se pulvériser sur le sol, comme des jets de mercure jaune. Colin caressa une des souris en passant — elle avait de très

---

1. Roussette : le terme peut désigner à la fois une sorte de chauve-souris ou une espèce de petit requin.
2. Calmande : étoffe de laine dont l'une des faces est lustrée.

longues moustaches noires, elle était grise et mince et lustrée à
75 miracle —, le cuisinier les nourrissait très bien sans les laisser grossir
trop. Les souris ne faisaient pas de bruit dans la journée et jouaient
seulement dans le couloir.

Colin poussa la porte émaillée de la cuisine. Le cuisinier Nicolas
surveillait son tableau de bord. Il était assis devant un pupitre, égale-
80 ment émaillé de jaune clair et qui portait des cadrans correspondant
aux divers appareils culinaires alignés le long des murs. L'aiguille du
four électrique, réglé pour la dinde rôtie, oscillait entre « presque » et
« à point ». Il allait être temps de la retirer. Nicolas pressa un bouton
vert, ce qui déclenchait le palpeur sensitif. Celui-ci pénétra sans ren-
85 contrer de résistance, et l'aiguille atteignait « à point » à ce moment.
D'un geste rapide, Nicolas coupa le courant du four et mit en marche
le chauffe-assiettes.

— Ça sera bon ? demanda Colin.

— Monsieur peut en être sûr ! affirma Nicolas. La dinde était par-
90 faitement calibrée.

— Quelle entrée avez-vous préparée ?

— Mon Dieu, dit Nicolas, pour une fois, je n'ai rien innové. Je me
suis borné à plagier Gouffé [1].

— Vous eussiez pu choisir un plus mauvais maître ! remarqua
95 Colin. Et quelle partie de son œuvre allez-vous reproduire ?

— Il en est question à la page 638 de son *Livre de cuisine*. Je vais lire
à Monsieur le passage en question.

Colin s'assit sur un tabouret au siège capitonné de caoutchouc
alvéolé [2], sous une soie huilée assortie à la couleur des murs, et
100 Nicolas commença en ces termes :

— Faites une croûte de pâté chaud comme pour entrée. Préparez
une grosse anguille que vous couperez en tronçons de trois centimètres. Mettez les tronçons d'anguille dans une casserole, avec vin blanc,
sel et poivre, oignons en lames, persil en branches, thym et laurier et
105 une petite pointe d'ail.

---

1. Jules Gouffé (1807-1877) : cuisinier et pâtissier français, spécialiste de la « cuisine décorative ».
   Vian admirait son *Livre de cuisine* (1867) qui contient effectivement, mot pour mot, la recette
   du « pâté chaud d'anguille ».
2. Alvéolé : présentant de petits creux.

— Je n'ai pas pu l'aiguiser comme j'aurais voulu, dit Nicolas, la meule est trop usée.

— Je la ferai changer, dit Colin.

Nicolas continua :

110 — Faites cuire. Retirez l'anguille de la casserole et remettez-la dans un plat à sauter. Passez la cuisson au tamis de soie, ajoutez de l'espagnole[1] et faites réduire jusqu'à ce que la sauce masque la cuillère. Passez à l'étamine, couvrez l'anguille de sauce et faites bouillir pendant deux minutes. Dressez l'anguille dans le pâté. Formez 115 un cordon de champignons tournés sur le bord de la croûte, mettez un bouquet de laitances[2] de carpes au milieu. Saucez avec la partie de la sauce que vous avez réservée.

— D'accord, approuva Colin. Je pense que Chick aimera ça.

— Je n'ai pas l'avantage de connaître Monsieur Chick, conclut 120 Nicolas, mais s'il ne l'aime pas, je ferai autre chose la prochaine fois, et cela me permettra de situer avec une quasi-certitude l'ordre spatial de ses goûts et dégoûts.

— Voui !... dit Colin. Je vous quitte, Nicolas. Je vais m'occuper du couvert.

125 Il prit le couloir dans l'autre sens et traversa l'office pour aboutir à la salle à manger-studio dont le tapis bleu pâle et les murs beige-rose étaient un repos pour les yeux ouverts.

La pièce, de quatre mètres sur cinq environ, prenait jour sur l'avenue Louis-Armstrong[3] par deux baies allongées. Des glaces sans 130 tain coulissaient sur le côté et permettaient d'introduire les odeurs du printemps lorsqu'il s'en rencontrait à l'extérieur. Du côté opposé, une table de chêne souple occupait l'un des coins de la pièce. Deux banquettes à angle droit correspondaient à deux des côtés de la table et des chaises assorties, à coussins de maroquin[4] bleu, garnis-135 saient les deux côtés libres. Le mobilier de cette pièce comprenait en outre un long meuble bas, aménagé en discothèque, un pick-up[5] du

---

1. Espagnole : sauce brune.
2. Laitances : sperme des poissons. La laitance de carpes est employée en cuisine.
3. Louis Armstrong (1901-1971) : trompettiste, chanteur et chef d'orchestre noir originaire de La Nouvelle-Orléans, qui a largement contribué à populariser le jazz au cours du XXᵉ siècle.
4. Maroquin : cuir traité de chèvre ou de mouton connu d'abord au Maroc, d'où son nom.
5. *Pick-up* : tourne-disque, pour écouter des disques de vinyle.

plus fort module et un meuble, symétrique du premier, contenant les lance-pierres, les assiettes, les verres et les autres ustensiles que l'on utilise pour manger chez les civilisés.

140 Colin choisit une nappe bleu clair assortie au tapis. Il disposa, au centre de la table, un surtout[1] formé d'un bocal de formol à l'intérieur duquel deux embryons de poulet semblaient mimer le *Spectre de la Rose,* dans la chorégraphie de Nijinski[2]. Alentour, quelques branches de mimosa en lanières : un jardinier de ses amis l'obtenait 145 par croisement du mimosa ordinaire, en boules, avec le ruban de réglisse noir que l'on trouve chez les merciers[3] en sortant de classe.

Puis il prit, pour chacun, deux assiettes de porcelaine blanche croisillonnée d'or transparent, un couvert d'acier inoxydable aux manches ajourés dans chacun desquels une coccinelle empaillée, 150 isolée entre deux plaquettes de plexiglas, portait bonheur ; il ajouta une coupe de cristal et des serviettes pliées en chapeau de curé ; ceci prenait un certain temps. À peine achevait-il ses préparatifs que la sonnette se détacha du mur et le prévint de l'arrivée de Chick.

Colin effaça un faux pli de la nappe et s'en fut ouvrir.

155 — Comment vas-tu ? demanda Chick.

— Et toi ? répliqua Colin. Enlève ton imper et viens voir ce que fait Nicolas.

— Ton nouveau cuisinier ?

— Oui ! dit Colin. Je l'ai échangé à ma tante contre l'ancien et un 160 kilog[4] de café belge.

— Il est bien ? demanda Chick.

— Il a l'air de savoir ce qu'il fait. C'est un disciple de Gouffé.

— L'homme de la malle ? s'enquit Chick, horrifié[5].

Sa petite moustache noire s'abaissait tragiquement.

165 — Non, ballot[6]. Jules Gouffé. Le cuisinier bien connu.

---

1. Surtout : ornement ou pièce de vaisselle que l'on place au milieu d'une table pour la décorer.
2. Ce ballet inspiré d'un poème de Théophile Gautier (1811-1872) a été créé par les Ballets russes en 1911. Le célèbre danseur Vaslav Nijinski (1889-1950) dansait le rôle principal mais, contrairement à ce qu'écrit Vian, la chorégraphie était de Mikhaïl Fokine (1880-1942).
3. Merciers : marchands de mercerie (matériel de couture et d'autres travaux d'aiguille).
4. Un kilog : un kilo. Abréviation personnelle de kilogramme.
5. Référence à une célèbre affaire criminelle qui eut lieu en 1889. Le corps de la victime, un huissier du nom d'A. T. Gouffé, avait été retrouvé dans une malle au fond d'un bois.
6. Ballot : imbécile (terme vieilli).

— Oh, tu sais, moi, dit Chick, en dehors de Jean-Sol Partre [1], je ne lis pas grand-chose.

Il suivit Colin dans le couloir dallé, caressa les souris et mit, en passant, quelques gouttelettes de soleil dans son briquet.

170 — Nicolas, dit Colin en entrant, je vous présente mon ami Chick.

— Bonjour, Monsieur, dit Nicolas.

— Bonjour, Nicolas, répondit Chick. Est-ce que vous n'avez pas une nièce qui s'appelle Alise?

— Si, Monsieur, dit Nicolas. Une jolie jeune fille, d'ailleurs, si j'ose 175 introduire ce commentaire.

— Elle a un grand air de famille avec vous, dit Chick. Quoique du côté du buste, on puisse noter quelques différences.

— Je suis assez large, dit Nicolas, et elle est évidemment plus développée dans le sens perpendiculaire, si Monsieur veut bien me per-180 mettre cette précision.

— Eh bien, dit Colin, nous voici presque en famille. Vous ne m'aviez pas dit que vous aviez une nièce, Nicolas.

— Ma sœur a mal tourné, Monsieur, dit Nicolas. Elle a fait des études de philosophie. Ce ne sont pas des choses dont on aime à se 185 vanter dans une lignée fière de ses traditions…

— Eh… dit Colin, je crois que vous avez raison. En tout cas, je vous comprends. Montrez-nous donc ce pâté d'anguille…

— Il serait dangereux d'ouvrir le four actuellement, prévint Nicolas. Il pourrait en résulter une dessiccation [2] consécutive à l'in-190 troduction d'air moins riche en vapeur d'eau que celui qui s'y trouve renfermé en ce moment.

— Je préfère avoir, dit Chick, la surprise de le voir pour la première fois sur la table.

— Je ne puis qu'approuver Monsieur, dit Nicolas. Puis-je me per-195 mettre de prier Monsieur de bien vouloir m'autoriser à reprendre mes travaux?

— Faites, Nicolas, je vous en prie.

---

1. Contrepèterie sur Jean-Paul Sartre (1905-1980), philosophe, écrivain et dramaturge français. Voir «Présentation de l'œuvre», note 1, p. 242.

2. Dessiccation: déshydratation.

Nicolas se remit à sa tâche, qui consistait en le démoulage d'aspics[1] de filets de sole contisés[2] de lames de truffes, destinés à garnir
200 le hors-d'œuvre de poisson. Colin et Chick quittèrent la cuisine.

— Prendras-tu un apéritif? demanda Colin. Mon pianocktail[3] est achevé, tu pourrais l'essayer.

— Il marche? demanda Chick.

— Parfaitement. J'ai eu du mal à le mettre au point, mais le
205 résultat dépasse mes espérances. J'ai obtenu à partir de la *Black and Tan Fantasy*[4] un mélange vraiment ahurissant.

— Quel est ton principe? demanda Chick.

— À chaque note, dit Colin, je fais correspondre un alcool, une liqueur ou un aromate. La pédale forte correspond à l'œuf battu et la
210 pédale faible à la glace. Pour l'eau de Seltz il faut un trille dans le registre aigu. Les quantités sont en raison directe de la durée: à la quadruple croche équivaut le seizième d'unité, à la noire l'unité, à la ronde la quadruple unité. Lorsque l'on joue un air lent, un système de registre est mis en action de façon que la dose ne soit pas augmentée, ce qui donnerait
215 un cocktail trop abondant, mais la teneur en alcool. Et suivant la durée de l'air, on peut si l'on veut faire varier la valeur de l'unité, la réduisant par exemple au centième pour pouvoir obtenir une boisson tenant compte de toutes les harmonies, au moyen d'un réglage latéral.

— C'est compliqué, dit Chick.

220 — Le tout est commandé par des contacts électriques et des relais; je ne te donne pas de détails, tu connais ça. Et d'ailleurs, en plus, le piano fonctionne réellement.

— C'est merveilleux! dit Chick.

— Il n'y a qu'une chose gênante, dit Colin, c'est la pédale forte
225 pour l'œuf battu. J'ai dû mettre un système d'enclenchement spécial, parce que lorsque l'on joue un morceau trop hot[5], il tombe des morceaux d'omelette dans le cocktail et c'est dur à avaler. Je modifierai ça. Actuellement, il suffit de faire attention. Pour la crème fraîche, c'est le sol grave.

---

1. Aspics: plats froids à base de poisson ou de viande en gelée.
2. Contisés: entaillés.
3. Pianocktail: création fantaisiste de Vian, combinant les plaisirs de la musique et de l'alcool.
4. Composition de Bubber Miley (1903-1932) et de Duke Ellington enregistrée par ce dernier en 1927.
5. *Hot*: employé ici tant au sens propre qu'au figuré.

230   — Je vais m'en faire un sur *Loveless Love*[1], dit Chick. Ça va être terrible.

— Il est encore dans le débarras dont je me suis fait un atelier, dit Colin, parce que les plaques de protection ne sont pas vissées. Viens, on va y aller. Je le réglerai pour deux cocktails de vingt centilitres 235 environ, pour commencer.

Chick se mit au piano. À la fin de l'air, une partie du panneau de devant se rabattit d'un coup sec et une rangée de verres apparut. Deux d'entre eux étaient pleins à ras bord d'une mixture appétissante.

— J'ai eu peur, dit Colin, un moment, tu as fait une fausse note, 240 heureusement, c'était dans l'harmonie.

— Ça tient compte de l'harmonie ? dit Chick.

— Pas pour tout, dit Colin. Ce serait trop compliqué. Il y a quelques servitudes seulement. Bois et viens à table.

II

— Ce pâté d'anguille est remarquable, dit Chick. Qui t'a donné 245 l'idée de le faire ?

— Nicolas en a eu l'idée, dit Colin. Il y a une anguille — il y avait, plutôt — qui venait tous les jours dans son lavabo par la conduite d'eau froide.

— C'est curieux ! dit Chick. Pourquoi ça ?

250   — Elle passait la tête et vidait le tube de pâte dentifrice en appuyant dessus avec ses dents. Nicolas ne se sert que de pâte américaine à l'ananas et ça a dû la tenter.

— Comment l'a-t-il prise ? demanda Chick.

— Il a mis un ananas entier à la place du tube. Quand elle avalait 255 la pâte, elle pouvait déglutir et rentrer sa tête ensuite, mais, avec l'ananas, cela n'a pas marché, et plus elle tirait, plus ses dents entraient dans l'ananas. Nicolas…

Colin s'arrêta.

---

1. Blues signé W. C. Handy (1873-1958), musicien et compositeur américain souvent considéré comme le père de ce genre musical.

— Nicolas quoi? dit Chick.

260 — J'hésite à te le dire, ça va peut-être te couper l'appétit.

— Va donc, dit Chick, il n'en reste presque plus.

— Nicolas est entré à ce moment-là et lui a sectionné la tête avec une lame de rasoir. Ensuite, il a ouvert le robinet et tout le reste est venu.

— C'est tout? dit Chick. Redonne-moi du pâté. J'espère qu'elle a
265 une nombreuse famille dans le tuyau.

— Nicolas a mis de la pâte à la framboise pour voir… dit Colin. Mais dis-moi, cette Alise dont tu lui parlais…?

— Je l'envisage en ce moment, dit Chick. Je l'ai rencontrée à une conférence de Jean-Sol. Nous étions tous les deux à plat ventre sous
270 l'estrade et c'est comme ça que je l'ai connue.

— Comment est-elle?

— Je ne sais pas décrire, dit Chick… elle… elle est jolie…

— Ah!… dit Colin.

Nicolas revenait. Il portait la dinde.

275 — Asseyez-vous donc avec nous, Nicolas, dit Colin. Après tout, comme disait Chick, vous êtes presque de la famille.

— Je vais d'abord m'occuper des souris, si Monsieur n'y voit pas d'inconvénient, dit Nicolas. Je reviens. La dinde est découpée. La sauce est là…

280 — Tu vas voir, dit Colin. C'est une sauce à la crème de mangue et au genièvre, cousue dans des paupiettes de veau tissé. Tu presses dessus et ça sort en filets.

— Supérieur! dit Chick.

— Tu ne voudrais pas me donner une idée de la façon dont tu t'y
285 es pris pour entrer en relations avec elle? poursuivit Colin.

— Eh bien… dit Chick, je lui ai demandé si elle aimait Jean-Sol Partre, et elle m'a dit qu'elle faisait collection de ses œuvres… Alors, j'ai dit: moi aussi… et, chaque fois que je lui disais quelque chose, elle répondait: moi aussi…, et vice-versa… Alors à la fin, juste pour faire
290 une expérience existentialiste [1], je lui ai dit: je vous aime beaucoup, et elle a dit: oh!

— L'expérience avait raté… dit Colin.

---

1. Une expérience existentialiste: une expérience dans l'esprit de la philosophie de Jean-Paul Sartre, l'existentialisme. Voir «Présentation de l'œuvre», p. 189-194.

— Oui, dit Chick, mais elle n'est pas partie tout de même. Alors, j'ai dit : je vais par là. Et elle a dit : pas moi… Et elle a ajouté : moi, je
295 vais par là.

— C'est extraordinaire !… assura Colin.

— J'ai dit : moi aussi !… dit Chick, et j'ai été partout où elle a été…

— Comment ça s'est-il terminé ? dit Colin.

— Euh !… dit Chick, c'était l'heure d'aller au lit…

300 Colin s'étrangla et but un demi-litre de bourgogne avant de se remettre.

— Je vais à la patinoire avec elle demain… dit Chick. C'est dimanche. Tu viens avec nous ? Nous choisissons le matin pour qu'il n'y ait pas trop de monde. Ça m'ennuie un peu, remarqua-t-il, parce
305 que je patine mal, mais nous pourrons parler de Partre.

— J'irai… promit Colin. J'irai avec Nicolas. Il a peut-être d'autres nièces.

III

Colin descendit du métro, puis remonta les escaliers. Il émergea dans le mauvais sens et contourna la station pour s'orienter. Il prit la
310 direction du vent avec un mouchoir de soie jaune et la couleur du mouchoir, emportée par le vent, se déposa sur un grand bâtiment de forme irrégulière, qui prit ainsi l'allure de la piscine-patinoire Molitor[1].

Vers lui, c'était la piscine d'hiver. Il la dépassa et par la face latérale, pénétra dans cet organisme pétrifié en traversant un double jeu bat-
315 tant de portes vitrées à barres de cuivre. Il tendit sa carte d'abonnement, qui fit un clin d'œil au contrôleur à l'aide des deux trous ronds déjà perforés. Le contrôleur répondit par un sourire complice, n'en ouvrit pas moins une troisième brèche dans le bristol orange, et la carte fut aveugle. Colin la remit sans scrupule dans son portecuir en
320 feuilles de Russie et prit à gauche le couloir tapis-de-caoutchouté[2] qui desservait les rangées de cabines. Il n'y avait plus de places au

---

1. Piscine de Paris que l'on transformait en patinoire à partir du mois d'octobre. Inaugurée en 1929, elle était encore très populaire à l'époque de Vian. Elle a fermé ses portes en 1989.
2. Tapis-de-caoutchouté : recouvert d'un tapis de caoutchouc. Néologisme de Vian.

rez-de-chaussée. Il monta donc l'escalier de béton, croisant des êtres grands, car montés sur lames métalliques verticales, qui s'efforçaient à des cabrioles d'allure naturelle malgré l'empêchement évident. Un homme à chandail blanc lui ouvrit une cabine, encaissa le pourboire qui lui servirait pour manger, car il avait l'air d'un menteur, et l'abandonna dans cet in pace [1] après avoir, d'une craie négligente, tracé les initiales du client sur un rectangle noirci disposé, à cet effet, à l'intérieur de la cabine. Colin remarqua que l'homme n'avait pas une tête d'homme, mais de pigeon, et ne comprit pas pourquoi on l'avait affecté au service de la patinoire plutôt qu'à celui de la piscine.

Il montait de la piste une rumeur ovale que la musique des haut-parleurs, disséminés tout autour, rendait confuse. Le piétinement des patineurs n'atteignait pas encore le niveau sonore des moments d'affluence où il présente une analogie avec le bruit des pas d'un régiment dans la boue giclant sur du pavé. Colin cherchait des yeux Alise et Chick mais ils ne paraissaient pas sur la glace. Nicolas devait le rejoindre un peu plus tard, il avait encore à faire à la cuisine, pour préparer le repas de midi.

Colin défit les lacets de ses chaussures, les enleva et s'aperçut que les semelles étaient parties. Il tira de sa poche un rouleau de taffetas gommé [2] mais il n'en restait pas assez. Il disposa alors les chaussures dans une petite mare qui s'était formée sous la banquette de ciment et les arrosa d'engrais concentré afin que le cuir repousse. Il enfila alors une paire de chaussettes de laine à larges bandes jaunes et violettes alternées et mit ses souliers de patinage ; la lame de ses patins se divisait en deux vers l'avant pour lui permettre des changements de direction plus aisés.

Il sortit, redescendit un étage. Ses pieds se tordaient un peu sur les tapis de caoutchouc perforé qui garnissaient les couloirs bétonnés. Au moment de se hasarder sur la piste, il dut remonter en toute hâte les deux marches de bois pour éviter de choir ; une patineuse, à la fin d'un magnifique grand-aigle [3], venait de laisser tomber un gros œuf qui se brisa contre les pieds de Colin.

---

1. *In pace* : cachot d'un couvent.
2. Taffetas gommé : étoffe de soie tissée gommée d'un côté que l'on applique sur les blessures.
3. Grand-aigle : figure de patinage artistique.

355   Pendant qu'un des varlets-nettoyeurs[1] venait en ramasser les fragments épars, Colin aperçut Chick et Alise qui aboutissaient à la piste
de l'autre côté. Il leur fit un signe qu'ils ne virent pas et s'élança à leur
rencontre, mais sans tenir compte du sens giratoire ; il en résulta la
formation rapide d'un considérable amas de protestants auxquels vin-
360   rent s'agglomérer, de seconde en seconde, des humains qui battaient
l'air désespérément de leurs bras, de leurs jambes, de leurs épaules et
de leur corps entier avant de s'effondrer sur les premiers chus[2]. Le
soleil ayant fait fondre la surface, ça clapotait en dessous du tas.

En peu de temps, les neuf dixièmes des patineurs étaient rassem-
365   blés là, et Chick et Alise disposaient de la piste pour eux seuls ou à peu
près. Ils s'approchèrent de la masse grouillante, et Chick, reconnaissant Colin à ses patins bifides, l'extirpa de l'ensemble en le saisissant
par les chevilles. Ils se serrèrent la main, Chick présenta Alise et Colin
se mit à la gauche de celle-ci dont Chick occupait déjà le flanc dextre[3].
370   Ils se rangèrent, en arrivant à l'extrémité droite de la piste, pour laisser
place aux varlets-nettoyeurs, qui, désespérant de récupérer dans la
montagne de victimes autre chose que des lambeaux sans intérêt
d'individualités dissociées, s'étaient munis de leurs raclettes pour éliminer le total des allongés, et fonçaient vers le trou à raclures en chan-
375   tant l'hymne de Molitor, composé en 1709 par Vaillant-Couturier[4] et
qui commence ainsi :

Messieurs et Mesdames,
Veuillez évacuer la piste,
(S'il vous plaît)
380   *Pour nous permettre de*
Procéder au nettoyage…

Le tout ponctué de coups de clackson[5] destinés à entretenir au
fond des âmes les mieux trempées un frisson d'incoercible terreur.

---

1. Varlets-nettoyeurs : néologisme de l'auteur. Le mot « varlet » est un mot-valise combinant
« valet » et « varlope ».
2. Chus : tombés (du verbe « choir »).
3. Dextre : droit.
4. Paul Vaillant-Couturier (1892-1937) : écrivain, journaliste et homme politique français. Anachro-
nisme humoristique de Vian. Ni la piscine Molitor ni Vaillant-Couturier n'existaient en 1709.
5. Clackson : liberté orthographique de Vian.

Les patineurs encore debout applaudirent à cette initiative et la
385 trappe se referma sur l'ensemble. Chick, Alise et Colin firent une
courte prière et reprirent leur giration.

Colin regardait Alise. Elle portait, par un hasard étrange, un sweat-
shirt blanc et une jupe jaune. Elle avait des souliers blanc et jaune et
des patins de hockey. Elle avait des bas de soie fumée et des socquettes
390 blanches repliées sur le haut des chaussures à peine montantes et
lacées de coton blanc, faisant trois fois le tour de la cheville. Elle com-
portait en outre un foulard de soie vert vif et des cheveux blonds
extraordinairement touffus, encadrant son visage d'une masse frisée
serré. Elle regardait au moyen d'yeux bleus ouverts et son volume
395 était limité par une peau fraîche et dorée. Elle possédait des bras et des
mollets ronds, une taille fine et un buste si bien dessiné que l'on eût
dit une photographie.

Colin se mit à regarder de l'autre côté pour retrouver son équilibre. Il y parvint et, baissant les yeux, demanda à Chick si le pâté
400 d'anguille était passé sans encombre.

— Ne m'en parle pas, dit Chick. J'ai pêché dans mon robinet toute
la nuit pour voir si j'en trouverais une aussi. Mais chez moi il ne vient
que des truites.

— Nicolas doit pouvoir en faire quelque chose ! assura Colin. Vous
405 avez, poursuivit-il en s'adressant plus particulièrement à Alise, un
oncle extraordinairement doué.

— C'est l'orgueil de la famille, dit Alise. Ma mère ne se console pas
de n'avoir épousé qu'un agrégé de mathématiques alors que son frère
a réussi si brillamment dans la vie.

410 — Votre père est agrégé de mathématiques ?

— Oui, il est professeur au Collège de France[1] et membre de
l'Institrut[2] ou quelque chose comme ça… dit Alise, c'est lamentable à trente-huit ans. Il aurait pu faire un effort. Heureusement il y a
oncle Nicolas.

415 — Ne devait-il pas venir ce matin ? demanda Chick.

---

1. Établissement prestigieux d'enseignement et de recherche fondé en 1530. Être nommé
professeur au Collège de France représente l'aboutissement d'une carrière.

2. Institrut : néologisme de Vian. Ce mot-valise combine « institut » et « rut » (chez les
mammifères, période d'accouplement).

Un parfum délicieux montait des clairs cheveux d'Alise. Colin s'écarta un peu.

— Je crois qu'il sera en retard. Il avait quelque chose en tête, ce matin… Si vous veniez déjeuner à la maison tous les deux?… On verra
420 ce que c'était!…

— Très bien, dit Chick, mais si tu crois que je vais accepter une proposition comme ça, tu te forges une fausse conception de l'univers. Il faut que tu te trouves une quatrième. Je ne vais pas laisser Alise aller chez toi, tu la séduirais avec les harmonies de ton pianocktail* et je ne
425 veux pas de ça.

— Oh!… protesta Colin. Vous l'entendez?…

Lui n'entendit pas la réponse, car un individu de longueur démesurée, qui faisait depuis cinq minutes une démonstration de vitesse, venait de lui passer entre les jambes, courbé en avant à l'extrême
430 limite, et le courant d'air ainsi produit soulevait Colin à quelques mètres au-dessus du sol. Il s'agrippa au rebord de la galerie du premier étage, fit un rétablissement et retomba aux côtés de Chick et d'Alise, l'ayant exécuté dans le mauvais sens.

— On devrait les empêcher d'aller si vite! dit Colin.

435 Puis il fit un signe de croix car le patineur venait de s'écraser contre le mur du restaurant à l'extrémité opposée de la piste, et restait collé là, comme une méduse de papier mâché écartelée par un enfant cruel.

Les varlets-nettoyeurs* firent, une fois de plus, leur office et l'un d'eux planta une croix de glace à l'endroit de l'accident. Pendant
440 qu'elle fondait, le préposé passa des disques religieux.

Puis, tout rentra dans l'ordre. Chick, Alise et Colin tournaient toujours.

IV

— Voici Nicolas! s'écria Alise.

— Et voilà Isis! dit Chick.

445 Nicolas venait d'apparaître au contrôle et Isis sur la piste. Le premier se dirigea vers les étages supérieurs, la seconde vers Colin, Chick et Alise.

— Bonjour Isis, dit Colin. Je vous présente Alise. Alise, c'est Isis. Vous connaissez Chick.

450   Il y eut du serrage de mains et Chick en profita pour filer avec Alise, laissant Isis au bras de Colin, lesquels démarrèrent à la suite.

— Je suis contente de vous voir, dit Isis.

Colin était content de la voir aussi. Isis, en dix-huit ans d'âge, était parvenue à se munir de cheveux châtains, d'un sweat-shirt blanc et
455 d'une jupe jaune avec un foulard vert acide, de chaussures blanches et jaunes et de lunettes de soleil. Elle était jolie. Mais Colin connaissait très bien ses parents.

— Il y a une matinée chez nous, la semaine prochaine, dit Isis. C'est l'anniversaire de Dupont.

460   — Qui, Dupont?

— Mon caniche. Alors j'ai invité tous les amis. Vous viendrez? à quatre heures.

— Oui! dit Colin, très volontiers…

— Demandez à vos amis de venir! dit Isis.

465   — Alise et Chick?

— Oui, ils sont gentils aussi. Alors à dimanche prochain!

— Vous partez déjà? dit Colin.

— Oui… je ne reste jamais très longtemps… Je suis déjà là depuis dix heures, vous savez, tout de même…

470   — Il n'est qu'onze heures! dit Colin.

— J'étais au bar!… Au revoir!…

V

Colin se hâtait par les rues lumineuses. Il soufflait un vent sec et vif et, sous ses pieds, de petites places de glace craquelées s'écrasaient en crépitant.

475   Les gens cachaient leur menton dans ce qu'ils pouvaient trouver: leur col de pardessus, leur foulard, leur manchon, il en vit même un qui employait à cet usage une cage à oiseau en fil de fer dont la porte à ressort lui appuyait sur le front.

— Je vais demain chez les Ponteauzanne, pensait Colin.

480   C'étaient les parents d'Isis.

— Je dîne ce soir avec Chick…

— Je vais rentrer chez moi me préparer pour demain…

Il fit un grand pas pour éviter une raie du bord du trottoir qui paraissait dangereuse.

485   — Si je peux faire vingt pas sans marcher dessus, dit Colin, je n'aurai pas de bouton sur le nez demain…

— Ça ne fait rien, conclut-il, en écrasant de tout son poids la neuvième raie, c'est idiot, ces trucs-là. Je n'aurai pas de bouton quand même.

490   Il se baissa pour cueillir une orchidée bleue et rose [1] que le gel avait fait sortir de terre.

Elle sentait le parfum des cheveux d'Alise.

— Je verrai Alise demain !

C'était une pensée à éviter. Alise appartenait à Chick de plein droit.

495   — Je trouverai certainement une fille demain !

Mais ses pensées s'attardaient sur Alise.

— Est-ce qu'ils parlent vraiment de Jean-Sol Partre lorsqu'ils sont tout seuls ?…

Il valait peut-être mieux aussi ne pas penser à ce qu'ils faisaient 500 lorsqu'ils se trouvaient tout seuls.

— Combien Jean-Sol Partre a-t-il écrit d'articles depuis un an ?…

De toutes façons, il ne lui restait pas le temps de les compter jusque chez lui.

— Qu'est-ce que Nicolas va faire pour ce soir ?

505   À bien y réfléchir, la ressemblance d'Alise et de Nicolas ne présentait rien d'extraordinaire, puisqu'ils étaient de la même famille. Mais ça ramenait, en douce, au sujet défendu.

— Qu'est, dis-je, ce que Nicolas va faire pour ce soir ?

— Je ne sais pas ce que Nicolas, qui ressemble à Alise, va faire pour 510 ce soir.

Nicolas a onze ans de plus qu'Alise. Ça lui fait vingt-neuf ans. Il est très doué pour la cuisine. Il va faire du fricandeau [2].

Colin approchait de sa demeure.

---

1. Suivant les règles traditionnelles d'accord des adjectifs de couleur, bleu et rose seraient ici invariables en genre et en nombre. Tout au long du récit, Vian prend de nombreuses libertés en ce sens.
2. Fricandeau : médaillon de veau lardé et braisé.

— Les boutiques des fleuristes n'ont jamais de rideau de fer. 515 Personne ne cherche à voler des fleurs.

Cela se comprenait assez. Il cueillit une orchidée orange et grise, dont la corolle délicate fléchissait. Elle brillait de lueurs diaprées [1].

— Elle a la couleur de la souris à moustaches noires... Je suis arrivé chez moi.

520   Colin monta l'escalier de pierre habillée de laine et introduisit dans la serrure de la porte de glace argentée une petite clé d'or.

— À moi, mes fidèles serviteurs! Car me voici de retour.

Il lança son imperméable sur une chaise et s'en fut rejoindre Nicolas.

VI

— Faites, Nicolas, vous du fricandeau ce soir? demanda Colin.

525   — Mon Dieu, dit Nicolas. Monsieur ne m'a pas prévenu. J'avais d'autres projets.

— Pourquoi, peste diable boufre [2], dit Colin, me parlez-vous toujours perpétuellement à la troisième personne?

— Si Monsieur veut m'autoriser à lui en donner la raison, dit 530 Nicolas, je trouve qu'une certaine familiarité n'est admissible que lorsque l'on a gardé les barrières ensemble, et ce n'est point le cas.

— Vous êtes hautain, Nicolas, dit Colin.

— J'ai l'orgueil de ma position, Monsieur, dit Nicolas, et vous ne sauriez m'en faire grief.

535   — Bien sûr! dit Colin. Mais j'aimerais vous voir moins distant.

— Je porte à Monsieur une sincère, quoique dissimulée, affection, dit Nicolas.

— J'en suis fier et heureux, Nicolas, et je vous le rends bien. Ainsi, que faites-vous ce soir?

540   — Je resterai, une fois de plus, dans la tradition de Gouffé en élaborant cette fois un andouillon [3] des îles au porto musqué.

---

1. Diaprées: colorées de manière nuancée.
2. Boufre: juron vieilli, synonyme de «diable!».
3. Andouillon: néologisme de Vian pour désigner un animal de sa propre création, vraisemblablement d'après «andouille» et «cochon».

— Et ceci s'exécute ? dit Colin.

— De la façon suivante : Prenez un andouillon* que vous écor-cherez malgré ses cris. Gardez soigneusement la peau. Lardez l'an-
545 douillon de pattes de homards émincées et revenues à toute bride dans du beurre assez chaud. Faites tomber sur glace dans une cocotte légère. Poussez le feu, et sur l'espace ainsi gagné, disposez avec goût des rondelles de ris[1] mitonné[2]. Lorsque l'andouillon émet un son grave, retirez prestement du feu et nappez de porto de qualité.
550 Touillez[3] avec spatule de platine. Graissez un moule et rangez-le pour qu'il ne rouille pas. Au moment de servir, faites un coulis avec un sachet de lithinés[4] et un quart de lait frais. Garnissez avec les ris, servez et allez-vous-en.

— Je reste sec ! dit Colin, Gouffé fut un grand homme. Dites-moi,
555 Nicolas, aurai-je, sur le nez, demain, un bouton ?

Nicolas examina le piton de Colin et conclut par la négative.

— Et, pendant que j'y suis, dit Colin, savez-vous comment on danse le biglemoi[5] ?

— J'en suis resté au déboîté style Boissière et à la tramontane[6],
560 créée le semestre dernier à Neuilly, dit Nicolas, et je ne possède pas à fond le biglemoi, dont je ne connais que les rudiments.

— Croyez-vous, demanda Colin, que l'on puisse acquérir en une séance la technique nécessaire ?

— Il me paraît que oui, dit Nicolas ; pour l'essentiel, ce n'est point
565 compliqué. Il convient d'éviter les erreurs grossières et les fautes de goût : l'une d'elles consisterait à danser le biglemoi sur un rythme de boogie-woogie[7].

— Ce serait une erreur ?

— Ce serait une faute de goût.

---

1. Ris : thymus (organe situé à la base du cou) de certains animaux, souvent apprêté dans la cuisine française.
2. Mitonné : mijoté.
3. Touillez : Brassez.
4. Un sachet de lithinés : produit pharmaceutique dont on se sert pour faire de l'eau minérale.
5. Biglemoi : création de Vian. Mot-valise composé du verbe familier « bigler » (regarder) et de « moi » ; « biglemoi » a donc le sens de « Regarde-moi ».
6. Mouvement et danse fictifs, inventés par Vian.
7. Boogie-woogie : blues rapide joué au piano et à la basse, précurseur du rock-and-roll.

570 Nicolas reposa sur la table le grapefruit qu'il avait plumé durant cet entretien et se passa les mains à l'eau fraîche.

— Vous êtes pressé ? demanda Colin.

— Mon Dieu, non, Monsieur, dit Nicolas, ma cuisine est en train.

— Alors vous m'obligeriez en m'enseignant ces rudiments 575 de biglemoi, dit Colin. Venez dans le living-room, je vais mettre un disque.

— Je conseille à Monsieur un tempo d'atmosphère, dans le style de *Chloé* [1], arrangé par Duke Ellington, ou du *Concerto pour Johnny Hodges* [2]... dit Nicolas. Ce qu'outre-Atlantique on désigne par *moody* 580 ou *sultry tune* [3].

VII

— Le principe du biglemoi, dit Nicolas, que Monsieur connaît sans doute, repose sur la production d'interférences par deux sources animées d'un mouvement oscillatoire rigoureusement synchrone.

— J'ignorais, dit Colin, que cela mît en œuvre des éléments de 585 physique aussi avancée.

— En l'espèce, dit Nicolas, le danseur et la danseuse se tiennent à une distance assez petite l'un de l'autre et mettent leur corps en ondulation suivant le rythme de la musique.

— Oui ? dit Colin, un peu inquiet.

590 — Il se produit alors, dit Nicolas, un système d'ondes statiques présentant, comme en acoustique, des nœuds et des ventres, ce qui ne contribue pas peu à créer l'atmosphère dans la salle de danse.

— Certainement... murmura Colin.

— Les professionnels du biglemoi, poursuivit Nicolas, réussissent 595 parfois à installer des foyers d'ondes parasites en mettant séparément en vibration synchrone certains de leurs membres. Je n'insiste pas et je vais tâcher de montrer à Monsieur comment on fait.

---

1. *Chloé* : pièce instrumentale composée par G. Kahn et N. Moret, popularisée par Duke Ellington.

2. Titre fictif pour rendre hommage à Johnny Hodges (1906-1970), saxophoniste américain que Vian admirait particulièrement.

3. Pièce mélancolique ou envoûtante (au sens de sensuelle).

Colin choisit *Chloé* comme le lui avait recommandé Nicolas et le centra sur le plateau du pick-up*. Il posa délicatement la pointe de l'ai-
600 guille au fond du premier sillon et regarda Nicolas entrer en vibration.

VIII

— Monsieur va y arriver! dit Nicolas. Encore un effort.

— Mais pourquoi, demanda Colin en sueur, prend-on un air si lent? C'est beaucoup plus difficile.

— Il y a une raison, dit Nicolas. En principe, le danseur et la dan-
605 seuse se tiennent à une distance moyenne l'un de l'autre. Avec un air lent, on peut arriver à régler l'ondulation de telle sorte que le foyer fixe se trouve à mi-hauteur des deux partenaires: la tête et les pieds sont alors mobiles. C'est le résultat que l'on doit obtenir théoriquement. Il est, et c'est regrettable, advenu que des personnes peu scru-
610 puleuses se sont mises à danser le biglemoi* à la façon des Noirs, sur tempo rapide.

— C'est-à-dire? demanda Colin.

— C'est-à-dire avec un foyer mobile aux pieds, un à la tête et, malheureusement, un intermédiaire mobile à la hauteur des reins, les
615 points fixes, ou pseudo-articulations, étant le sternum et les genoux.

Colin rougit.

— Je comprends! dit-il.

— Sur un boogie*, conclut Nicolas, l'effet est, disons le mot, d'autant plus obscène que l'air est obsédant en général.
620 Colin restait songeur.

— Où avez-vous appris le biglemoi? demanda-t-il à Nicolas.

— Ma nièce me l'a appris… dit Nicolas. J'ai établi la théorie complète du biglemoi au cours de conversations avec mon beau-frère. Il est membre de l'Institrut*, comme Monsieur le sait sans doute, et n'a
625 pas eu de grandes difficultés à saisir la méthode. Il m'a même dit qu'il avait fait ça il y a dix-neuf ans…

— Votre nièce a dix-huit ans? demanda Colin.

— Et trois mois! conclut Nicolas. Si Monsieur n'a plus besoin de moi, je vais retourner surveiller ma cuisine…

630   — Allez, Nicolas, et merci, dit Colin en enlevant le disque qui venait de s'arrêter.

IX

Je mettrai mon complet beige avec ma chemise bleue, et ma cravate beige et rouge, et mes souliers de daim à piqûres, et des chaussettes rouges et beiges.

635   Je vais d'abord m'abluter[1], et me raser, et me vérifier.

Et je vais demander, dans sa cuisine, à Nicolas :

— Nicolas ! voulez-vous venir danser avec moi ?

— Mon Dieu, dit Nicolas, si Monsieur me le demande avec insistance, j'irai, mais dans le cas contraire, je serais heureux de pouvoir

640 régler quelques affaires dont l'urgence se fait impérative.

— Il est indiscret, Nicolas, de vous pousser plus à fond ?

— Je suis, dit Nicolas, Président du Cercle Philosophique des Gens de Maison de l'arrondissement, et par suite, astreint à une certaine assiduité aux réunions.

645   — Je n'ose, Nicolas, vous demander le thème de la réunion d'aujourd'hui…

— Il y sera parlé de l'engagement. Un parallèle est établi entre l'engagement d'après les théories de Jean-Sol Partre, l'engagement ou le rengagement dans les troupes coloniales et l'engagement ou prise à

650 gages des gens dits de maison par les particuliers.

— Voilà qui intéresserait Chick ! dit Colin.

— Il est malheureusement regrettable, dit Nicolas, que le Cercle soit très fermé. Monsieur Chick n'y pourrait être admis. Seuls, les gens de maison…

655   — Pourquoi, Nicolas, demanda Colin, emploie-t-on toujours le pluriel ?

— Monsieur remarquera sans doute, dit Nicolas, que « homme de maison » reste anodin, mais que « femme de maison » prend une signification notoirement agressive…

---

1. M'abluter : me laver. Néologisme créé à partir du nom « ablution » (lavage du corps à des fins de purification religieuse).

660   — Vous avez raison, Nicolas. À votre avis, dois-je rencontrer
l'âme sœur aujourd'hui?... Je voudrais une âme sœur du type de
votre nièce...

— Monsieur a tort de penser à ma nièce, dit Nicolas, puisqu'il
appert [1] des événements récents que Monsieur Chick a fait son Choix
665 le premier...

— Mais, Nicolas, dit Colin, j'ai tant envie d'être amoureux...

Une fumée légère s'échappa du bec de la bouilloire et Nicolas alla
ouvrir. Le concierge montait deux lettres.

— Il y a du courrier? dit Colin.

670   — Je m'excuse, Monsieur, dit Nicolas, mais les deux sont pour
moi. Monsieur attend-il des nouvelles?

— Je voudrais qu'une jeune fille m'écrivît! dit Colin. Je l'aimerais beaucoup.

— Il est midi... conclut Nicolas. Monsieur désire-t-il son petit
675 déjeuner? Il y a de la queue de bœuf broyée et un bol de punch aux
aromates avec croûtons beurrés d'anchois.

— Nicolas, pourquoi Chick ne veut-il pas venir ici déjeuner avec
votre nièce à moins que je n'invite une autre jeune fille?

— Monsieur m'excusera, dit Nicolas, mais j'en ferais autant. Mon-
680 sieur est certainement assez beau garçon.

— Nicolas, dit Colin, si ce soir je ne suis pas amoureux pour de
vrai, je... je collectionnerai les œuvres de la duchesse de Bovouard [2],
pour faire pièce à [3] mon ami Chick.

X

— Je voudrais être amoureux, dit Colin. Tu voudrais être amou-
685 reux. Il voudrait idem (être amoureux). Nous, vous, voudrions, voudriez être, ils voudraient également tomber amoureux.

Il nouait sa cravate devant le miroir de la salle de bains.

---

1. Il appert : il ressort (du verbe « apparoir »).
2. Jeu phonétique sur Simone de Beauvoir (1908-1986), philosophe, romancière et essayiste
française, qui fut la compagne de Jean-Paul Sartre. Voir « Présentation de l'œuvre », p. 208.
3. Faire pièce à : faire concurrence à, contredire.

— Il me reste à mettre ma veste et mon manteau, et mon foulard, et mon gant droit et mon gant gauche. Et pas de chapeau pour pas me décoiffer. Qu'est-ce que tu fais là ?

Il interpellait la souris grise à moustaches noires qui certainement n'était pas à sa place dans le verre à dents, même accoudée au bord dudit verre, et prenant un air détaché.

— Suppose, dit-il à la souris, en s'asseyant sur le rebord de la baignoire rectangulaire d'émail jaune pour se rapprocher d'elle, que je trouve chez les Ponteauzanne mon vieil ami Chose.

La souris acquiesça.

— Suppose, pourquoi pas, qu'il ait une cousine ? Elle serait vêtue d'un sweat-shirt blanc, d'une jupe jaune, elle s'appellerait Al… elle s'appellerait Onésime.

La souris se croisa les pattes et parut surprise.

— Ce n'est pas un joli nom, dit Colin, mais toi tu es une souris et tu as bien de la moustache. Alors ?

Il se releva.

— Il est déjà trois heures, tu vois, tu me fais perdre mon temps. Chick et… Chick y sera certainement très tôt.

Il suça son doigt et l'éleva au-dessus de sa tête. Il le redescendit presque aussitôt. Ça le brûlait comme dans un four.

— Il y aura de l'amour dans l'air, conclut-il. Ça chauffe…

— Je me lève, tu te, il, se lève nous, vous ils levons levez lèvent. Tu veux sortir du verre ?

La souris prouva qu'elle n'avait besoin de personne en sortant toute seule et en se taillant un morceau de savon en forme de sucette.

— N'en colle pas partout ! dit Colin. Ce que tu es gourmande…

Il sortit, passa dans sa chambre et mit sa veste.

— Nicolas a dû partir… il doit connaître des filles extraordinaires… on dit que les filles d'Auteuil entrent chez les philosophes comme bonnes à presque tout faire…

Il ferma la porte de sa chambre.

— La doublure de ma manche gauche est un petit peu déchirée… Je n'ai plus de chatterton [1]… Tant pis, je vais mettre un clou…

---

1. Chatterton : ruban adhésif.

La porte claqua derrière lui avec le bruit d'une main nue sur une fesse nue… Ça le fit tressaillir…

— Je veux penser à autre chose… Supposons que je me casse la
725 gueule dans l'escalier…

Le tapis de l'escalier, mauve très clair, n'était usé que toutes les trois marches : Colin descendait en effet toujours quatre à quatre. Il se prit les pieds dans une tringle nickelée et se mélangea à la rampe.

— Ça m'apprendra à dire des conneries. C'est bien fait. Je, tu, suis,
730 est-il bête.

Il avait mal au dos. Il comprit pourquoi en arrivant en bas et retira une tringle entière du col de son pardessus.

La porte extérieure se referma sur lui avec un bruit de baiser sur une épaule nue…
735   — Qu'est-ce qu'il y a à voir dans cette rue ?

Il y avait, au premier plan, deux terrassiers qui jouaient à la marelle. Le ventre du plus gros sautait à contretemps de son proprié- taire. Pour palet [1], ils se servaient d'un crucifix peint en rouge auquel il manquait la croix.
740   Colin les dépassa.

À droite, à gauche, s'élevaient de belles constructions de torchis [2] avec des fenêtres à guillotine [3]. Une femme se penchait à une fenêtre. Colin lui envoya un baiser et elle lui secoua sur la tête la descente de lit en molleton [4] noir et argent que son mari n'aimait pas.
745   Des magasins égayaient l'aspect cruel des grands immeubles. Un étalage de fournitures pour fakirs retint l'attention de Colin. Il nota la hausse des prix du verre en salade et des clous à rembourrer, par rap- port à la semaine passée.

Il croisa un chien et deux autres personnes. Le froid retenait les
750 gens chez eux. Ceux qui réussissaient à s'arracher à sa prise y laissaient des lambeaux de vêtements et mouraient d'angine.

L'agent, au carrefour, avait caché sa tête dans sa pèlerine [5]. Il res- semblait à un grand parapluie noir. Des garçons de café faisaient une ronde autour de lui, pour se réchauffer.

---

1. Palet : rondelle.
2. Torchis : mélange de terre argileuse, de paille ou de foin utilisé en maçonnerie.
3. Guillotine : châssis coulissant.
4. Molleton : tissu de laine ou de coton ayant l'allure et la texture de la peluche.
   Pèlerine : grand manteau sans manches, souvent doté d'un capuchon.

755   Deux amoureux s'embrassaient sous un porche.

— Je ne veux pas les voir, je ne, je ne veux pas les voir… ils m'embêtent…

Colin traversa la rue. Deux amoureux s'embrassaient sous un porche. Il ferma les yeux et se mit à courir…

760   Il les rouvrit très vite, car il voyait, sous ses paupières, des tas de filles et ça lui faisait perdre son chemin. Il y en avait une devant lui. Elle allait dans la même direction. On voyait ses jolies jambes dans ses bottillons de mouton blanc, son manteau de peau de pandour [1] décatie [2] et sa toque assortie. Des cheveux roux sous sa toque. Son
765   manteau lui faisait des épaules larges et dansait autour d'elle.

— Je veux la dépasser… je veux voir sa figure…

Il la dépassa et se mit à pleurer. Elle comptait au moins cinquante-neuf ans. Il s'assit au bord du trottoir et pleura encore. Ça le soula-geait beaucoup et les larmes gelaient avec un petit crépitement et se
770   cassaient sur le granit lisse du trottoir.

Il s'aperçut, au bout de cinq minutes, qu'il se trouvait devant la maison d'Isis Ponteauzanne. Deux jeunes filles passèrent près de lui et pénétrèrent dans le vestibule de l'immeuble.

Son cœur s'enfla démesurément, s'allégea, le souleva de terre et il
775   entra à leur suite.

XI

Dès le premier étage, on commençait à entendre le vague brou-haha de la réunion chez les parents d'Isis. L'escalier tournait trois fois sur lui-même et amplifiait les sons dans sa cage, comme les ailettes dans le résonateur cylindrique d'un vibraphone [3]. Colin montait, le
780   nez sur les talons des deux filles. De jolis talons renforcés, en nylon chair, des souliers hauts de cuir fin et des chevilles délicates. Puis, les

---

1. Pandour : archaïsme désignant un soldat hongrois ou, au sens figuré, un pillard ou un homme sans manières.
2. Décatie : vieillie.
3. Vibraphone : instrument de percussion mélodique semblable au xylophone, mais composé de plaques métalliques vibrantes au lieu de lames de bois. Le vibraphone est particulièrement utilisé dans le jazz.

coutures des bas, légèrement froncées, comme de longues chenilles, et les creux articulés de l'attache des genoux. Colin s'arrêta et perdit deux marches. Il repartit. Maintenant, il voyait le haut des bas de celle
785 de gauche, la double épaisseur des mailles et la blancheur ombrée de la cuisse. La jupe de l'autre, à plis plats, ne permettait pas le même divertissement mais, sous le manteau de castor, ses hanches tournaient plus rond que celles de la première, formant un petit pli cassé alternatif. Colin se mit à regarder ses pieds, par décence, et vit ceux-ci
790 s'arrêter au second étage.

Il suivit les deux filles à qui une soubrette [1] venait d'ouvrir.

— Bonjour, Colin ! dit Isis. Vous allez bien ?

— Bonjour, vous, dit Colin. Bon anniversaire !…

Il l'attira vers lui et l'embrassa près des cheveux. Elle sentait bon.
795 — Mais ce n'est pas mon anniversaire ! protesta Isis, c'est celui de Dupont !…

— Où est Dupont, que je le congratule !…

— C'est dégoûtant, dit Isis. Ce matin, on l'a mené chez le tondeur pour qu'il soit beau, on l'a fait baigner et tout, et à deux heures, trois
800 de ses amis étaient ici avec un ignoble vieux paquet d'os et ils l'ont emmené. Il va sûrement revenir dans un état affreux !…

— C'est son naniversaire, après tout, observa Colin.

Il voyait, par l'embrasure de la double porte, les garçons et les filles ; une douzaine dansaient. La plupart, debout les uns à côté
805 des autres, restaient, les mains derrière le dos, par paires du même sexe, et échangeaient des impressions peu convaincantes d'un air peu convaincu.

— Enlevez votre manteau ! dit Isis. Venez, je vais vous conduire au vestiaire des garçons.
810 Il la suivit, croisant au passage deux autres filles qui revenaient, avec des bruits de sacs et de poudriers, de la chambre d'Isis métamorphosée en vestiaire pour filles. Au plafond pendaient des crochets de fer empruntés au boucher, et pour faire joli, Isis avait emprunté aussi deux têtes de mouton bien écorchées qui souriaient aux deux bouts
815 des rangées.

---

1. Soubrette : femme de chambre.

Le vestiaire des garçons, établi dans le bureau du père d'Isis, consistait en la suppression des meubles. On jetait sa pelure sur le sol et le tour était joué. Colin n'y faillit point et s'attarda devant une glace.

— Allons, venez! s'impatientait Isis, je vais vous présenter à des
820 filles charmantes.

Il l'attira vers lui par les deux poignets.

— Vous avez une robe ravissante! lui dit-il.

C'était une petite robe toute simple de lainage vert amande avec de gros boutons de céramique dorée et une grille en fer forgé formant
825 l'empiècement du dos.

— Vous l'aimez! dit Isis.

— Elle est très ravissante, dit Colin. Peut-on passer la main à travers les barreaux sans être mordu?

— Ne vous y fiez pas trop! dit Isis.

830 Elle se dégagea, saisit Colin par la main et l'entraîna vers le centre de sudation. Ils bousculèrent deux nouveaux arrivants du sexe pointu, glissèrent au tournant du couloir et rejoignirent le noyau central par la porte de salle à manger.

— Tiens! dit Colin, Alise et Chick sont déjà là…

835 — Oui, dit Isis. Venez, je vous présente…

La moyenne des filles était présentable. L'une d'elles portait une robe en lainage vert amande avec de gros boutons en céramique dorée, et dans le dos, un empiècement de forme particulière.

— Présentez-moi surtout à celle-là, dit Colin.

840 Isis le secoua pour le faire tenir tranquille.

— Voulez-vous être sage, à la fin?…

Il en guettait déjà une autre et tirait sur la main de sa conductrice.

— C'est Colin, dit Isis. Colin, je vous présente Chloé…

Colin avala sa salive. Sa bouche lui faisait comme du gratouillis de
845 beignets brûlés.

— Bonjour! dit Chloé…

— Bonj… êtes-vous arrangée par Duke Ellington [1]? demanda Colin…

Et puis il s'enfuit parce qu'il avait la conviction d'avoir dit
850 une connerie.

---

1. Voir note 1, p. 23.

Chick le rattrapa par un pan de sa veste.

— Où vas-tu comme ça ? Tu ne vas pas t'en aller déjà !… Regarde.

Il tira de sa poche un petit livre relié en maroquin* rouge.

— C'est l'originale du *Paradoxe sur le Dégueulis* de Partre [1]…

855 — Tu l'as trouvé quand même !… dit Colin.

Puis il se rappela qu'il s'enfuyait et s'enfuit.

Alise lui barrait la route.

— Alors, vous vous en allez sans avoir dansé une seule petite fois avec moi ? dit-elle.

860 — Excusez-moi… dit Colin… Je viens d'être idiot… et ça me gêne de rester.

— Pourtant, quand on vous regarde comme ça, on est forcé d'accepter…

— Alise… geignit Colin en l'enlaçant et en frottant sa joue contre 865 les cheveux d'Alise.

— Quoi, mon vieux Colin…

— Zut ! Zut et Bran [2], Peste diable boufre*. Vous voyez la fille là…

— Chloé ?…

— Vous la connaissez !… dit Colin. Je lui ai dit une stupidité. Et 870 c'est pour ça que je m'en allais.

Il n'ajouta pas qu'à l'intérieur du thorax, ça lui faisait comme une musique militaire allemande, où on n'entend que la grosse caisse.

— N'est-ce pas qu'elle est jolie ? demanda Alise.

Chloé avait les lèvres rouges, les cheveux bruns, l'air heureux et sa 875 robe n'y était pour rien.

— J'oserai pas ! dit Colin.

Et puis il lâcha Alise et alla inviter Chloé. Elle le regarda. Elle riait et mit la main droite sur son épaule. Il sentait ses doigts frais sur son cou. Il réduisit l'écartement de leurs deux corps par le moyen d'un 880 raccourcissement du biceps droit, transmis, du cerveau, le long d'une paire de nerfs crâniens choisie judicieusement.

Chloé le regarda encore. Elle avait les yeux bleus. Elle agita la tête pour repousser en arrière ses cheveux frisés et brillants et appliqua, d'un geste ferme et déterminé, sa tempe sur la joue de Colin.

---

1. Jeu humoristique sur le titre de l'un des romans de Jean-Paul Sartre, *La Nausée* (1938).
2. Bran : juron vieilli, synonyme de « merde ! ».

885 Il se fit un abondant silence à l'entour, et la majeure partie du reste du monde se mit à compter pour du beurre [1].

Mais comme il fallait s'y attendre, le disque s'arrêta. Alors, seulement, Colin revint à la vraie réalité et s'aperçut que le plafond était à claire-voie [2], au travers de laquelle regardaient les locataires d'en 890 dessus, qu'une épaisse frange d'iris d'eau cachait le bas des murs, que des gaz diversement colorés s'échappaient d'ouvertures pratiquées çà et là et que son amie Isis se tenait devant lui et lui offrait des petits fours sur un plateau hercynien [3].

— Merci, Isis, dit Chloé en secouant ses boucles.

895 — Merci, Isis, dit Colin en prenant un éclair miniature, du type ramifié [4].

— Vous avez tort ! dit-il à Chloé, ils sont très bons.

Et puis il toussa car il s'était par malheur rencontré avec un piquant de hérisson dissimulé dans le gâteau.

900 Cholé rit en montrant ses jolies dents.

— Qu'est-ce qu'il y a?

Il dut la lâcher et s'écarter d'elle pour tousser à son aise, et enfin, cela se calma. Chloé revint avec deux verres.

— Buvez ça, dit-elle, ça vous remettra.

905 — Merci ! dit Colin. C'est du champagne ?

— C'est un mélange.

Il but un grand coup et s'étrangla. Chloé ne se tenait plus de rire. Chick et Alise s'approchaient.

— Qu'est-ce qu'il a ? demanda Chick.

910 — Il ne sait pas boire ! dit Chloé.

Alise lui tapa le dos gentiment et ça résonna comme un gong balinais [5]. Du coup, tout le monde s'arrêta de danser pour passer à table.

---

1. Se mit à compter pour du beurre : perdit toute importance.
2. À claire-voie : ajouré.
3. Jeu sur les deux sens du mot « plateau ». Comme « hercynien » désigne une période géologique de l'histoire, il renvoie normalement à un plateau au sens de « vaste étendue dominant une région donnée » et non au sens de « support permettant le transport d'objets ».
4. Vian joue sur les deux sens du mot « éclair ». « Ramifié » signifie « aux multiples branches » et qualifie plus naturellement le phénomène météorologique que la pâtisserie fourrée offerte par Isis.
5. Balinais : de Bali, île d'Indonésie.

— Ça y est! dit Chick. On est tranquilles. Si on mettait un bon disque?

915　　Il cligna de l'œil vers Colin...

— Si on dansait un peu le biglemoi*? proposa Alise...

Chick fourrageait [1] dans la pile de disques près du pick-up*.

— Danse avec moi, Chick, lui dit Alise...

— Voilà, dit Chick, je mets un disque.

920　　C'était un boogie-woogie*.

Chloé attendait.

— Vous n'allez pas danser le biglemoi là-dessus! dit, horrifié, Colin à Chick et Alise.

— Pourquoi pas?... demanda Chick.

925　　— Ne regardez pas ça! dit-il à Chloé.

Il l'enlaça et elle cacha ses yeux près du col de la veste beige de Colin.

Il inclina légèrement la tête et l'embrassa entre l'oreille et l'épaule. Elle frémit, mais ne retira pas sa tête.

Colin ne retira pas ses lèvres non plus.

930　　Alise et Chick, cependant, se livraient à une remarquable démonstration de biglemoi dans le style nègre.

Le disque passa très vite. Alise se dégagea et chercha quoi mettre ensuite. Chick se laissa tomber sur un divan. Colin et Chloé se trouvaient devant lui, il les attrapa par les jambes et les fit choir à ses côtés.

935　　— Alors, mes agneaux, dit-il, ça gaze?...

Colin s'assit et Chloé se nicha commodément près de lui.

— Elle est gentille, cette petite fille, hein, dit Chick.

Chloé sourit. Colin ne dit rien mais passa son bras autour du cou de Chloé et se mit à jouer négligemment avec le premier bouton de sa 940　robe, qui s'ouvrait devant.

Alise revenait.

— Pousse-toi, Chick. Je veux me mettre entre Colin et toi.

Elle avait bien choisi le disque. C'était *Chloé*, arrangé par Duke Ellington. Colin mordillait les cheveux de Chloé, près de l'oreille.

945　Il murmura:

— C'est exactement vous.

---

1. Fourrageait: fouillait.

Et avant que Chloé ait eu le temps de répondre, tous les autres revinrent danser, se rendant compte à la longue que ce n'était, effectivement, pas du tout le moment de passer à table.

950 — Oh!... dit Chloé. Quel dommage!...

XII

— Est-ce que tu la reverras? demanda Chick.

Ils étaient attablés devant la dernière création de Nicolas, un courge[1] aux noix.

— Je ne sais pas, dit Colin. Je ne sais pas quoi faire. Tu sais, c'est
955 une fille très bien élevée. La dernière fois, chez Isis, elle avait bu beaucoup de champagne.

— Ça lui allait très bien, dit Chick. Elle est très jolie. Ne fais pas cette tête-là! Songe que j'ai trouvé aujourd'hui une édition du *Choix Préalable avant le Haut-le-Cœur*[2], de Partre, sur rouleau hygié-
960 nique non dentelé.

— Mais où prends-tu tout cet argent? dit Colin.

Chick s'assombrit.

— Ça me coûte très cher, mais je ne peux pas m'en passer, dit-il. J'ai besoin de Partre. Je suis collectionneur. Il me *faut* tout ce qu'il a fait.

965 — Mais il n'arrête pas d'en faire! dit Colin. Il publie au moins cinq articles par semaine...

— Je sais bien... dit Chick.

Colin lui fit reprendre du courge.

— Comment est-ce que je pourrais revoir Chloé? dit-il.

970 Chick le regarda et sourit.

— C'est vrai, dit-il, je te bassine[3] avec mes histoires de Jean-Sol Partre. Je veux bien t'aider... Qu'est-ce qu'il faut que je fasse?

— C'est terrible, dit Colin, je suis à la fois désespéré et horriblement heureux. C'est très agréable d'avoir envie de quelque chose à ce
975 point-là.

---

1. Courge: nom féminin, que les Français emploient parfois fautivement au masculin.
2. Autre variation humoristique sur *La Nausée* de Jean-Paul Sartre.
3. Je te bassine: je t'ennuie (expression familière).

— Je voudrais, continua-t-il, être couché dans de l'herbe un peu rôtie, avec de la terre sèche et du soleil, tu sais, de l'herbe jaune comme de la paille, et cassante, avec des tas de petites bêtes et de la mousse sèche aussi. On se met à plat ventre et on regarde. Il faut une
980 haie avec des pierres et des arbres tout tordus, et des petites feuilles. Ça fait un bien considérable.

— Et Chloé, dit Chick.

— Et Chloé, naturellement, dit Colin. Chloé dans l'idée.

Ils se turent quelques instants. Une carafe en profita pour émettre
985 un son cristallin qui se répercuta sur les murs.

— Reprends un peu de Sauternes [1], dit Colin.

— Oui, dit Chick, merci.

Nicolas apportait la suite, du pain d'ananas dans une crème orange.

— Merci, Nicolas, dit Colin. À votre avis, qu'est-ce que je peux
990 faire pour revoir une jeune fille dont je suis amoureux ?

— Mon Dieu, Monsieur, dit Nicolas, le cas peut évidemment se présenter… Je dois avouer à Monsieur que cela ne m'est jamais arrivé.

— Évidemment, dit Chick. Vous êtes bâti comme Johnny Weissmuller [2]. Mais ce n'est pas la règle générale.

995 — Je remercie Monsieur de cette appréciation, qui me va droit au cœur ! dit Nicolas. Je conseille à Monsieur, poursuivit-il en s'adressant à Colin, de s'efforcer de recueillir, par le truchement de la personne chez qui Monsieur a rencontré la personne dont la présence paraît manquer à Monsieur, certaines informations sur les habitudes et fré-
1000 quentations de cette dernière.

— Malgré la complexité de vos tournures, dit Colin, je crois, Nicolas, qu'il y a là une possibilité, en effet. Mais vous savez, quand on est amoureux, on est idiot. C'est pourquoi je n'ai pas dit à Chick que j'ai songé à cela depuis longtemps.

1005 Nicolas regagna sa cuisine.

— Ce garçon est inappréciable ! dit Colin.

— Oui, dit Chick, il sait faire la cuisine.

Ils burent encore du Sauternes.

---

1. Sauternes : type de vin blanc de Bordeaux, sucré et fruité, de la région de Sauternes.
2. Johnny Weissmuller (1904-1984) : sportif et acteur d'origine austro-hongroise naturalisé américain ayant interprété le rôle de Tarzan dans de nombreux films hollywoodiens.

Nicolas revenait. Il portait un énorme gâteau.

1010   — C'est un dessert supplémentaire, dit-il.

Colin prit un couteau et s'arrêta au moment d'entamer la surface unie.

— Il est trop beau, dit-il. On va attendre un peu.

— L'attente, dit Chick, est un prélude sur le mode mineur.

1015   — Qu'est-ce qui te fait dire ça? dit Colin.

Il prit le verre de Chick et le remplit d'un vin doré, lourd et mobile comme de l'éther pesant [1].

— Je ne sais pas, dit Chick, c'est une pensée inopinée [2].

— Goûte-le! dit Colin.

1020   Ils vidèrent leurs verres ensemble.

— C'est terrible, dit Chick, dont les yeux se mirent à briller de feux alternatifs et rougeâtres.

Colin se tenait la poitrine.

— C'est mieux que ça! dit-il. Ça ne ressemble à rien de connu.

1025   — Ça n'aurait aucune importance, dit Chick. Toi non plus, tu ne ressembles à rien de connu.

— Je suis sûr, dit Colin, que si on en boit assez, Chloé va venir tout de suite.

— Ça n'est pas prouvé! dit Chick.

1030   — Tu me provoques! dit Colin en tendant son verre.

Chick remplit les deux verres.

— Attends! dit Colin.

Il éteignit le plafonnier et la petite lampe qui éclairait la table. Seule brillait dans un coin la lumière verte de l'icone [3] écossais devant
1035 lequel Colin méditait à l'ordinaire.

— Oh!… murmura Chick.

Dans le cristal, le vin luisait d'un éclat phosphorescent et incertain, qu'on eût dit émané d'une myriade de points lumineux de toutes les couleurs.

1040   — Bois! dit Colin.

---

1. Éther pesant: mélange d'acides et d'alcools produisant une substance grasse. On l'appelle également « éther chlorique ».
2. Inopinée: inattendue.
3. Icone: ce nom féminin s'écrit plutôt « icône » et est souvent employé indûment au masculin.

Ils burent. La lueur restait sur leurs lèvres. Colin ralluma. Il paraissait hésiter à rester debout.

— Une fois n'est pas coutume, dit-il. Je crois qu'on peut finir la bouteille.

1045   — Si on coupait le gâteau ? dit Chick.

Colin saisit un couteau d'argent et se mit à tracer une spirale sur la blancheur polie du gâteau. Il s'arrêta soudain et regarda son œuvre avec surprise.

— Je vais essayer quelque chose, dit-il.

1050   Il prit une feuille de houx au bouquet de la table et saisit le gâteau d'une main. Le faisant tourner rapidement sur le bout du doigt, il plaça, de l'autre main, une des pointes du houx dans la spirale.

— Écoute !… dit-il.

Chick écouta. C'était *Chloé,* dans l'arrangement de Duke Ellington.

1055   Chick regarda Colin. Il était tout pâle.

— Je… je n'ose pas le couper… dit Colin.

Chick lui prit le couteau des mains et le planta d'un geste ferme dans le gâteau. Il le fendit en deux. Et, dans le gâteau, il y avait un nouvel article de Partre pour Chick et un rendez-vous avec Chloé, pour Colin.

XIII

1060   Colin, debout au coin de la Place, attendait Chloé. La place était ronde, et il y avait une Église, des Pigeons, un Square, des bancs, et, devant, des autos et des autobus, sur du macadam[1]. Le soleil aussi attendait Chloé, mais lui pouvait s'amuser à faire des ombres, à faire germer des graines de haricot sauvage dans les interstices adéquats, à

1065 pousser des volets et rendre honteux un réverbère allumé pour raison d'inconscience de la part d'un Cépédéiste[2].

Colin roulait le bord de ses gants et préparait sa première phrase. Celle-ci se modifiait de plus en plus rapidement à mesure qu'approchait l'heure. Il ne savait pas que faire avec Chloé. Peut-être

---

1. Macadam : chaussée.
2. Cépédéiste : néologisme de Vian dérivé du sigle CPDE (Compagnie Parisienne de Distribution d'Électricité).

1070 l'emmener dans un salon de thé, mais l'atmosphère en est, d'ordinaire, plutôt déprimante, et les dames goinfres de quarante ans qui mangent sept gâteaux à la crème en détachant l'auriculaire, il n'aimait pas ça. Il ne concevait la goinferie [1] que pour les hommes, chez qui elle prend tout son sens sans leur enlever leur dignité naturelle. Pas au
1075 cinéma, elle n'acceptera pas. Pas au députodrome [2], elle n'aimera pas ça. Pas aux courses de veaux, elle aura peur. Pas à l'Hôpital Saint-Louis, c'est défendu. Pas au Musée du Louvre, il y a des satyres derrière les chérubins assyriens [3]. Pas à la Gare Saint-Lazare, il n'y a plus que des brouettes et pas un seul train.

1080 — Bonjour !…

Chloé était arrivée par-derrière. Il retira vite son gant, s'empêtra dedans, se donna un grand coup de poing dans le nez, fit « Ouille !… » et lui serra la main. Elle riait.

— Vous avez l'air bien embarrassé !…

1085 Un manteau de fourrure à longs poils de la couleur de ses cheveux, et une toque en fourrure aussi, et de petites bottes courtes à revers de fourrure.

Elle prit Colin par le bras.

— Offrez-moi le bras ! Vous n'êtes pas dégourdi, aujourd'hui…

1090 — Ça allait mieux la dernière fois, avoua Colin.

Elle rit encore, et le regarda, et rit de nouveau, encore mieux.

— Vous vous moquez de moi, dit Colin, piteux. C'est pas charitable.

— Vous êtes content de me voir ? dit Chloé.

— Oui… dit Colin.

1095 Ils marchaient, suivant le premier trottoir venu. Un petit nuage rose descendait de l'air et s'approcha d'eux.

— J'y vais ? proposa-t-il.

— Vas-y ! dit Colin, et le nuage les enveloppa.

À l'intérieur, il faisait chaud et ça sentait le sucre à la cannelle.

1100 — On ne nous voit plus ! dit Colin… Mais nous, on les voit.

— C'est un peu transparent, dit Chloé, méfiez-vous.

---

1. Goinferie : devrait plutôt s'écrire « goinfrerie ».
2. Députodrome : mot-valise inventé par Vian composé du mot « député » et du suffixe « -drome ». Il s'agirait donc d'un endroit où sont rassemblés les députés.
3. Assyriens : de l'Assyrie, ancienne région de Mésopotamie.

— Ça ne fait rien, on se sent mieux tout de même, dit Colin. Que voulez-vous faire ?…

— Juste se promener, ça vous ennuie ?

1105   — Dites-moi des choses, alors…

— Je ne sais pas de choses assez bien, dit Chloé. On peut regarder les vitrines. Regardez celle-ci ! C'est intéressant.

Dans la vitrine, une jolie femme reposait sur un matelas à ressort. Sa poitrine était nue et un appareil lui brossait les seins vers le haut 1110 avec de longues brosses soyeuses en poil blanc et fin. La pancarte portait : *Économisez vos chaussures avec l'Antipode du Révérend Charles.*

— C'est une bonne idée ! dit Chloé.

— Mais ça n'a aucun rapport ! dit Colin. C'est bien plus agréable avec la main.

1115   Chloé rougit.

— Ne dites pas de choses comme ça. Je n'aime pas les garçons qui disent des horreurs devant les jeunes filles.

— Je suis désolé ! dit Colin. Je ne voulais pas…

Il avait l'air si désolé qu'elle sourit et le secoua un petit peu pour 1120 montrer qu'elle n'était pas fâchée.

Dans une autre vitrine, un gros homme avec un tablier de boucher égorgeait des petits enfants. C'était une vitrine de propagande pour l'Assistance publique[1].

— Voilà où passe l'argent, dit Colin. Ça doit leur coûter horrible-1125 ment cher de nettoyer ça tous les soirs.

— Ils ne sont pas vrais ! dit Chloé, alarmée…

— Comment peut-on savoir ? dit Colin. Ils les ont pour rien à l'Assistance publique.

— Je n'aime pas ça, dit Chloé. Avant, on ne voyait pas des vitrines 1130 de propagande comme ça. Je ne trouve pas que ce soit un progrès.

— Ça n'a pas d'importance, dit Colin. Ça n'agit que sur ceux qui croient à des imbécillités.

— Et ça ?… dit Chloé.

Dans la vitrine, c'était un ventre, monté sur des roues caoutchou-1135 tées, bien rond et rebondi. Sur l'annonce, on pouvait lire : *Le vôtre ne fera pas de plis non plus si vous le repassez avec le Fer Électrique.*

---

1. Assistance publique : établissement de santé créé à Paris en 1849 et qui s'occupe entre autres des orphelins.

— Mais je le connais! dit Colin. C'est le ventre de Serge, mon ancien cuisinier. Qu'est-ce qu'il peut faire là?…

— Ça ne fait rien! dit Chloé, vous n'allez pas épiloguer sur ce ventre. Il est bien trop gros, d'ailleurs.

— C'est qu'il savait faire la cuisine!…

— Allons-nous-en, dit Chloé, je ne veux plus voir de vitrines, ça me déplaît.

— Qu'est-ce qu'on fait? dit Colin. On va prendre le thé quelque part?

— Oh!… Ce n'est pas l'heure!… et puis je n'aime pas beaucoup ça.

Colin respira, soulagé, et ses bretelles craquèrent.

— Qu'est-ce qui a fait ce bruit?

— J'ai marché sur une branche morte, expliqua Colin en rougissant.

— Si nous allions nous promener au Bois [1]?… dit Chloé.

Colin la regarda, ravi…

— C'est une très bonne idée… Il n'y aura personne.

Elle rougit.

— Ce n'est pas pour ça. D'ailleurs, ajouta-t-elle, pour se venger, nous ne quitterons pas les grandes allées. Dans les petites, on se mouille les pieds.

Il serra un peu le bras qu'il sentait sous le sien.

— On va prendre le souterrain, dit-il.

Le souterrain était bordé des deux côtés par une rangée de volières de grandes dimensions, où les Arrangeurs urbains entreposaient les Pigeons-de-Rechange pour les Squares et les Monuments. Il y avait aussi des pépinières de moineaux et des pépiements de petits moineaux. Les gens ne descendaient pas souvent dedans parce que les ailes de tous ces oiseaux faisaient un courant d'air terrible où volaient de minuscules plumes blanches et bleues.

— Ils ne s'arrêtent jamais de remuer, dit Chloé en assujettissant sa toque pour éviter qu'elle ne s'envolât.

— Ce ne sont pas les mêmes tout le temps, dit Colin.

Il luttait avec les pans de son pardessus.

— Dépêchons-nous de dépasser les pigeons, les moineaux font moins de vent, dit Chloé en se serrant contre Colin.

---

1. Probable allusion au bois de Boulogne ou au bois de Vincennes, deux parcs de Paris réputés pour la prostitution.

Ils se hâtèrent et sortirent de la zone dangereuse. Le petit nuage ne les avait pas suivis, il s'était acheminé par le raccourci et les attendait déjà à l'autre extrémité.

XIV

Le banc paraissait un peu humide, et vert foncé. Malgré tout, cette
1175 allée n'était pas très fréquentée et ils n'étaient pas mal.

— Vous n'avez pas froid? demanda Colin.

— Non, avec ce nuage, dit Chloé, mais je veux bien me rapprocher tout de même.

— Oh! dit Colin et il rougit.

1180 Ça lui fit une drôle de sensation. Il mit son bras autour de la taille de Chloé. Sa toque était inclinée de l'autre côté et il avait tout près des lèvres un flot de cheveux lustrés.

— J'aime être avec vous, dit-il.

Chloé ne dit rien. Elle respira un peu plus vite et se rapprocha
1185 imperceptiblement.

Colin lui parlait presque à l'oreille.

— Vous ne vous ennuyez pas? demanda-t-il.

Elle fit non de la tête, et Colin put se rapprocher encore à la faveur du mouvement.

1190 — Je… dit-il, tout contre son oreille, et à ce moment, comme par erreur, elle tourna la tête et Colin lui embrassait les lèvres. Ça ne dura pas très longtemps; mais la fois d'après, c'était beaucoup mieux. Alors il fourra sa figure dans les cheveux de Chloé et ils restaient là, sans rien dire.

XV

1195 — Vous êtes gentille d'être venue, Alise, dit Colin. Pourtant vous serez la seule fille…

— Ça ne fait rien, dit Alise, Chick est d'accord.

Chick approuva. Mais à vrai dire, la voix d'Alise n'était pas entièrement gaie.

1200 — Chloé n'est pas à Paris, dit Colin, elle est partie trois semaines avec des relatifs [1] dans le Midi [2].

— Ah! dit Chick. Tu dois être très malheureux.

— Je n'ai pas été plus heureux! dit Colin. Je voulais vous annoncer mes fiançailles avec elle…

1205 — Je te félicite!… dit Chick.

Il évitait de regarder Alise…

— Qu'est-ce qu'il y a, vous deux? dit Colin. Ça n'a pas l'air de carburer fort.

— Il n'y a rien, dit Alise. C'est Chick qui est bête.

1210 — Mais non, dit Chick. Ne l'écoute pas, Colin… Il n'y a rien.

— Vous dites la même chose et vous n'êtes pas d'accord, dit Colin, donc il y en a un des deux qui ment, ou bien tous les deux. Venez, on va dîner tout de suite.

Ils passèrent dans la salle à manger.

1215 — Asseyez-vous, Alise, dit Colin. Venez à côté de moi. Vous allez me dire ce qu'il y a.

— Chick est bête, dit Alise. Il dit qu'il a tort de me garder avec lui puisqu'il n'a pas d'argent pour me faire vivre bien, et il a honte de ne pas m'épouser.

1220 — Je suis un salaud, dit Chick.

— Je ne sais pas quoi vous dire, dit Colin…

Il était si heureux que ça lui faisait énormément de peine…

— Ce n'est pas surtout l'argent, dit Chick. C'est que les parents d'Alise ne voudront jamais que je l'épouse, et ils auront raison. Il y a

1225 une histoire comme ça dans un des livres de Partre.

— C'est un livre excellent, dit Alise. Vous ne l'avez pas lu, Colin?

— Voilà comme vous êtes… dit Colin. Je suis sûr que tout votre argent continue à y passer.

Chick et Alise baissèrent le nez.

1230 — C'est ma faute! dit Chick. Alise ne dépense plus rien pour Partre. Elle ne s'en occupe presque plus depuis qu'elle vit avec moi.

---

1. Des relatifs: de la parenté (anglicisme).
2. Le Midi: le sud de la France.

Sa voix contenait un reproche.

— Je t'aime mieux que Partre ! dit Alise.

Elle allait presque pleurer…

1235 — Tu es gentille, dit Chick. Je ne te mérite pas. Mais c'est mon vice, collectionner Partre, et malheureusement un ingénieur ne peut pas se permettre d'avoir tout.

— Je suis désolé ! dit Colin. Je voudrais que tout aille bien pour vous. Vous devriez déplier votre serviette.

1240 Il y avait sous celle de Chick un exemplaire relié mi-mouffette du *Vomi* [1], et sous celle d'Alise, une grosse bague d'or en forme de nausée.

— Oh ! dit Alise.

Elle mit ses bras autour du cou de Colin et l'embrassa.

— Tu es un chic type ! dit Chick. Je ne sais pas comment te remer-
1245 cier, d'ailleurs tu sais très bien que je ne peux pas te remercier comme je le voudrais…

Colin se sentait un peu réconforté. Et Alise était vraiment en beauté ce soir.

— Quel parfum avez-vous ? dit-il. Chloé se parfume à l'essence
1250 d'orchidée bidistillée [2].

— Je n'ai pas de parfum !… dit Alise.

— C'est naturel ! dit Chick.

— C'est merveilleux ! dit Colin. Vous sentez la forêt, avec un ruisseau et des petits lapins.

1255 — Parlez-nous de Chloé ! dit Alise, flattée.

Nicolas apportait les hors-d'œuvre.

— Bonjour, Nicolas, dit Alise. Tu vas bien ?

— Oui, dit Nicolas.

Il posa le plateau sur la table.

1260 — Tu ne m'embrasses pas ? dit Alise.

— Ne vous gênez pas, Nicolas, dit Colin. Même, vous me feriez un grand plaisir en dînant avec nous…

— Oh ! oui, dit Alise. Dîne avec nous…

— Monsieur me plonge dans la confusion !… dit Nicolas. Je ne
1265 puis m'asseoir à sa table dans cette tenue.

---

1. Autre variation humoristique sur *La Nausée* de Jean-Paul Sartre.
2. Bidistillée : distillée deux fois.

— Écoutez, Nicolas, dit Colin, allez vous changer si vous voulez, mais je vous intime l'ordre de dîner avec nous.

— Je remercie Monsieur, dit Nicolas. Je vais me changer.

Il déposa le plateau sur la table et sortit.

1270 — Alors? dit Alise, Chloé.

— Servez-vous, dit Colin. Je ne sais pas ce que c'est, mais ça doit être bon.

— Tu nous fais languir!… dit Chick.

— Je vais épouser Chloé dans un mois, dit Colin. Et je voudrais 1275 que ce soit demain.

— Oh! dit Alise, vous avez de la chance…

Colin se sentait honteux d'être si riche.

— Écoute, Chick, dit-il, veux-tu de mon argent?…

Alise regarda Colin avec tendresse. Il était si gentil qu'on voyait ses 1280 pensées, bleues et mauves, s'agiter dans les veines de ses mains fines.

— Je ne crois pas que cela serve, dit Chick…

— Tu pourrais épouser Alise!… dit Colin.

— Ses parents ne veulent pas, répondit Chick, et je ne veux pas qu'elle se fâche avec eux. Elle est trop jeune…

1285 — Je ne suis pas si jeune! dit Alise en se redressant sur la banquette capitonnée, pour mettre en valeur sa poitrine provocante.

— Ce n'est pas cela qu'il veut dire!… interrompit Colin. Écoute, Chick, j'ai cent mille doublezons [1], je t'en donnerai le quart, et tu pourras vivre tranquillement. Tu continueras à travailler, et comme 1290 ça, ça ira.

— Je ne pourrai jamais te remercier assez, dit Chick.

— Ne me remercie pas, dit Colin. Ce qui m'intéresse, ce n'est pas le bonheur de tous les hommes, c'est celui de chacun.

On sonna à la porte.

1295 — Je vais ouvrir!… dit Alise. Je suis la plus jeune. C'est vous-mêmes qui me le reprochez…

Elle se leva et ses pieds menus firent un frottis léger sur le tapis souple.

---

1. Doublezons : monnaie inventée par Vian.

C'était Nicolas, descendu par l'escalier de service. Il revenait, maintenant, vêtu d'un pardessus d'épais tissu godon[1] à chevrons[2] beiges et verts et coiffé d'un feutre[3] amerlaud[4] extra-plat. Il avait des gants de porc dépossédé, des souliers de gavial[5] consistant et lorsqu'il eut retiré son manteau, il apparut dans toute sa splendeur, veste de velours marron à côtes d'ivoire et pantalon bleu pétrole à revers larges de cinq doigts et le pouce.

— Oh! dit Alise. Comme tu es smart[6]!

— Comment ça va, ma nièce? Toujours belle…

Il lui caressa la poitrine et les hanches.

— Viens à table, dit Alise.

— Bonjour, les amis! dit Nicolas en entrant.

— Enfin! dit Colin. Vous vous décidez à parler normalement.

— Bien sûr! dit Nicolas. Je peux aussi. Mais dis-moi, poursuivit-il, si on se tutoyait, tous les quatre?

— D'accord! dit Colin. Pose-le.

Nicolas s'assit en face de Chick.

— Prends des hors-d'œuvre, dit ce dernier.

— Les gars, conclut Colin, est-ce que vous voulez être mes garçons d'honneur?

— C'est entendu!… acquiesça Nicolas. Mais il ne faudra pas nous accoupler avec des filles horribles, hein? Le coup est classique et bien connu.

— Je compte demander à Alise et Isis d'être les filles d'honneur, dit Colin, et aux frères Desmarais d'être les pédérastes d'honneur.

— Convenu! dit Chick.

— Alise, reprit Nicolas, va à la cuisine et rapporte le plat qui est dans le four. Ça doit être prêt maintenant.

Elle suivit les instructions de Nicolas et rapporta le plat d'argent massif et lorsque Chick souleva le couvercle, ils virent, à l'intérieur,

---

1. Godon: anglais; terme injurieux vieilli, déformation de l'expression anglaise *God damn*.

2. Chevrons: motifs en zigzag.

3. Feutre: chapeau de feutre.

4. Amerlaud: américain (familier).

5. Souliers de gavial: souliers en peau de crocodile.

6. *Smart*: dans le contexte, signifie « chic ».

deux figurines de foie gras sculpté qui représentaient Colin, en
1330 jaquette, et Chloé, en robe de mariée. Tout autour, on pouvait lire la
date du mariage, et, dans un coin, c'était signé : Nicolas.

XVI

Colin courait dans la rue.

— Ce sera une très belle noce… C'est demain, demain matin. Tous
mes amis seront là…

1335   La rue menait à Chloé.

— Chloé, vos lèvres sont douces. Vous avez un teint de fruit. Vos
yeux voient comme il faut voir et votre corps me fait chaud…

Des billes de verre roulaient dans la rue et des enfants venaient derrière.

1340   — Il me faudra des mois, des mois, pour que je me rassasie des
baisers à vous donner. Il faudra des ans de mois pour épuiser les baisers que je veux poser sur vous, sur vos mains, sur vos cheveux, sur
vos yeux, sur votre cou…

Il y eut trois petites filles. Elles chantaient une ronde toute ronde
1345 et la dansaient en triangle.

— Chloé, je voudrais sentir vos seins nus sur ma poitrine, mes
deux mains croisées sur vous, vos bras autour de mon cou, votre tête
parfumée dans le creux de mon épaule, et votre peau palpitante, et
l'odeur qui vient de vous.

1350   Le ciel était clair et bleu, le froid vif encore, mais moins. Les arbres,
tout noirs, montraient, au bout de leur bois terni, des bourgeons verts
et gonflés.

— Quand vous êtes loin de moi, je vous vois dans cette robe, avec
des boutons d'argent, mais quand la portiez-vous donc ? Non, pas la
1355 première fois. C'était le jour du rendez-vous, sous votre manteau
lourd et doux, vous l'aviez contre votre corps.

Il poussa la porte de la boutique et entra.

— Je voudrais des masses de fleurs pour Chloé !… dit-il.

— Quand doit-on les lui porter ? demanda la fleuriste.

1360   Elle était jeune et frêle, et ses mains rouges. Elle aimait beaucoup les fleurs.

    — Portez-les demain matin, et puis portez-en chez moi, qu'il y en ait plein notre chambre, des lis, des glaïeuls blancs, des roses, et des tas d'autres fleurs blanches, et mettez aussi, surtout, un gros bouquet de
1365 roses rouges…

XVII

    Les frères Desmarais s'habillaient pour la noce. Ils étaient très souvent invités comme pédérastes d'honneur, car ils présentaient bien. Ils étaient jumeaux. L'aîné s'appelait Coriolan. Il avait les cheveux noirs et frisés, la peau blanche et douce, un air de virginité, le nez droit et
1370 les yeux bleus derrière de grands cils jaunes.

    Le cadet, nommé Pégase [1], avait un aspect semblable, à cela près que ses cils étaient verts, ce qui suffisait d'ordinaire à les distinguer l'un de l'autre. Ils avaient embrassé la carrière de pédérastes par nécessité et par goût, mais comme on les payait bien pour être pédé-
1375 rastes d'honneur, ils ne travaillaient presque plus, et malheureusement, cette oisiveté funeste les poussait au vice de temps à autre : c'est ainsi que la veille, Coriolan s'était mal conduit avec une fille. Pégase le tançait [2] d'importance tout en se massant la peau des reins avec de la pâte d'amandes mâles, devant la grande glace à trois faces.

1380   — Et à quelle heure est-ce que tu es rentré, hein ! disait Pégase.

    — Je ne sais plus, dit Coriolan. Laisse-moi. Occupe-toi de tes reins. Coriolan s'épilait les sourcils au moyen d'une pince à forcipressure [3].

    — Tu es obscène ! dit Pégase. Une fille ! Si ta tante te voyait !…

    — Oh ! Tu ne l'as jamais fait, hein ? dit Coriolan menaçant.

1385   — Quand ça ? dit Pégase un peu inquiet.

---

1. Le nom des pédérastes d'honneur, Desmarais, et le prénom du cadet, Pégase, semblent inspirés de la société pétrolière française Desmarais frères, fondée en 1861, et dont l'emblème était un cheval ailé.

2. Tançait : réprimandait.

3. Pince à forcipressure : pince servant à stopper temporairement une hémorragie.

Il interrompit son massage et fit quelques mouvements d'assouplissement devant la glace.

— Ça va !… dit Coriolan. Je n'insiste pas. Je ne veux pas te faire rentrer sous terre. Boutonne-moi plutôt ma culotte.

1390 Ils avaient des culottes spéciales, à braguettes en arrière, difficiles à fermer tout seul.

— Ah ! ricana Pégase, tu vois !… tu ne peux rien dire !…

— Ça va, je te dis ! répéta Coriolan. Qui est-ce qui se marie, aujourd'hui ?

1395 — C'est Colin qui épouse Chloé !… dit son frère avec dégoût.

— Pourquoi prends-tu ce ton ? demanda Coriolan, il est bien, ce type-là !…

— Oui, il est bien, dit Pégase avec envie, mais, elle, elle a une poitrine tellement ronde qu'on ne peut vraiment pas se figurer que c'est 1400 un garçon.

Coriolan rougit.

— Je la trouve jolie… murmura-t-il. On a envie de lui toucher la poitrine… Ça ne te fait pas cet effet-là ?

Son frère le regarda avec stupeur.

1405 — Quel salaud tu fais ! conclut-il avec énergie. Tu es plus vicieux que n'importe qui… Un de ces jours, tu vas te marier avec une femme…

XVIII

Le Religieux sortit de la sacristoche [1], suivi d'un Bedon [2] et d'un Chuiche [3]. Ils portaient de grandes boîtes en carton ondulé pleines d'éléments décoratifs.

1410 — Quand le camion des Peintureurs arrivera, vous le ferez entrer jusqu'à l'autel, Joseph, dit-il au Chuiche. (Presque tous les Chuiches professionnels s'appellent Joseph, en effet.)

— On peint tout en jaune ? dit Joseph.

1. Sacristoche : néologisme de Vian servant à désigner de manière dépréciative, par l'emploi du suffixe « -oche », la sacristie, annexe d'une église où l'on entrepose les objets sacrés.
2. Bedon : paronyme sarcastique pour désigner le bedeau, employé laïque au service du curé.
3. Chuiche : déformation phonétique moqueuse de « suisse », gardien d'une église.

— Avec des raies violettes, dit le Bedon*, Emmanuel Jude, grand
1415 gaillard sympathique dont l'uniforme et la chaîne d'or brillaient
comme des nez froids.

— Oui, dit le Religieux, parce que le Chevêche[1] vient pour la
Béniction[2]. Venez, on va décorer le balcon des Musiciens avec tous les
éléments qu'il y a dans ces boîtes.

1420   — Il y a combien de Musiciens? demanda le Chuiche*.

— Septante-trois[3], dit le Bedon.

— Et quatorze Enfants de Foi[4], dit le Religieux, fièrement.

Le Chuiche fit un long sifflement, fuiiiouou…

— Et ils ne sont que deux à se marier! dit-il, admiratif.

1425   — Oui, dit le Religieux, c'est comme ça, avec les gens riches.

— Il y aura du monde? interrogea le Bedon.

— Beaucoup! dit le Chuiche. Je prendrai ma longue hallebarde[5]
rouge et ma canne à pomme rouge.

— Non, dit le Religieux, il faut la hallebarde jaune et la canne vio-
1430 lette, ça sera plus distingué.

Ils arrivaient au-dessous du balcon. Le Religieux ouvrit la petite
porte dissimulée dans un des piliers supportant la voûte et l'ouvrit.
L'un après l'autre, ils s'engagèrent dans l'étroit escalier en vis
d'Archimède[6]. Une vague lueur venait d'en haut.

1435   Ils montèrent vingt-quatre tours de vis et s'arrêtèrent pour souffler.

— C'est dur! dit le Religieux.

Le Chuiche, le plus bas, approuva, et le Bedon, pris entre deux feux,
se rendit à cette constatation.

— Encore deux tours et demi, dit le Religieux.

1440   Ils émergèrent sur la plate-forme située à l'opposé de l'autel, à cent
mètres au-dessus du sol, que l'on devinait à peine à travers le brouillard. Les nuages entraient sans façon dans l'Église et traversaient la nef
en flocons gris et amples.

---

1. Chevêche : utilisation moqueuse du nom donné à un petit rapace nocturne, la chevêche, pour
   désigner ce qui pourrait être ici un évêque ou un archevêque.
2. Béniction : simplification à des fins humoristiques de «bénédiction».
3. Septante-trois : soixante-treize (terme vieilli).
4. Enfants de Foi : dérivé vianesque d'«enfants de chœur».
5. Hallebarde : arme d'apparat des gardes suisses, lance à long manche munie de trois fers.
6. Vis d'Archimède : machine servant à élever les eaux, formée d'un cylindre à l'intérieur duquel
   tourne une spirale. Celle-ci inspire à Vian sa métaphore évoquant un escalier en colimaçon.

— Il fera beau ! dit le Bedon en reniflant l'odeur des nuages. Ils
1445 sentent le serpolet [1].

— Avec une trace d'aubifoin [2] ! dit le Chuiche, ça se sent aussi.

— J'espère que la Cérémonie sera réussie ! dit le Religieux.

Ils posèrent leurs cartons et commencèrent à garnir les chaises
de Musiciens au moyen des éléments décoratifs. Le Chuiche les
1450 dépliait, soufflait dessus pour les dépoussiérer et les passait au Bedon
et au Religieux.

Au-dessus d'eux, les piliers montaient, montaient, et paraissaient
se rejoindre très loin. La pierre mate, d'un beau blanc crème, caressée
par le doux éclat du jour, réfléchissait partout une lumière légère et
1455 calme. Tout en haut, c'était bleu-vert.

— Il faudrait astiquer les microphones, dit le Religieux au Chuiche.

— Je déplie le dernier élément ! dit le Chuiche, et je m'en occupe.

Il tira de sa besace un chiffon de laine rouge et se mit à frotter
énergiquement le socle du premier microphone. Il y en avait quatre,
1460 disposés en rang devant les chaises de l'orchestre, et combinés de
telle façon qu'à chaque air correspondît une sonnerie de cloches, à
l'extérieur de l'Église ; cependant qu'à l'intérieur, on entendait
la musique.

— Dépêche-toi, Joseph, dit le Religieux. Emmanuel et moi nous
1465 avons fini.

— Attendez-moi ! dit le Chuiche. J'en ai pour cinq minutes
d'indulgence.

Le Bedon et le Religieux remirent les couvercles des boîtes à éléments et les rangèrent sur un coin du balcon pour les retrouver après
1470 le mariage.

— Je suis prêt, dit le Chuiche.

Ils bouclèrent tous trois les courroies de leurs parachutes et s'élan-
cèrent gracieusement dans le vide. Les trois grandes fleurs versicolores [3] s'ouvrirent avec un clapotement soyeux, et, sans encombre, ils
1475 prirent pied sur les dalles polies de la nef.

---

1. Serpolet : sorte de thym.

2. Aubifoin : nom familier de la centaurée bleue, fleur appelée également « bleuet » ou « bluet ».

3. Versicolores : multicolores.

XIX

— Tu me trouves jolie ?

Chloé se mirait dans l'eau du bassin d'argent sablé où s'ébattait, sans gêne, le poisson rouge. Sur son épaule, la souris grise à moustaches noires se frottait le nez avec ses pattes et regardait les reflets changeants.

1480   Chloé avait passé ses bas, fins comme une fumée d'encens, de la couleur de sa peau blonde et ses souliers hauts de cuir blanc. Pour tout le reste, elle était nue, sauf un lourd bracelet d'or bleu qui faisait paraître encore plus fragile son poignet délicat.

— Crois-tu qu'il faut que je m'habille ?…

1485   La souris se laissa glisser le long du cou rond de Chloé et prit appui sur un de ses seins parfumés. Elle la regardait d'en dessous et paraissait de cet avis.

— Alors je te mets par terre ! dit Chloé. Tu sais, tu retournes chez Colin ce soir. Tu diras au revoir aux autres ici.

1490   Elle posa la souris sur le tapis, regarda par la fenêtre, laissa retomber le rideau et s'approcha de son lit. Il y avait sa robe blanche toute déployée, et les deux robes d'eau claire d'Isis et d'Alise.

— Vous êtes prêtes ?…

Dans la salle de bains, Alise aidait Isis à se coiffer. Elles portaient
1495 aussi déjà leurs chaussures et leurs bas.

— Nous n'allons pas très vite, vous ni moi, dit Chloé faussement sévère. Savez-vous, mes enfants, que je me marie ce matin.

— Tu as encore une heure ! dit Alise.

— C'est bien assez ! dit Isis. Tu es déjà coiffée.

1500   Chloé rit en secouant ses boucles. Il faisait chaud dans la pièce pleine de vapeur et le dos d'Alise était si appétissant que Chloé le caressa doucement de ses paumes aplaties. Isis, assise devant la glace, prêtait sa tête docile aux gestes précis d'Alise.

— Tu me chatouilles ! dit Alise qui commençait à rire.

1505   Chloé la caressait exprès à l'endroit où ça chatouille, sur les côtés et jusqu'aux hanches. La peau d'Alise était chaude et vivante.

— Tu vas rater mon rouleau, dit Isis, qui se faisait les ongles pour passer le temps.

— Vous êtes belles, toutes les deux, dit Chloé. C'est dommage que
1510 vous ne puissiez venir comme ça, j'aurais aimé que vous restiez avec vos bas et vos souliers seulement.

— Va t'habiller, bébé, dit Alise, tu vas tout faire rater.

— Embrasse-moi, dit Chloé. Je suis si contente !

Alise l'expulsa de la salle de bains et Chloé s'assit sur son lit.
1515 Elle riait toute seule en voyant les dentelles de sa robe. Elle mit, pour commencer, un petit soutien-gorge de cellophane et une culotte de satin blanc que ses formes fermes faisaient bomber gentiment par-derrière.

XX

— Ça va ? dit Colin.
1520 — Pas encore ! dit Chick.

Pour la quatorzième fois, Chick refaisait le nœud de cravate de Colin, et ça n'allait toujours pas.

— On pourrait essayer avec des gants ! dit Colin.

— Pourquoi ? demanda Chick. Ça ira mieux ?
1525 — Je ne sais pas, dit Colin. C'est une idée sans prétention.

— On a bien fait de s'y prendre en avance ! dit Chick.

— Oui, dit Colin, mais on sera quand même en retard si on n'y arrive pas.

— Oh ! dit Chick, on va y arriver.
1530 Il réalisa un ensemble de mouvements rapides étroitement associés et tira les deux bouts avec force. La cravate se brisa par le milieu et lui resta dans les doigts.

— C'est la troisième ! remarqua Colin, l'air absent.

— Oh ! dit Chick, ça va, je le sais.
1535 Il s'assit sur une chaise et se frotta le menton d'un air absorbé.

— Je ne sais pas ce qu'il y a, dit-il.

— Moi non plus, dit Colin, mais c'est anormal.

— Oui, dit Chick, nettement. Je vais essayer sans regarder.

Il prit une quatrième cravate et l'enroula négligemment autour du
1540 cou de Colin, en suivant des yeux le vol d'un brouzillon[1], d'un air très
intéressé. Il passa le gros bout sous le petit, le fit revenir dans la boucle,
un tour vers la droite, le repassa dessous, et par malheur, à ce moment-
là, ses yeux tombèrent sur son ouvrage et la cravate se referma brutalement, lui écrasant l'index. Il laissa échapper un gloussement de douleur.
1545   — Bougre de néant! dit-il. La vache!
     — Elle t'a fait mal? demanda Colin compatissant.
     Chick se suçait vigoureusement le doigt.
     — Je vais avoir l'ongle tout noir! dit-il.
     — Mon pauvre vieux! dit Colin.
1550   Chick marmonna quelque chose et regarda le cou de Colin.
     — Minute!… souffla-t-il. Le nœud est fait!… Bouge pas!…
     Il recula avec précaution, sans le quitter des yeux, et saisit sur la
table, derrière lui, une bouteille de fixateur à pastel. Il porta lentement
à sa bouche l'extrémité du petit tube à vaporiser et se rapprocha sans
1555 bruit. Colin chantonnait en regardant ostensiblement[2] le plafond.
     Le jet de pulvérin[3] frappa la cravate en plein milieu du nœud. Elle
eut un soubresaut rapide et s'immobilisa, clouée à sa place par le dur-
cissement de la résine.

XXI

Colin sortit de chez lui, suivi de Chick. Ils allaient chercher Chloé
1560 à pied. Nicolas les rejoindrait directement à l'Église, il surveillait
la cuisson d'un plat spécial découvert dans Gouffé et dont il attendait merveilles.
     Il y avait sur le chemin une librairie devant laquelle Chick tomba
en arrêt. Au beau milieu de l'étalage, un exemplaire du *Remugle*[4] de

---

1. Brouzillon : néologisme de l'auteur pour désigner un insecte de sa création ; le nom rappelle
     à la fois le verbe « bourdonner » et son synonyme familier « zonzonner ».
2. Ostensiblement : avec l'intention d'être remarqué.
3. Pulvérin : fine poudre pour amorcer les armes à feu ou pour composer les feux d'artifice.
4. Autre variation humoristique sur *La Nausée* de Jean-Paul Sartre. Le mot « remugle » désigne
     une odeur de moisissure, de renfermé.

1565 Partre relié de maroquin* violet aux armes de la duchesse de Bovouard scintillait, tel un précieux bijou.

— Oh! dit Chick, regarde ça!…

— Quoi? dit Colin qui revint en arrière. Ah! Ça?

— Oui… dit Chick, il commençait à baver de convoitise.

1570 Un petit ruisseau se formait entre ses pieds et prit le chemin du bord du trottoir, contournant les menues inégalités de la poussière.

— Eh bien? dit Colin. Tu l'as?…

— Pas relié comme ça!… dit Chick.

— Oh! La barbe, dit Colin. Viens, on est pressés.

1575 — Il vaut au moins un ou deux doublezons*! dit Chick.

— Certainement!… dit Colin qui s'éloigna…

Chick fouilla ses poches.

— Colin! appela-t-il… prête-moi un peu d'argent.

Colin s'arrêta de nouveau. Il secoua la tête d'un air attristé.

1580 — Je crois, dit-il, que les vingt-cinq mille doublezons que je t'ai promis ne dureront pas longtemps.

Chick rougit, baissa le nez, mais tendit la main. Il prit l'argent et s'élança dans la boutique. Colin attendait, soucieux. En voyant l'air hilare de Chick, il secoua de nouveau la tête, compatissant cette fois,
1585 et un demi-sourire se dessina sur ses lèvres.

— Tu es fou, mon pauvre Chick. Combien l'as-tu payé?

— Ça n'a pas d'importance! dit Chick, dépêchons-nous.

Ils se hâtèrent. Chick semblait monté sur dragons volants.

À la porte de Chloé, des gens regardaient la belle voiture blanche
1590 commandée par Colin et qu'on venait de livrer avec le chauffeur de cérémonie. À l'intérieur, tout recouvert de fourrure blanche, on était bien au chaud et on entendait de la musique.

Le ciel restait bleu, les nuages légers et vagues. Il faisait froid sans exagération. L'hiver tirait à sa fin.

1595 Le plancher de l'ascenseur se gonfla sous leurs pieds et, dans un gros spasme mou, les déposa à l'étage. La porte s'ouvrit devant eux. Ils sonnèrent. On vint ouvrir, Chloé les attendait. Outre son soutien-gorge de cellophane, sa petite culotte blanche et ses bas, elle avait deux épaisseurs de mousseline sur le corps et un grand voile de tulle, qui
1600 partait des épaules, laissant la tête entièrement libre.

Alise et Isis étaient habillées de la même façon mais leur robe était couleur d'eau. Leurs cheveux frisés brillaient dans le soleil et s'arrondissaient sur leurs épaules en masses lourdes et odorantes. On ne savait laquelle choisir. Colin savait. Il n'osa pas embrasser Chloé pour ne pas
1605 troubler l'harmonie de sa toilette et se rattrapa avec Isis et Alise. Elles se laissèrent faire de bon gré, voyant comme il était heureux.

Toute la chambre était pleine des fleurs blanches choisies par Colin et sur l'oreiller du lit défait, il y avait un pétale de rose rouge. L'odeur des fleurs et le parfum des filles se mêlaient étroitement et Chick se
1610 prenait pour une abeille en ruche. Alise portait une orchidée mauve dans ses cheveux, Isis une rose écarlate et Chloé un gros camélia blanc. Elle tenait une gerbe de lis et un bracelet de feuilles de lierre toutes neuves et vernies de frais brillait à côté de son gros bracelet d'or bleu. Sa bague de fiançailles était pavée de petits diamants carrés ou
1615 oblongs[1] qui dessinaient, en morse, le nom de Colin. Dans un coin, sous une gerbe, apparaissait le sommet du crâne d'un cinématographiste[2] qui tournait désespérément sa manivelle.

Colin posa quelques instants avec Chloé, puis ce furent Chick, Alise et Isis. Et tous se rassemblèrent alors et suivirent Chloé, qui
1620 pénétra la première dans l'ascenseur. Les câbles d'icelui[3] s'allongèrent tant sous le poids de sa trop lourde charge, qu'il n'y eut pas besoin d'appuyer sur le bouton, mais ils prirent soin de sortir tous d'un coup pour ne point remonter avec la cabine.

Le chauffeur ouvrit la porte, les trois filles et Colin montèrent der-
1625 rière, Chick se mit devant et l'on partit. Tous les gens se retournaient dans la rue et moulinaient les bras avec enthousiasme, croyant que c'était le Président, et puis repartaient dans leur direction en pensant à des choses brillantes et dorées.

L'église n'était pas très éloignée. La voiture décrivit une élégante
1630 cardioïde[4] et s'arrêta en bas des marches.

Sur le perron, entre deux gros piliers sculptés, le Religieux, le Bedon* et le Chuiche* faisaient la parade avant la noce. Derrière eux,

---

1. Oblongs : de forme allongée.
2. Cinématographiste : néologisme inspiré de « cinématographe » pour désigner un réalisateur de films.
3. Icelui : celui-ci (archaïsme).
4. Cardioïde : courbe en forme de cœur.

de longues draperies de soie blanche descendaient jusqu'au sol et les quatorze Enfants de Foi* exécutaient un ballet. Ils étaient revêtus de
1635 blouses blanches, avec des culottes rouges et des souliers blancs. Les filles portaient des petites jupes rouges plissées au lieu de culottes et une plume rouge dans les cheveux. Le Religieux tenait la grosse caisse, le Bedon jouait du fifre [1] et le Chuiche scandait le rythme avec des maracas. Ils chantaient tous trois le refrain en chœur, après quoi, le
1640 Chuiche esquissa un pas de claquettes, saisit une basse et exécuta un chorus [2] sensationnel à l'archet, sur une musique de circonstance.

Les septante-trois* Musiciens jouaient déjà sur leur balcon, et les cloches sonnaient à toute volée. Il y eut un bref accord dissonant car le chef d'orchestre, qui s'était trop rapproché du bord, venait de tomber
1645 dans le vide, et le vice-chef prit la direction de l'ensemble. Au moment où le chef d'orchestre s'écrasa sur les dalles, ils firent un autre accord pour couvrir le bruit de la chute mais l'église trembla sur sa base.

Colin et Chloé regardaient, émerveillés, la parade du Religieux, du Bedon et du Chuiche, et deux sous-Chuiches attendaient par-
1650 derrière, à la porte de l'église, le moment de présenter la hallebarde*.

Le Religieux fit un dernier roulement en jonglant avec les baguettes, le Bedon tira de son fifre un miaulement suraigu, qui fit entrer en dévotion la moitié des bigotes [3] rangées tout le long des marches pour voir la mariée, et le Chuiche brisa, dans un dernier accord, les cordes
1655 de sa contrebasse. Alors les quatorze Enfants de Foi descendirent les marches à la queue leu leu et les filles se rangèrent à droite, les garçons à gauche de la porte de la voiture.

Chloé sortit, elle était ravissante et radieuse dans sa robe blanche ; Alise et Isis suivirent. Nicolas venait d'arriver et s'approcha du
1660 groupe. Colin prit le bras de Chloé, Nicolas celui d'Isis et Chick celui d'Alise et ils gravirent les marches, suivis des frères Desmarais, Coriolan à droite et Pégase à gauche, pendant que les Enfants de Foi venaient par couples en s'amignotant [4] tout au long de l'escalier. Le

---

1. Fifre : petite flûte traversière faite de bois.
2. Chorus : en jazz, l'ensemble des mesures du thème de la pièce jouée, sur lesquelles un soliste improvise.
3. Bigotes : femmes excessivement religieuses.
4. S'amignotant : se flattant, se caressant légèrement (terme vieilli).

Religieux, le Bedon* et le Chuiche*, après avoir rangé leurs instru-
1665 ments, dansaient une ronde en attendant.

Sur le perron, Colin et ses amis exécutèrent un mouvement
compliqué, et se trouvèrent groupés de la façon adéquate pour entrer
dans l'église : Colin avec Alise, Nicolas au bras de Chloé, puis Chick
et Isis et enfin les frères Desmarais, mais cette fois Pégase à droite et
1670 Coriolan à gauche. Le Religieux et ses séides[1] s'arrêtèrent de tourner,
prirent la tête du cortège, et tous, chantant un vieux chœur grégorien,
se ruèrent vers la porte. Les sous-Chuiches leur cassaient sur la tête,
au passage, un petit ballon de cristal mince rempli d'eau lustrale[2]
et leur plantaient dans les cheveux un bâtonnet d'encens allumé
1675 qui brûlait avec une flamme jaune pour les hommes, et violette pour
les femmes.

Les wagonnets étaient rangés à l'entrée de l'église. Colin et Alise
s'installèrent dans le premier et partirent tout de suite. On tombait
dans un couloir obscur qui sentait la religion. Le wagonnet filait sur
1680 les rails avec un bruit de tonnerre et la musique retentissait avec une
grande force. Au bout du couloir, le wagonnet enfonça une porte,
tourna à angle droit, et le Saint apparut dans une lumière verte. Il grimaçait horriblement et Alise se serra contre Colin. Des toiles d'araignées leur balayaient la figure et des fragments de prières leur
1685 revenaient à la mémoire. La seconde vision fut celle de la Vierge, et à
la troisième, face à Dieu qui avait un œil au beurre noir et l'air pas
content, Colin se rappelait toute la prière et put la dire à Alise. Le
wagonnet déboucha dans un fracas assourdissant sous la voûte de la
travée latérale et s'arrêta. Colin descendit, laissa Alise gagner sa place
1690 et attendit Chloé qui émergea bientôt.

Ils regardèrent la nef. Il y avait une grande foule, tous les gens qui
les connaissaient étaient là, écoutant la musique et se réjouissant
d'une si belle cérémonie.

Le Chuiche et le Bedon, cabriolant dans leurs beaux habits, appa-
1695 rurent, précédant le Religieux qui conduisait le Chevêche*. Tout le
monde se leva et le Chevêche s'assit dans un grand fauteuil en velours.
Le bruit des chaises sur les dalles était très harmonieux.

---

1. Séides : fanatiques.
2. Lustrale : bénite, purificatrice.

La musique s'arrêta soudain. Le Religieux s'agenouilla devant l'autel, tapa trois fois sa tête par terre et le Bedon se dirigea vers Colin
1700 et Chloé pour les mener à leur place tandis que le Chuiche faisait ranger les Enfants de Foi* des deux côtés de l'autel. Il y avait maintenant un très profond silence dans l'église et les gens retenaient leur haleine.

Partout, de grandes lumières envoyaient des faisceaux de rayons sur des choses dorées qui les faisaient éclater dans tous les sens, et les
1705 larges raies jaunes et violettes de l'église donnaient à la nef l'aspect de l'abdomen d'une énorme guêpe couchée, vue de l'intérieur.

Très haut, les Musiciens commencèrent un chœur vague; les nuages entraient; ils avaient une odeur de coriandre et d'herbe de montagnes. Il faisait chaud dans l'église et l'on se sentait enveloppé
1710 d'une atmosphère bénigne et ouatée.

Agenouillés devant l'autel, sur deux prioirs[1] recouverts de velours blanc, Colin et Chloé, la main dans la main, attendaient. Le Religieux, devant eux, compulsait rapidement un gros livre car il ne se rappelait plus les formules; de temps à autre, il se retournait pour jeter un coup
1715 d'œil à Chloé dont il aimait bien la robe. Enfin, il s'arrêta de tourner les pages, se redressa, fit, de la main, un signe au chef d'orchestre, qui attaqua l'Ouverture; le Religieux prit son souffle et commença de chanter le Cérémonial, soutenu par un fond de onze trompettes bouchées jouant à l'unisson. Le Chevêche somnolait doucement, la main sur la
1720 crosse, et savait qu'on le réveillerait au moment de chanter à son tour. L'Ouverture et le Cérémonial étaient écrits sur des thèmes classiques de blues. Pour l'Engagement, Colin avait demandé que l'on jouât l'arrangement de Duke Ellington sur un vieil air bien connu, *Chloé*.

Devant Colin, accroché à la paroi, on voyait Jésus sur une grande
1725 croix noire. Il paraissait heureux d'avoir été invité et regardait tout cela avec intérêt. Colin tenait la main de Chloé et souriait vaguement à Jésus. Il était un peu fatigué. La Cérémonie lui revenait très cher, cinq mille doublezons* et il était content qu'elle fût réussie. Il y avait des fleurs tout autour de l'autel. Il aimait la musique que l'on jouait en ce
1730 moment. Il vit le Religieux devant lui et reconnut l'air. Alors, il ferma doucement les yeux, il se pencha un peu en avant et il dit «Oui». Chloé dit «Oui» aussi et le Religieux leur serra vigoureusement la main.

---

1. Prioirs: néologisme pour désigner des prie-Dieu, sièges servant à s'agenouiller pour la prière.

L'orchestre repartit de plus belle et le Chevêche* se leva pour l'Exhortation. Le Chuiche* se glissait entre les rangées de personnes pour
1735 donner un grand coup de canne sur les doigts de Chick qui venait
d'ouvrir son livre au lieu d'écouter.

XXII

Le Chevêche était parti ; Colin et Chloé, debout dans la sacristoche*, recevaient des poignées de main et des injures pour leur porter
bonheur. D'autres gens leur donnaient des conseils pour la nuit, un
1740 camelot passa en leur proposant des photographies pour s'instruire.
Ils commençaient à se sentir très las. La musique jouait toujours et
les gens dansaient dans l'église où l'on servait la glace lustrale* et des
rafraîchissements pieux, avec des petits sandwiches à la morue. Le
Religieux avait remis ses habits de tous les jours, avec un gros trou sur
1745 la fesse, mais il comptait se payer un surtout[1] neuf avec le bénéfice
pris sur les cinq mille doublezons*. En plus, il venait d'escroquer l'orchestre, comme on fait toujours, et de refuser de payer le cachet du
chef puisqu'il était mort avant d'avoir commencé. Le Bedon* et le
Chuiche déshabillaient les Enfants de Foi* pour remettre leurs costumes en place, et le Chuiche se chargeait spécialement des petites
1750 filles. Les deux sous-Chuiches, engagés comme extras, étaient partis.
Le camion des Peintureurs attendait dehors. Ils s'apprêtaient à enlever
le jaune et le violet pour les remettre dans des pots tout dégoûtants.

Aux côtés de Colin et de Chloé, Alise et Chick, Isis et Nicolas,
1755 recevaient aussi des poignées de main. Les frères Desmarais en donnaient. Lorsque Pégase voyait son frère se rapprocher trop d'Isis qui
était à côté de lui, il lui pinçait la hanche de toutes ses forces en le traitant d'inverti[2].

Il restait encore une douzaine de personnes. C'étaient les amis personnels de Colin et Chloé qui devaient venir à la réception de l'après-
1760 midi. Ils sortirent tous de l'église en jetant un dernier regard aux
fleurs de l'autel et sentirent l'air froid les frapper au visage en arrivant

---

1. Surtout : ample manteau.
2. Inverti : homosexuel.

sur le perron. Chloé se mit à tousser et descendit les marches très vite pour entrer dans la voiture chaude. Elle se pelotonna sur les coussins
1765 et attendit Colin.

Les autres, sur le perron, regardaient partir les Musiciens que l'on emmenait dans une voiture cellulaire parce qu'ils avaient tous des dettes. Ils étaient serrés comme des sardines et soufflaient pour se venger, dans leurs instruments, ce qui, de la part des violonistes, pro-
1770 duisait un bruit abominable.

XXIII

De forme sensiblement carrée, assez élevée de plafond, la chambre de Colin prenait jour sur le dehors par une baie de cinquante centi-mètres de haut qui courait sur toute la longueur du mur à un mètre vingt du sol environ. Le plancher était recouvert d'un épais tapis
1775 orange clair et les murs tendus de cuir naturel.

Le lit ne reposait pas sur le tapis mais sur une plate-forme à mi-hauteur du mur. On y accédait par une petite échelle de chêne syracusé[1] garnie de cuivre rouge blanc. La niche formée par la plate-forme, sous le lit, servait de boudoir. Il s'y trouvait des livres et des
1780 fauteuils confortables, et la photographie du Dalaï-Lama.

Colin dormait encore. Chloé venait de se réveiller et le regardait. Elle avait les cheveux en désordre et paraissait encore plus jeune. Il ne restait sur le lit qu'un drap, celui de dessous, le reste avait voltigé dans toute la pièce, bien chauffée par des pompes à feu. Elle était mainte-
1785 nant assise, les genoux remontés sous le menton, et se frottait les yeux, puis s'étira et se laissa retomber en arrière et l'oreiller s'infléchit sous son poids.

Colin était étendu à plat ventre, les bras autour de son traversin[2], et bavait comme un vieux bébé. Chloé se mit à rire et s'agenouilla à
1790 côté de lui pour le secouer vigoureusement. Il se réveilla, se souleva sur les poignets, s'assit et l'embrassa avant d'ouvrir les yeux. Chloé se

---

1. Syracusé : néologisme de Vian inspiré de Syracuse, ville d'Italie (à moins qu'il ne fasse allusion à la ville américaine du même nom).
2. Traversin : coussin de forme cylindrique.

laissait faire avec une certaine complaisance et le guidait vers les places de choix. Elle avait une peau ambrée* et savoureuse comme de la pâte d'amandes.

1795 La souris grise à moustaches noires grimpa le long de l'échelle et vint les avertir que Nicolas attendait. Ils se rappelèrent le voyage et bondirent hors du lit. La souris profitait de leur inattention pour puiser largement dans une grosse boîte de chocolats à la sapote[1] qui se trouvait au chevet du lit.

1800 Ils firent promptement leur toilette, mirent des costumes assortis et se hâtèrent vers la cuisine. Nicolas les avait invités à prendre le petit déjeuner dans son domaine. La souris les suivit et s'arrêta dans le couloir. Elle voulait voir pourquoi les soleils n'entraient pas aussi bien que d'habitude, et les engueuler à l'occasion.

1805 — Alors, dit Nicolas, vous avez bien dormi ?

Les yeux de Nicolas étaient cernés et son teint plus ou moins brouillé.

— Très bien, dit Chloé, qui se laissa tomber sur une chaise, car elle avait du mal à se tenir debout.

— Et toi ? demanda Colin, qui glissa et se retrouva assis par terre 1810 sans faire aucun effort pour se rattraper.

— Moi, dit Nicolas, j'ai raccompagné Isis chez elle, et comme il se doit elle m'a fait boire.

— Ses parents n'étaient pas là ? demanda Chloé.

— Non, dit Nicolas, il y avait juste ses deux cousines, et elles ont 1815 absolument voulu que je reste.

— Elles avaient quel âge, demanda Colin, insidieusement.

— Je ne sais pas, dit Nicolas, mais, au toucher, je donnerais seize ans à l'une et dix-huit à l'autre.

— Tu as passé la nuit là-bas ? demanda Colin.

1820 — Euh… dit Nicolas, elles étaient toutes les trois un peu éméchées, alors j'ai dû les mettre au lit. Le lit d'Isis est très grand… il y avait encore une place. Je n'ai pas voulu vous réveiller, alors j'ai dormi avec elles.

— Dormi ?… dit Chloé, le lit devait être très dur parce que tu as bien mauvaise mine…

1825 Nicolas toussa d'une façon peu naturelle et s'affaira autour des appareils électriques.

---

1. Sapote : fruit du sapotillier, grand arbre d'Amérique centrale.

— Goûtez ça, dit-il pour changer la conversation.

C'étaient des abricots fourrés aux dattes et aux pruneaux dans un sirop onctueux et caramélisé sur le dessus.

1830 — Est-ce que tu pourras conduire ? demanda Colin.

— J'essaierai, dit Nicolas.

— C'est bon, ça, dit Chloé. Prends-en avec nous, Nicolas.

— Je préfère quelque chose de plus remontant, dit Nicolas.

Il se confectionna un horrible breuvage sous les yeux de Colin et de 1835 Chloé. Il y avait du vin blanc, une cuillerée de vinaigre, cinq jaunes d'œufs, deux huîtres, et cent grammes de viande hachée avec de la crème fraîche et une pincée d'hyposulfite de soude[1]. Le tout descendit dans son gosier en faisant le bruit d'un cyclotron[2] en pleine vitesse.

— Alors ? demanda Colin, qui s'étranglait presque de rire en 1840 voyant la grimace de Nicolas.

— Ça va… répondit Nicolas avec effort.

Effectivement, les cernes disparurent subitement de ses yeux comme si l'on y avait passé de la benzine[3], et son teint s'éclaircit visiblement. Il s'ébroua, serra les poings et rugit. Chloé le regardait, 1845 un peu inquiète.

— Tu n'as pas mal au ventre, Nicolas ?

— Pas du tout ! brailla Nicolas. C'est fini. Je vous donne la suite, et puis on va s'en aller…

XXIV

1850 La grande voiture blanche se frayait précautionneusement un chemin dans les ornières de la route. Colin et Chloé, assis derrière, regardaient le paysage avec un certain malaise. Le ciel était bas, des oiseaux rouges volaient au ras des fils télégraphiques en montant et descendant, comme eux, et leurs cris aigres se reflétaient sur l'eau plombée des flaques.

---

1. Hyposulfite de soude : composé chimique utilisé comme antidote à l'empoisonnement au cyanure. On s'en sert également en photographie, comme fixateur.

2. Cyclotron : accélérateur de particules nucléaires.

3. Benzine : produit employé comme détachant.

1855 — Pourquoi est-on passés par là? demanda Chloé à Colin.

— C'est un raccourci, dit Colin. C'est obligatoire. La route ordinaire est usée. Tout le monde a voulu y rouler parce qu'il y faisait beau tout le temps, et maintenant, il ne reste que celle-ci. Ne t'inquiète pas, Nicolas sait conduire.

1860 — C'est cette lumière, dit Chloé.

Son cœur battait vite, comme serré dans une coque trop dure. Colin passa son bras autour des épaules de Chloé, et prit le cou gracieux entre ses doigts, sous les cheveux, comme on prend un petit chat.

1865 — Oui, dit Chloé en rentrant la tête dans les épaules, car Colin la chatouillait, touche-moi, j'ai peur toute seule.

— Veux-tu que je mette les glaces jaunes? dit Colin.

— Mets quelques couleurs.

Colin pressa des boutons verts, bleus, jaunes, rouges, et les glaces
1870 correspondantes remplacèrent celles de la voiture. On se serait cru dans un arc-en-ciel, et sur la fourrure blanche, des ombres bariolées dansaient au passage de chaque poteau télégraphique. Chloé se sentit mieux.

Il y avait, des deux côtés de la route, une mousse rase et maigre,
1875 d'un vert décoloré, et de temps à autre, un arbre tordu et échevelé. Pas un souffle de vent ne ridait les nappes de boue qui giclaient sous les roues de la voiture. Nicolas peinait dur pour garder le contrôle de la direction et se maintenait avec effort au milieu de la chaussée effondrée. Il se retourna un instant.

1880 — Ne vous en faites pas, dit-il à Chloé, ça ne va pas durer. La route change bientôt.

Chloé se tourna vers la glace à sa droite et frissonna. Une bête écailleuse les regardait passer, debout près d'un poteau télégraphique.

— Regarde, Colin, qu'est-ce que c'est?…

1885 Colin regarda.

— Je ne sais pas, dit-il. Ça… ça n'a pas l'air méchant.

— C'est un des hommes qui entretiennent les lignes, dit Nicolas, par-dessus son épaule. Ils sont habillés comme ça pour que la boue n'entre pas jusqu'à eux…

1890 — C'était… c'était très laid… murmura Chloé.

Colin l'embrassa.

— N'aie pas peur, ma Chloé, c'était juste un homme…

Sous les roues, le sol paraissait plus ferme. Une vague lueur teintait l'horizon.

1895   — Regarde! dit Colin, c'est le soleil…

Nicolas secoua négativement la tête.

— Ce sont les mines de cuivre, dit-il. On va les traverser.

La souris, à côté de Nicolas, dressa l'oreille.

— Oui, lui dit Nicolas. Il va faire chaud…

1900   La route tourna plusieurs fois. La boue, maintenant, commençait à fumer. La voiture était environnée de vapeurs blanches à forte odeur de cuivre. Puis, la boue durcit complètement et la chaussée émergea, craquelée et poussiéreuse. Loin devant, l'air vibrait comme au-dessus d'un grand four.

1905   — Je n'aime pas ça! dit Chloé. On ne peut pas passer d'un autre côté?

— Il n'y a que ce chemin… dit Colin. Veux-tu lire le livre de Gouffé? Je l'ai pris…

Ils n'avaient pas emmené d'autres bagages, comptant tout acheter 1910 en route.

— On baisse les glaces de couleur? dit encore Colin.

— Oui, dit Chloé, maintenant, la lumière est moins mauvaise!…

Brusquement, la route tourna de nouveau et ils se trouvaient au milieu des mines de cuivre. Elles s'étageaient des deux côtés, de 1915 quelques mètres en contrebas. D'immenses étendues de cuivre verdâtre, à l'infini, déroulaient leur aridité. Des centaines d'hommes, vêtus de combinaisons hermétiques, s'agitaient autour des feux. D'autres empilaient en pyramides régulières le combustible que l'on amenait sans cesse dans des wagonnets électriques. Le cuivre, sous 1920 l'effet de la chaleur, fondait et coulait en ruisseaux rouges frangés de scories [1] spongieuses et dures comme de la pierre. De place en place, on le rassemblait dans de grands réservoirs où des machines le pompaient et le transvasaient dans des tuyaux ovales.

— Quel travail terrible!… dit Chloé.

1925   — C'est assez bien payé!… dit Nicolas.

---

1. Scories: résidus durcis.

Quelques hommes s'étaient arrêtés pour voir passer la voiture. On ne voyait dans leurs yeux qu'une pitié un peu narquoise. Ils étaient larges et forts, ils avaient l'air inaltérable.

— Ils ne nous aiment pas… dit Chloé. Allons-nous-en d'ici.

— Ils travaillent… dit Colin.

— Ce n'est pas une raison, dit Chloé.

Nicolas accéléra un peu. La voiture filait sur la croûte craquelée, dans la rumeur des machines et du cuivre en fusion.

— On va bientôt rejoindre l'ancienne route, dit Nicolas.

XXV

— Pourquoi sont-ils si méprisants? demanda Chloé. Ce n'est pas tellement bien, de travailler.

— On leur a dit que c'est bien, dit Colin. En général, on trouve ça bien. En fait, personne ne le pense. On le fait par habitude et pour ne pas y penser, justement.

— En tout cas, c'est idiot de faire un travail que des machines pourraient faire.

— Il faut construire les machines, dit Colin. Qui le fera?

— Oh, évidemment, dit Chloé, pour faire un œuf, il faut une poule, mais une fois qu'on a la poule, on peut avoir des tas d'œufs. Il vaut donc mieux commencer par la poule.

— Il faudrait savoir, dit Colin, qui empêche de faire des machines. C'est le temps qui doit manquer. Les gens perdent leur temps à vivre, alors il ne leur en reste plus pour travailler.

— Ce n'est pas plutôt le contraire? demanda Chloé.

— Non, dit Colin. Si ils[1] avaient le temps de construire les machines, après ils n'auraient plus besoin de rien faire. Ce que je veux dire, c'est qu'ils travaillent pour vivre au lieu de travailler à construire des machines qui les feraient vivre sans travailler.

— C'est compliqué, estima Chloé.

---

1. Si ils: forme argotique de «s'ils». Plusieurs fois, Vian ne fait pas l'élision dans le roman.

1955 — Non, dit Colin. C'est très simple. Ça devrait, bien entendu, venir progressivement. Mais on perd tellement de temps à faire des choses qui s'usent.

— Mais tu crois qu'ils n'aimeraient pas mieux rester chez eux et embrasser leur femme et aller à la piscine et aux divertissements ?

1960 — Non, dit Colin, parce qu'ils n'y pensent pas.

— Mais est-ce que c'est leur faute si ils croient que c'est bien de travailler ?

— Non, dit Colin, ce n'est pas leur faute. C'est parce qu'on leur a dit : le travail, c'est sacré, c'est bien, c'est beau, c'est ce qui compte
1965 avant tout, et seuls les travailleurs ont droit à tout. Seulement, on s'arrange pour les faire travailler tout le temps et alors ils ne peuvent pas en profiter.

— Mais alors ils sont bêtes, dit Chloé.

— Oui, ils sont bêtes, dit Colin. C'est pour ça qu'ils sont d'accord
1970 avec ceux qui leur font croire que le travail, c'est ce qu'il y a de mieux. Ça leur évite de réfléchir et de chercher à progresser et à ne plus travailler.

— Parlons d'autre chose, dit Chloé. C'est épuisant, ces sujets-là. Dis-moi si tu aimes mes cheveux.

1975 — Je t'ai déjà dit…

Il la prit sur ses genoux. De nouveau, il se sentait complètement heureux.

— Je t'ai déjà dit que je t'aimais bien, en gros et en détail.

— Alors, détaille, murmura Chloé, en se laissant aller dans les bras
1980 de Colin, câline [1] comme une couleuvre.

XXVI

— Pardon, Monsieur, demanda Nicolas, Monsieur désire-t-il que nous descendions ici ?

L'auto s'était arrêtée devant un hôtel au bord de la route. C'était la bonne route, lisse, moirée de reflets photogéniques, avec des arbres

---

1. Câline : caressante.

parfaitement cylindriques des deux côtés, de l'herbe fraîche, du soleil, des vaches dans les champs, des barrières vermoulues[1], des haies en fleur, des pommes aux pommiers et des feuilles mortes en petits tas, avec de la neige de place en place, pour varier le paysage, des palmiers, des mimosas et des pins du Nord dans le jardin de l'hôtel et un garçon roux ébouriffé qui conduisait deux moutons et un chien ivre. D'un côté de la route, il y avait du vent, et de l'autre, pas. On choisissait celui qui vous plaisait. Un arbre sur deux seulement donnait de l'ombre et dans un seul des fossés, on trouvait des grenouilles.

— Descendons ici, dit Colin. Aussi bien, nous n'arriverons pas au Sud aujourd'hui.

Nicolas ouvrit la portière et mit pied à terre.

Il portait un beau costume de chauffeur en cuir de porc et une élégante casquette assortie. Il recula de deux pas et regarda la voiture. Colin et Chloé descendirent aussi.

— Notre véhicule est passablement souillé! dit Nicolas. C'est toute cette boue que nous avons traversée.

— Ça ne fait rien, dit Chloé, on va le faire laver à l'hôtel.

— Entre et va voir si ils ont des chambres, dit Colin, et de quoi se nutritionner.

— Très bien, Monsieur, dit Nicolas, portant sa main à la visière de sa casquette, et plus exaspérant que jamais.

Il poussa la barrière de chêne ciré dont la poignée recouverte de velours lui donna le frisson.

Ses pas firent craquer le gravier et il monta les deux marches. La porte vitrée céda sous sa poussée; il disparut dans le bâtiment.

Les jalousies[2] étaient baissées et l'on n'entendait aucun bruit. Le soleil cuisait doucement les pommes tombées et les faisait éclore en petits pommiers verts et frais qui fleurissaient instantanément et donnaient des pommes plus petites encore. À la troisième génération, on ne voyait plus guère qu'une sorte de mousse verte et rose où des pommes minuscules roulaient comme des billes.

---

1. Vermoulues: travaillées, usées par les vers.
2. Jalousies: stores vénitiens (à lames horizontales).

Quelques bestioles zonzonnaient[1] dans le soleil, se rendant à des tâches incertaines, et dont certaines consistaient en une rapide giration sur place. Du côté venteux de la route, les graminées se cour-
2020 baient en sourdine, des feuilles voltigeaient avec un froissement léger. Quelques insectes à élytres[2] tentaient de remonter le courant en produisant un petit clapotis semblable à celui des roues d'un vapeur cinglant[3] vers les grands lacs. Colin et Chloé, l'un près de l'autre, se laissaient insoler[4] sans rien dire et leurs cœurs battaient tous deux,
2025 sur un rythme de boogie*.

La porte vitrée grinça faiblement. Nicolas réapparut. Sa casquette était de travers et sa toilette en désordre.

— Ils t'ont mis dehors? demanda Colin.

— Non, Monsieur! dit Nicolas. Ils peuvent recevoir Monsieur et
2030 Madame, et s'occuper de la voiture.

— Que t'est-il arrivé? demanda Chloé.

— Euh… dit Nicolas, le patron n'est pas là. J'ai été reçu par sa fille.

— Arrange-toi, dit Colin. Tu n'es pas correct.

— Je prie Monsieur de m'excuser, dit Nicolas, mais j'ai pensé que
2035 deux chambres valaient un sacrifice.

— Va te mettre en civil, dit Colin, et recommence à parler normalement. Tu me mets les nerfs en bobines.

Chloé s'arrêta pour jouer avec un petit tas de neige. Les flocons doux et froids restaient blancs et ne fondaient pas.
2040 — Regarde comme elle est jolie!… dit-elle à Colin.

Sous la neige, il y avait des primevères, des bluets[5] et des coquelicots.

— Oui, dit Colin, mais tu as tort de toucher ça, tu vas avoir froid.

— Oh! non! dit Chloé, et elle se mit à tousser comme une étoffe de soie qui se déchire.
2045 — Ma Chloé… dit Colin en l'entourant de ses bras, ne tousse pas comme ça… tu me fais mal…

Elle lâcha la neige qui tomba lentement, comme du duvet, et se remit à briller au soleil.

---

1. Zonzonnaient: bourdonnaient (familier).
2. Élytres: ailes antérieures enveloppant, pour le protéger, le corps de certains insectes.
3. Un vapeur cinglant: un bateau à vapeur naviguant.
4. Insoler: exposer au soleil.
5. Bluets: voir note 2, p. 51.

— Je n'aime pas cette neige… murmura Nicolas.

2050 Il se reprit aussitôt.

— Je prie Monsieur de m'excuser pour la liberté de ce langage.

Colin retira un de ses souliers et le précipita à la figure de Nicolas qui se baissa pour gratter une petite tache à son pantalon, et se releva au bruit du verre cassé.

2055 — Oh!… Monsieur!… dit Nicolas avec reproche. C'est la fenêtre de la chambre de Monsieur…

— Eh bien, tant pis, dit Colin. Ça nous aérera. Et puis ça t'apprendra à parler comme un idiot.

Il se dirigea à cloche-pied, aidé par Chloé, vers la porte de l'hôtel.

2060 Le carreau cassé commençait à repousser; une mince pellicule se formait sur les bords du châssis, opalescente et irisée [1] d'éclats incertains, aux couleurs vagues et changeantes.

XXVII

— As-tu bien dormi? demanda Colin.

— Pas mal, et toi? dit Nicolas, en civil cette fois.

2065 Chloé bâilla et prit le pichet de sirop de câpres.

— Ce carreau m'a empêchée de dormir… dit-elle.

— Il n'est pas fermé? demanda Nicolas.

— Pas tout à fait, dit Chloé, la fontanelle [2] est encore assez ouverte pour laisser passer un fameux courant d'air. Ce matin, j'avais la poi-

2070 trine toute pleine de cette neige.

— C'est assommant, dit Nicolas. Je vais les engueuler sévèrement. Au fait, on repart ce matin?

— Après midi, dit Colin.

— Faudra que je remette ma tenue de chauffeur, dit Nicolas.

2075 — Oh! Nicolas, dit Colin, si tu continues, je…

— Oui, dit Nicolas, mais pas maintenant.

---

1. Opalescente et irisée : translucide et teintée des couleurs de l'arc-en-ciel.
2. Fontanelle : espace entre les os du crâne d'un nouveau-né qui se referme en cours de croissance. Chloé emploie le mot au sens métaphorique pour désigner l'espace entre les morceaux de la vitre du carreau qui, rappelons-le, a repoussé.

Il engloutit son bol de sirop de câpres et termina ses tartines.

— Je vais faire un tour à la cuisine, annonça-t-il en se levant et en rectifiant son nœud de cravate au moyen d'un alésoir[1] de poche.

2080   Il quitta la pièce et l'on entendit le bruit de ses pas décroître vers, probablement, la cuisine.

— Qu'est-ce que tu veux qu'on fasse, ma Chloé ? demanda Colin.

— S'embrasser, dit Chloé.

— Sûr !… répondit Colin. Mais après ?

2085   — Après, dit Chloé, je ne peux pas le dire tout haut.

— Bon ! dit Colin, mais après ?

— Après, dit Chloé, il sera l'heure de déjeuner. Prends-moi dans tes bras, j'ai froid, c'est cette neige.

Le soleil entrait en vagues dorées dans la pièce.

2090   — Il ne fait pas froid, ici, dit Colin.

— Non, dit Chloé en se serrant contre lui ; mais j'ai froid. Après, j'écrirai à Alise.

XXVIII

Dès le début de la rue, la foule se bousculait pour accéder à la salle où Jean-Sol donnait sa conférence. Les gens utilisaient les ruses les 2095 plus variées pour déjouer la surveillance du cordon sanitaire[2] chargé d'examiner la validité des cartes d'invitation, car on en avait mis en circulation de fausses par dizaines de milliers.

Certains arrivaient en corbillard et les gendarmes plongeaient une longue pique d'acier dans le cercueil, les clouant au chêne pour 2100 l'éternité, ce qui évitait de les en sortir pour l'inhumation et ne causait de tort qu'aux vrais morts éventuels, dont le linceul se trouvait bousillé ; d'autres se faisaient parachuter par avion spécial (et l'on se battait aussi au Bourget[3] pour monter dans l'avion). Une équipe de

---

1. Alésoir : outil utilisé en ingénierie pour çalibrer une pièce métallique.
2. Cordon sanitaire : série de postes d'inspection sanitaire installés autour d'une région ou d'un pays pour prévenir la propagation de maladies infectieuses. Vian s'amuse à détourner l'expression de son sens premier en l'employant pour désigner un cordon de sécurité.
3. Au Bourget : à l'aéroport Paris-Le Bourget, situé au nord-est de la capitale.

pompiers prenait ceux-là pour cible et, au moyen de lances d'in-
2105 cendie, les déviait vers la scène où ils se noyaient misérablement ;
d'autres enfin tentaient d'arriver par les égouts. On les repoussait à
grands coups de souliers ferrés sur les jointures, au moment où ils
s'agrippaient au rebord pour se rétablir et sortir, et les rats se char-
geaient du reste. Mais rien ne décourageait ces passionnés (ce
2110 n'étaient pas les mêmes, il faut l'avouer, qui se noyaient et qui persé-
véraient dans leurs tentatives) et la rumeur montait vers le zénith, se
répercutant sur les nuages en un roulement caverneux.

Seuls les purs, les au courant, les intimes avaient de vraies cartes,
très facilement reconnaissables des fausses et, pour cette raison, pas-
2115 saient sans encombre par une allée étroite ménagée au ras des maisons et gardée tous les cinquante centimètres par un agent secret
déguisé en servo-frein. Ils étaient néanmoins en fort grand nombre et
la salle, déjà pleine, continuait d'accueillir, de seconde en minute, de
nouveaux arrivants.

2120 Chick était dans la place depuis la veille. Il avait, à prix d'or, obtenu
du concierge le droit de le remplacer et, pour rendre ce remplacement
possible, brisé la jambe gauche dudit concierge au moyen d'un anspect [1] de rechange. Il ne ménageait pas les doublezons* lorsqu'il
s'agissait de Partre. Alise et Isis attendaient, avec lui, l'arrivée du
2125 conférencier. Elles venaient de passer la nuit là, très désireuses de ne
pas manquer l'événement. Chick, dans son uniforme vert foncé de
concierge, était séduisant au possible. Il négligeait beaucoup son travail depuis qu'il était entré en possession des vingt-cinq mille doublezons de Colin.

2130 Le public qui se pressait là présentait des aspects bien particuliers.
Ce n'étaient que visages fuyants à lunettes, cheveux hérissés, mégots
jaunis, renvois de nougats et, pour les femmes, petites nattes miteuses
ficelées autour du crâne et canadienne portée à même la peau, avec
échappées en forme de tranches de seins sur fond d'ombre.

2135 Dans la grande salle du rez-de-chaussée, au plafond mi-vitré, mi-
décoré de fresques à l'eau lourde, et bien propres à faire naître dans
l'esprit des assistants des doutes sur l'intérêt d'une existence peuplée

---

1. Anspect : grand levier en bois.

de formes féminines aussi décourageantes, on se rassemblait de plus
belle et les tard venus n'avaient que la ressource de rester au fond sur
2140 un pied, l'autre servant à écarter les voisins trop proches. Une loge
spéciale, dans laquelle trônaient la duchesse de Bovouard et sa suite,
attirait les regards d'une foule presque exsangue et insultait par son
luxe de bon aloi au caractère provisoire des dispositions personnelles
d'un rang de philosophes montés sur pliants [1].

2145 L'heure de la conférence approchait et la foule devenait fébrile. Un
chahut commençait à s'organiser dans le fond, quelques étudiants
cherchant à semer le doute dans les esprits en déclamant à haute voix
des passages tronqués dilatoirement [2] du *Serment sur la Montagne*, de
la Baronne Orczy [3].

2150 Mais, Jean-Sol approchait. Des sons de trompe d'éléphant se firent
entendre dans la rue et Chick se pencha par la fenêtre de sa loge. Au
loin, la silhouette de Jean-Sol émergeait d'un houdah [4] blindé sous
lequel le dos de l'éléphant, rugueux et ridé, prenait un aspect insolite à
la lueur d'un phare rouge. À chaque angle du houdah, un tireur d'élite
2155 armé d'une hache se tenait prêt. À grandes enjambées, l'éléphant se
frayait un chemin dans la foule et le piétinement sourd des quatre
piliers s'agitant dans les corps écrasés se rapprochait inexorablement.
Devant la porte, l'éléphant s'agenouilla et les tireurs d'élite descendirent. D'un bond gracieux, Partre sauta au milieu d'eux, et, ouvrant la
2160 route à coups de hache, ils progressèrent vers l'estrade. Les agents refer-
mèrent les portes et Chick se précipita dans un couloir dérobé qui
aboutissait derrière l'estrade, poussant devant lui Isis et Alise.

Le fond de l'estrade était garni d'une tenture de velours enkysté [5]
dans lequel Chick avait percé des trous pour voir. Ils s'assirent sur des
2165 coussins et attendirent. À un mètre d'eux à peine, Partre se préparait
à lire sa conférence. Il émanait de son corps souple et ascétique une

---

1. Pliants : sièges pliants.
2. Dilatoirement : afin de gagner du temps.
3. Baronne Emma Orczy (1865-1947) : romancière et dramaturge britannique d'origine
   hongroise. Ce titre d'ouvrage fictif est inspiré du Sermon sur la montagne livré par Jésus dans
   le Nouveau Testament (Matthieu, 5-7).
4. *Houdah* : siège conçu pour se promener à dos de chameau ou d'éléphant (mot anglais).
5. Velours enkysté : détournement de l'expression médicale « tissu enkysté » (tissu cellulaire se
   formant autour d'un kyste, d'une tumeur) pour l'appliquer à une étoffe, le velours.

radiance extraordinaire, et le public, captivé par le charme redoutable qui parait ses moindres gestes, attendait, anxieux, le signal du départ.

Nombreux étaient les cas d'évanouissement dus à l'exaltation
2170 intra-utérine qui s'emparait plus particulièrement du public féminin, et, de leur place, Alise, Isis et Chick entendaient distinctement le halè-tement des vingt-quatre spectateurs qui s'étaient faufilés sous l'es-trade et se déshabillaient à tâtons pour tenir moins de place.

— Tu te rappelles ? demanda Alise en regardant Chick avec tendresse.

2175 — Oui, dit Chick. C'est là qu'on s'est connus…

Il se pencha vers Alise et l'embrassa doucement.

— Vous étiez là-dessous ? demanda Isis.

— Oui, dit Alise. C'était très agréable.

— Je le crois, dit Isis. Qu'est-ce que c'est que ça, Chick ?

2180 Chick se mettait à ouvrir une grosse caisse noire à côté de laquelle il s'était assis.

— C'est un enregistreur… dit-il. Je l'ai acheté en prévision de la conférence.

— Oh !… dit Isis. Quelle bonne idée… comme ça, on n'aura pas
2185 besoin d'écouter.

— Oui, dit Chick, et en rentrant, on pourra l'écouter toute la nuit si on veut, mais on ne le fera pas pour ne pas abîmer les disques. Je les ferai doubler avant, et peut-être que je demanderai à la maison « Le Cri du Patron [1] » de m'en sortir un tirage commercial.

2190 — Ça a dû vous coûter très cher… dit Isis.

— Oh ! dit Chick, ça n'a pas d'importance.

Alise soupira. Un soupir si léger qu'elle fut la seule à l'entendre… et elle l'entendit à peine.

— Ça y est ! dit Chick. Il commence !… J'ai mis mon micro avec
2195 ceux de la Radio officielle qui sont sur sa table, ils ne s'en aperce-vront pas.

Jean-Sol venait de débuter. On n'entendit tout d'abord que le cli-quetis des obturateurs [2]. Les photographes et reporters de la presse et

---

1. Probable référence à la célèbre marque de disques « La Voix de son maître », dont le logo représentait un chien de race Jack Russell assis à côté d'un gramophone, tourne-disque dont le son émanait d'un large cornet.

2. Obturateurs : dispositifs des appareils photo servant à voiler ou à laisser entrer la lumière.

du cinéma s'en donnaient à cœur joie, mais l'un d'eux fut renversé
2200 par le recul de son appareil et une horrible confusion s'ensuivit. Ses
confrères furieux se ruèrent sur lui et l'arrosèrent de poudre de
magnésium [1]. Il disparut dans un éclair éblouissant à la satisfaction
générale, et les agents emmenèrent en prison tous ceux qui restaient.

— Merveilleux! dit Chick. Je serai le seul à avoir l'enregistrement…
2205 Le public, qui s'était tenu à peu près calme jusqu'ici, commençait
à s'énerver et manifestait son admiration pour Partre à grand renfort
de cris et d'acclamations chaque fois qu'il disait un mot, ce qui rendait assez difficile la compréhension parfaite du texte.

— Ne cherchez pas à tout piger, dit Chick, on écoutera l'enregis-
2210 trement à loisir.

— Surtout qu'ici on n'entend rien, dit Isis, il ne fait pas plus de
bruit qu'une souris. Au fait, avez-vous des nouvelles de Chloé?

— J'ai reçu une lettre d'elle, dit Alise.

— Sont-ils enfin arrivés?
2215 — Oui, ils ont réussi à partir, mais ils vont abréger leur séjour là-
bas car Chloé n'est pas très bien portante, dit Alise.

— Et Nicolas? demanda Isis.

— Il va bien. Chloé me dit qu'il s'est horriblement mal tenu avec
toutes les filles des hôteliers chez qui ils se sont arrêtés.
2220 — Il est bien, Nicolas, dit Isis. Je me demande pourquoi il
est cuisinier.

— Oui, dit Chick, c'est drôle.

— Pourquoi ça? dit Alise. Je trouve ça mieux que d'être collection-
neur de Partre, ajouta-t-elle en pinçant l'oreille de Chick.
2225 — Mais Chloé n'est pas gravement malade? demanda Isis.

— Elle ne me dit pas ce qu'elle a, dit Alise. Elle a mal dans la poitrine.

— Elle est si jolie, Chloé, dit Isis. Je ne peux pas me figurer qu'elle
soit malade.

— Oh!… souffla Chick, regardez!
2230 Une partie du plafond venait de se soulever et une rangée de têtes
apparut. D'audacieux admirateurs venaient de se faufiler jusqu'à la

---

1. Poudre de magnésium: poudre inflammable utilisée en photographie avant l'invention du
flash (la référence est volontairement anachronique, le flash existant déjà à l'époque de Vian).

verrière, et d'effectuer cette opération délicate. Il y en avait d'autres qui les poussaient et les premiers s'agrippaient énergiquement aux rebords de l'ouverture.

2235   — Ils n'ont pas tort, dit Chick, cette conférence est remarquable.

Partre s'était levé et présentait au public des échantillons de vomi empaillé. Le plus joli, pomme crue et vin rouge, obtint un franc succès. On commençait à ne plus s'entendre, même derrière le rideau où se trouvaient Isis, Alise et Chick.

2240   — Enfin, dit Isis, quand seront-ils là?

— Demain ou après-demain, dit Alise.

— Cela fait si longtemps qu'on ne les a vus, dit Isis.

— Oui, dit Alise, depuis leur mariage.

— C'était si réussi, ce mariage, conclut Isis.

2245   — Oui, dit Alise, c'est ce soir-là que Nicolas t'a raccompagnée…

Heureusement, la totalité du plafond s'abattit dans la salle, évitant à Isis de donner des détails. Une épaisse poussière s'éleva. Dans les plâtras, des formes blanchâtres s'agitaient, titubaient et s'effondraient asphyxiées par le nuage lourd qui planait au-dessus des débris. Partre

2250   s'était arrêté et riait de bon cœur en se tapant sur les cuisses, heureux de voir tant de gens engagés dans cette aventure. Il avala une grande goulée [1] de poussière et se mit à tousser comme un fou.

Chick, fébrile, tournait des boutons sur son enregistreur et produisit une grosse lueur verte qui s'enfuit au ras du sol et disparut dans

2255   une fente du parquet. Une seconde, puis une troisième suivirent et il coupa le courant juste au moment où une sale bête pleine de pattes allait sortir du moteur.

— Qu'est-ce que je fais? dit-il. Il est bloqué, c'est la poussière dans le micro.

2260   Le pandémonium [2], dans la salle, était à son comble. Partre, maintenant, buvait à même la carafe et se préparait à s'en aller car il venait de lire sa dernière feuille. Chick se décida.

— Je vais lui offrir de sortir par là! dit-il. Filez devant, je vous rejoins.

---

1. Goulée : gorgée.
2. Pandémonium : chaos.

*XXIX

En passant dans le couloir, Nicolas s'arrêta. Les soleils entraient
2265 décidément mal. Les carreaux de céramique jaune paraissaient ternis
et voilés d'une légère brume, et les rayons, au lieu de rebondir en
gouttelettes métalliques, s'écrasaient sur le sol pour s'étaler en flaques
minces et paresseuses. Les murs, pommelés[1] de soleil, ne brillaient
plus uniformément, comme avant. Les souris ne paraissaient pas spé-
2270 cialement gênées par ce changement, sauf la grise à moustaches noires
dont l'air profondément ennuyé frappait dès l'abord. Nicolas supposa
qu'elle regrettait l'arrêt inopiné* du voyage et les relations qu'elle
avait pu se faire en route.

— Tu n'es pas contente? demanda-t-il.

2275 La souris eut un geste de dégoût et montra les murs.

— Oui, dit Nicolas. C'est pas ça. Avant, ça allait mieux, je ne sais
pas ce qu'il y a.

La souris parut réfléchir un instant puis hocha la tête et ouvrit les
bras d'un air incompréhensif.

2280 — Moi non plus, dit Nicolas, je ne comprends pas. Même quand
on frotte, ça ne change rien. C'est probablement l'atmosphère qui
devient corrosive.

Il s'arrêta, pensif, et hocha la tête à son tour, puis reprit sa route. La
souris croisa les bras et se mit à mâchonner d'un air absent, puis
2285 recracha précipitamment en sentant le goût du chewing-gum pour
chats. Le marchand s'était trompé.

Dans la salle à manger, Chloé déjeunait avec Colin.

— Alors, demanda Nicolas, ça va mieux?

— Tiens? dit Colin, tu te décides à parler comme tout le monde.

2290 — Je n'ai pas mes souliers, expliqua Nicolas.

— Ça ne va pas mal, dit Chloé.

Elle avait les yeux brillants et le teint vif, et l'air heureux de se
retrouver à la maison.

— Elle a mangé la moitié de la tarte au poulet, dit Colin.

---

1. Pommelés : à taches rondes.

2295   — Ça me fait plaisir, dit Nicolas. Celle-là n'était pas de Gouffé.

— Qu'est-ce que tu veux faire aujourd'hui, Chloé ? demanda Colin.

— Oui, dit Nicolas, est-ce qu'on déjeune tôt ou tard ?

— J'aimerais sortir avec vous deux et Isis et Chick et Alise et aller à la patinoire et dans les magasins et dans une surprise-party, dit
2300 Chloé, et m'acheter une bague verte à système[1].

— Bon ! dit Nicolas, alors je vais me mettre tout de suite à ma cuisine.

— Fais la cuisine en civil, Nicolas, dit Chloé, c'est tellement moins fatigant pour nous. Et puis, tu seras prêt tout de suite.

— Je vais passer prendre de l'argent dans mon coffre à double-
2305 zons*, dit Colin, et toi, Chloé, téléphone aux amis ; on va faire une belle sortie.

— Je téléphone… dit Chloé.

Elle se leva et courut au téléphone. Elle décrocha le récepteur et imita le cri du chat-huant pour avertir qu'elle voulait parler à Chick.

2310   Nicolas débarrassa la table en appuyant sur un petit levier et la vaisselle sale s'achemina vers l'évier par un gros tube pneumatique qui se dissimulait sous le tapis. Il quitta la pièce et regagna le couloir.

La souris, debout sur les pattes de derrière, grattait avec ses mains un des carreaux ternis. Là où elle avait gratté cela brillait de nouveau.

2315   — Eh bien ! dit Nicolas, tu y arrives !… C'est remarquable.

La souris s'arrêta, haletante, et montra à Nicolas le bout de ses mains, toutes écorchées et sanglantes.

— Oh ! dit Nicolas. Tu t'es fait mal… Viens, laisse ça, après tout, il y a encore ici beaucoup de soleil. Viens, je vais te panser.

2320   Il la mit dans sa poche de poitrine et elle laissait pendre au-dehors ses pauvres pattes abîmées, essoufflée, les yeux mi-clos.

Colin tournait les boutons de son coffre à doublezons avec une grande rapidité et fredonnait. Il n'était plus tenaillé par l'inquiétude de ces derniers jours et se sentait le cœur en forme d'orange. Le coffre
2325 était de marbre blanc incrusté d'ivoire, et les boutons d'améthyste[2] vert-noir. Le niveau indiquait soixante mille doublezons.

Le couvercle bascula avec un claquement huilé et Colin cessa de sourire. Le niveau, bloqué pour on ne sait quelle raison, venait de se

---

1. Bague [...] à système : bague dont la tête présente une décoration articulée.

2. Améthyste : pierre précieuse violette.

fixer, après deux ou trois oscillations, à trente-cinq mille doublezons.
2330 Il plongea la main dans le coffre et vérifia rapidement l'exactitude du
dernier chiffre.

Faisant un rapide calcul mental, il constata la vraisemblance de ce
chiffre : sur cent mille, il en avait donné vingt-cinq mille à Chick,
quinze mille pour la voiture, cinq mille pour la cérémonie… le reste
2335 avait filé tout naturellement. Ceci le rassura un peu.

— C'est normal, dit-il à voix haute, et sa voix lui parut étrangement altérée.

Il prit ce qu'il lui fallait, hésita, en remit la moitié avec un geste de
lassitude et referma la porte ; les boutons tournèrent rapidement en
2340 faisant un cliquettement clair. Il tapota le cadran du niveau et vérifia
qu'il indiquait bien la somme contenue.

Puis il se releva. Il resta debout pendant quelques instants, s'éton-
nant de l'énormité des sommes qu'il avait dû engager pour donner à
Chloé ce qu'il jugeait digne d'elle, et sourit en pensant à Chloé
2345 décoiffée le matin dans le lit, à la forme du drap sur son corps étendu
et à la couleur d'ambre* de sa peau lorsqu'il enlevait le drap, et il s'as-
treignit brusquement à penser au coffre parce que ce n'était pas le
moment de penser à ces choses-là.

Chloé s'habillait.

2350 — Dit à Nicolas de faire des sandwiches, dit-elle, qu'on parte tout
de suite… Je leur ai donné rendez-vous chez Isis.

Colin l'embrassa sur l'épaule, profitant d'une éclaircie, et courut
prévenir Nicolas. Nicolas achevait de soigner la souris et lui fabriquait
une petite paire de béquilles en bambou.

2355 — Voilà… conclut-il. Marche avec ça jusqu'à ce soir et il n'y
paraîtra plus.

— Qu'est-ce qu'elle a ? demanda Colin en lui caressant la tête.

— Elle a voulu nettoyer les carreaux du couloir ! dit Nicolas. Elle y
est arrivée, mais ça lui a fait mal.

2360 — Ne te soucie pas de ça, dit Colin, ça reviendra tout seul.

— Je ne sais pas, dit Nicolas. C'est bizarre. On dirait que les carreaux respirent mal.

— Ça reviendra, dit Colin, je pense, du moins. Ça n'a jamais fait ça
jusqu'à maintenant ?

2365   — Non, dit Nicolas.

Colin resta quelques instants devant la fenêtre de la cuisine.

— C'est peut-être l'usure normale, dit-il. On pourrait essayer de les faire changer…

— Cela coûtera très cher, dit Nicolas.

2370   — Oui… dit Colin. Il vaut mieux attendre.

— Qu'est-ce que tu voulais? demanda Nicolas.

— Ne fais pas de cuisine, dit Colin. Seulement des sandwiches, on va partir tout de suite.

— Bon, je m'habille, dit Nicolas.

2375   Il posa la souris par terre et elle se dirigea vers la porte, oscillant entre ses petites béquilles. Ses moustaches noires dépassaient des deux côtés.

XXX

La rue avait tout à fait changé d'aspect depuis le départ de Colin et de Chloé. Maintenant, les feuilles des arbres étaient grandes et les

2380 maisons quittaient leur teinte pâle pour se nuancer d'un vert effacé avant d'acquérir le beige doux de l'été. Le pavé devenait élastique et souple sous les pas et l'air sentait la framboise. Il faisait encore frais, mais on devinait le beau temps derrière les fenêtres aux vitres bleuâtres. Des fleurs vertes et bleues poussaient le long des trottoirs, et la

2385 sève serpentait autour de leurs tiges minces avec un léger bruit, humide comme un baiser d'escargots.

Nicolas ouvrait la marche. Il était vêtu d'un complet sport de chaud lainage moutarde et portait, en dessous, un chandail à col roulé dont le Jacquard [1] dessinait un Saumon à la Chambord tel qu'il appa-

2390 raît à la page 607 du *Livre de Cuisine* de Gouffé. Ses souliers de cuir jaune à semelle crêpe [2] froissaient à peine la végétation — il prenait soin de marcher dans les deux sillons que l'on dégageait pour laisser passer les voitures.

---

1. Jacquard : tricot aux motifs multicolores.
2. Semelle crêpe : semelle de caoutchouc.

Colin et Chloé le suivaient. Chloé tenait Colin par la main et res-
2395 pirait à longs traits les odeurs de l'air. Chloé avait une petite robe de
laine blanche et un mantelet de léopard benzolé [1], dont les taches,
atténuées par ce traitement, s'élargissaient en auréoles et se recou-
paient en curieuses interférences. Ses cheveux mousseux flottaient
librement et exaltaient une douce vapeur parfumée de jasmin et
2400 d'œillet. Colin, les yeux mi-clos, se guidait sur ce parfum et ses lèvres
frémissaient doucement à chaque inhalation. Les façades des maisons
s'abandonnaient un peu, quittant leur sévère rectitude, et l'aspect
résultant de la rue déroutait parfois Nicolas qui devait s'arrêter pour
lire les plaques émaillées.

2405   — Qu'est-ce que nous allons faire d'abord? demanda Colin.

— Aller dans les magasins, dit Chloé. Je n'ai plus une seule robe.

— Tu ne veux pas aller chez les Sœurs Calotte [2], comme d'habitude? dit Colin.

— Non, dit Chloé, je veux aller dans les magasins et m'acheter des
2410 robes toutes faites et des choses.

— Isis va sûrement être contente de te revoir, Nicolas, dit Colin.

— Pourquoi ça? demanda Nicolas.

— Je ne sais pas…

Ils tournèrent dans la rue Sidney-Bechet [3] et c'était là. La concierge,
2415 devant la porte, se balançait dans un rocking-chair [4] mécanique dont
le moteur faisait un bruit pétaradant sur un rythme de polka [5]. C'était
un vieux système.

Isis les accueillit, Chick et Alise étaient déjà là. Isis avait une robe
rouge et sourit à Nicolas. Elle embrassa Chloé et ils s'entrebaisèrent
2420 tous pendant quelques instants.

---

1. Benzolé: néologisme signifiant «intoxiqué par les benzols» (mélanges de composés du
carbone).
2. Vian s'inspire ici de Callot Sœurs, une maison de couture célèbre à l'époque. La graphie
«Calotte» renvoie à la coiffure des ecclésiastes, dont le nom qualifie péjorativement les
religieux eux-mêmes.
3. Sidney Bechet (1897-1959): célèbre clarinettiste et saxophoniste américain originaire de La
Nouvelle-Orléans, installé en France à partir de 1948.
4. *Rocking-chair*: chaise berçante.
5. Polka: danse folklorique très énergique d'origine tchèque. La polka est tout ce que le jazz n'est
pas: d'inspiration typiquement blanche, très carrée, dépourvue de sensualité.

— Tu as bonne mine, ma Chloé, dit Isis. Je croyais que tu étais malade. Ça me rassure…

— Je vais mieux! dit Chloé, Nicolas et Colin m'ont très bien soignée.

— Comment vont vos cousines? demanda Nicolas.

Isis rougit jusqu'aux yeux.

— Elles me demandent de vos nouvelles tous les deux jours… dit-elle.

— Ce sont de charmantes filles! dit Nicolas en se détournant légèrement, mais vous êtes plus ferme.

— Oui, dit Isis.

— Et ce voyage? demanda Chick.

— Ça s'est bien passé, dit Colin. La route était très mauvaise au début, mais ça s'est arrangé.

— Sauf la neige, dit Chloé, c'était bien…

Elle porta la main à sa poitrine.

— C'était très froid cette neige.

— Où va-t-on? demanda Alise.

— Je peux vous résumer la conférence de Partre, dit Chick, si vous voulez.

— Tu en as acheté beaucoup, depuis notre départ? demanda Colin.

— Oh… non… dit Chick.

— Et ton travail? demanda Colin.

— Oh!… Ça va! dit Chick. J'ai un type pour me remplacer quand je suis forcé de sortir.

— Il fait ça pour rien? dit Colin.

— Oh!… presque, dit Chick… Vous voulez qu'on aille tout de suite à la patinoire?

— Non… on va dans les magasins, dit Chloé. Mais si les hommes veulent aller patiner…

— C'est une idée… dit Colin.

— Je les accompagnerai dans les magasins, proposa Nicolas. Je dois faire quelques achats.

— C'est très bien comme ça, dit Isis. Mais allons-y vite pour avoir le temps de patiner un peu après.

XXXI

2455   Colin et Chick patinaient depuis une heure et il commençait à y avoir du monde sur la glace. Toujours les mêmes filles, toujours les mêmes garçons, toujours les chutes et toujours les varlets-nettoyeurs* avec la raclette. Le préposé venait de passer au pick-up* une rengaine apprise par cœur depuis des semaines par tous les habitués. Il la rem-
2460 plaça par l'autre face, à laquelle tout le monde s'attendait car ses manies finissaient par être connues, mais le disque s'arrêta soudain et une voix caverneuse se fit entendre dans tous les haut-parleurs sauf un, dissident, qui continua de jouer la musique. La voix priait Monsieur Colin de bien vouloir passer au contrôle car on le deman-
2465 dait au téléphone.

    — Qu'est-ce que ça peut être, dit Colin.

    Il se hâta vers le bord, suivi de Chick, et prit pied sur les tapis de caoutchouc. Il longea le bar et pénétra dans la cabine de contrôle où était le microphone. L'homme des disques était en train d'en passer
2470 un à la brosse en chiendent pour enlever les aspérités nées de l'usure.

    — Allô! dit Colin en prenant l'appareil…

    Il écouta. Chick le vit, étonné d'abord, devenir brusquement de la couleur de la glace.

    — Est-ce grave? demanda-t-il.

2475   Colin lui fit signe de se taire.

    — J'arrive, dit-il dans le récepteur et il raccrocha.

    Les parois de la cabine se resserraient et il sortit avant d'être broyé, suivi de près par Chick. Il courut sur ses patins, ses pieds se tordaient dans tous les sens. Il appela un garçon.

2480   — Ouvrez-moi vite ma cabine. Le 309.

    — La mienne aussi, dit Chick. 311.

    Le garçon les suivit, sans trop se presser. Colin se retourna, le vit à dix mètres et attendit qu'il parvînt à sa hauteur. Prenant son élan, sauvagement, il lui décocha un formidable coup de patin sous le menton,
2485 et la tête du garçon alla se ficher sur une des cheminées d'aération de la machinerie tandis que Colin s'emparait de la clé que le cadavre, l'air

absent, tenait encore à la main. Colin ouvrit une cabine, y poussa le corps, cracha dessus et bondit vers le 309. Chick referma la porte.

— Qu'y a-t-il? demanda-t-il, essoufflé, en arrivant.

2490 Colin avait déjà ôté ses patins et remis ses souliers.

— Chloé… dit Colin. Elle est malade.

— Grave?

— Je ne sais pas, dit Colin. Elle a eu une syncope.

Il était prêt et filait.

2495 — Où vas-tu? cria Chick.

— Chez moi… cria Colin, et il disparut dans l'escalier de béton sonore.

À l'autre bout de la patinoire, les hommes de la machinerie sortirent, suffoqués, car l'aération ne fonctionnait plus, et s'effondrèrent, 2500 épuisés, tout autour de la piste. Chick, frappé de stupeur, un patin à la main, regardait vaguement l'endroit où Colin avait disparu. Sous la porte de la cabine 128, une mince rigole de sang mousseux serpentait lentement, et la liqueur rouge se mit à couler sur la glace, en grosses gouttes fumantes et lourdes.

XXXII

2505 Il courait de toutes ses forces, et les gens, devant ses yeux, s'inclinaient lentement pour tomber, comme des quilles, allongés sur le pavé, avec un clapotement mou, comme un grand carton qu'on lâche à plat.

Et Colin courait, courait, l'angle aigu de l'horizon serré entre les maisons se précipitait vers lui; sous ses pas, il faisait nuit, une nuit 2510 d'ouate noire, amorphe et inorganique, et le ciel était sans teinte, un plafond, un angle aigu de plus, il courait vers le sommet de la pyramide, arrêté au cœur par des sections de nuit moins noire, mais il y avait encore trois rues avant la sienne.

Chloé reposait, très claire, sur le beau lit de leurs noces. Elle avait 2515 les yeux ouverts mais respirait mal. Alise était avec elle, Isis aidait Nicolas qui préparait, d'après Gouffé, un reconstituant certain, et la souris grise broyait de ses dents aiguës des graines d'herbe à décoctions[1] pour le breuvage de chevet.

---

1. Herbe à décoctions: herbe à tisanes.

Mais Colin ne savait pas, il courait, il avait peur, pourquoi, ça ne
2520 suffit pas, de toujours rester ensemble, il faut encore qu'on ait peur,
peut-être est-ce un accident, une auto l'a écrasée, elle serait sur son lit,
je ne pourrais pas la voir, ils m'empêcheraient d'entrer, mais vous
croyez donc peut-être que j'ai peur de ma Chloé, je la verrai malgré
vous, mais non, Colin, n'entre pas. Elle est peut-être blessée, seulement,
2525 alors, il n'y aura rien du tout, demain, nous irons ensemble au Bois,
pour revoir le banc, j'avais sa main dans la mienne et ses cheveux près
des miens, son parfum sur l'oreiller. Je prends toujours son oreiller,
nous nous battrons encore le soir, le mien elle le trouve trop bourré, il
reste tout rond sous sa tête et moi je le reprends après, il sent l'odeur de
2530 ses cheveux. Jamais plus je ne sentirai la douce odeur de ses cheveux.

Le trottoir se dressa devant lui, il le franchit d'un bond de géant, il
était au premier étage, il monta, il ouvrit la porte et tout était calme
et tranquille, pas de gens en noir, pas de religieux, la paix des tapis aux
dessins gris-bleu, Nicolas lui dit « Ce n'est pas grand-chose » et Chloé
2535 sourit, elle était heureuse de le revoir.

XXXIII

La main de Chloé, tiède et confiante, était dans la main de Colin.
Elle le regardait, ses yeux clairs un peu étonnés le tenaient en repos.
En bas de la plate-forme, dans la chambre, il y avait des soucis qui
s'amassaient, acharnés à s'étouffer les uns les autres. Chloé sentait une
2540 force opaque dans son corps, dans son thorax, une présence opposée,
elle ne savait comment lutter, elle toussait de temps en temps pour
déplacer l'adversaire, accroché à sa chair profonde. Il lui paraissait
qu'en respirant à fond, elle se fût livrée vive à la rage terne de
l'ennemi, à sa malignité insidieuse. Sa poitrine se soulevait à peine, et
2545 le contact des draps lisses sur ses jambes longues et nues mettait le
calme dans ses mouvements. À ses côtés, Colin, le dos un peu courbé,
la regardait. La nuit venait, se formait en couches concentriques
autour du petit noyau lumineux de la lampe allumée au chevet du lit,
prise dans le mur, enfermée par une plaque ronde de cristal dépoli.
2550 — Mets-moi de la musique, mon Colin, dit Chloé. Mets des airs
que tu aimes.

— Ça va te fatiguer, dit Colin.

Il parlait de très loin, il avait très mauvaise mine. Son cœur tenait toute la place dans sa poitrine, il ne s'en rendait compte que maintenant.

2555   — Non, je t'en prie, dit Chloé.

Colin se leva, descendit la petite échelle de chêne et chargea l'appareil automatique. Il y avait des haut-parleurs dans toutes les pièces et il mit en route celui de la chambre.

— Qu'as-tu mis? demanda Chloé.

2560   Elle souriait, elle le savait bien.

— Tu te rappelles? dit Colin.

— Je me rappelle…

— Tu n'as pas mal?…

— Je n'ai pas très mal…

2565   À l'endroit où les fleuves se jettent dans la mer, il se forme une barre difficile à franchir, et de grands remous écumeux où dansent les épaves. Entre la nuit du dehors et la lumière de la lampe, les souvenirs refluaient de l'obscurité, se heurtaient à la clarté et, tantôt immergés, tantôt apparents, montraient leur ventre blanc et leur dos argenté.

2570   Chloé se redressa un peu.

— Viens t'asseoir près de moi…

Colin se rapprocha d'elle, il s'installa en travers du lit et la tête de Chloé reposait au creux de son bras gauche. La dentelle de sa chemise légère dessinait sur la peau dorée de Chloé un réseau capricieux, tendrement gonflé par la naissance de ses seins. La main de Chloé s'accrochait à l'épaule de Colin.

— Tu n'es pas fâché?…

— Pourquoi fâché?

— D'avoir une femme si bête…

2580   Il embrassa le creux de l'épaule confiante.

— Tire un peu ton bras, ma Chloé, tu vas prendre froid.

— Je n'ai pas froid, dit Chloé. Écoute le disque.

Il y avait quelque chose d'éthéré[1] dans le jeu de Johnny Hodges, quelque chose d'inexplicable et de parfaitement sensuel. La sensualité

2585   à l'état pur, dégagée du corps.

---

1. Éthéré: aérien.

Les coins de la chambre se modifiaient et s'arrondissaient sous l'effet de la musique. Colin et Chloé reposaient maintenant au centre d'une sphère.

— Qu'est-ce que c'était? demanda Chloé.

2590 — C'était *The Mood to Be Wooed* [1]… dit Colin.

— C'est ce que je sentais, dit Chloé. Comment le docteur va-t-il pouvoir entrer dans notre chambre avec la forme qu'elle a?

XXXIV

Nicolas alla ouvrir. Il y avait sur le seuil un docteur.

— Je suis le docteur… dit-il.

2595 — Bon! dit Nicolas. Si vous voulez vous donner la peine de me suivre.

Il l'entraîna derrière lui.

— Voilà, expliqua-t-il quand ils furent arrivés à la cuisine. Goûtez ça et dites-moi ce que vous en pensez.

2600 C'était, dans un réceptacle silico-sodo-calcique [2] vitrifié, un breuvage de couleur particulière, tirant sur le pourpre de Cassius et le vert de vessie avec un léger écart vers le bleu de chrome [3].

— Qu'est-ce que c'est? demanda le docteur.

— Un breuvage… dit Nicolas.

2605 — Je vois bien, dit le docteur, mais à quoi destiné?

— Un reconstituant! dit Nicolas.

Le docteur porta le verre à son nez, flaira, s'alluma, huma et goûta, puis but, et se tint le ventre à deux mains en lâchant sa trousse à doctoriser [4].

2610 — Ça agit, hein? dit Nicolas.

— Boûh… oui, dit le docteur. Il y a de quoi crever. Vous êtes vétérinaire?

---

1. Pièce de jazz enregistrée par Duke Ellington et Johnny Hodges en 1945.
2. Silico-sodo-calcique: en verre creux, servant à la confection des bouteilles.
3. Pourpre de Cassius, vert de vessie et bleu de chrome sont les noms de différentes couleurs utilisées par les artistes peintres.
4. Trousse à doctoriser: néologisme pour désigner la trousse du médecin.

— Non, dit Nicolas, cuisinier. Enfin, ça va, en somme.

— Pas mal! dit le docteur. Je me sens ragaillardi.

2615 — Venez voir la malade, dit Nicolas, maintenant, vous êtes désinfecté.

Le docteur se mit en route, mais dans le mauvais sens. Il paraissait assez peu maître de ses mouvements.

— Eh, dit Nicolas, dites donc, vous êtes en mesure de faire votre 2620 examen, oui?

— Ben… dit le docteur, j'aimerais avoir l'avis d'un confrère, alors j'ai demandé à Mangemanche de venir…

— Bon! dit Nicolas. Alors, venez par ici….

Il ouvrit la porte de l'escalier de service.

2625 — Vous descendez les trois étages, et vous tournez à droite. Vous entrez et vous y êtes…

— Bien! dit le docteur.

Il commença à descendre, et s'arrêta soudain.

— Mais *où* suis-je?

2630 — Là! dit Nicolas.

— Ah!… bien!… dit le docteur.

Nicolas referma la porte. Colin arrivait.

— Qu'est-ce que c'était? demanda-t-il.

— Un docteur. Il avait l'air idiot, alors je m'en suis débarrassé.

2635 — Mais il en faut un, dit Colin.

— Bien sûr! dit Nicolas. Mangemanche doit venir.

— J'aime mieux ça! dit Colin.

La sonnette tinta de nouveau.

— Ne bouge pas, dit Colin, j'y vais.

2640 Dans le couloir, la souris grimpa le long de sa jambe et vint se percher sur son épaule droite. Il se pressa et ouvrit au professeur.

— Bonjour, dit ce dernier.

Il était vêtu de noir et portait une chemise d'un jaune éclatant.

— Physiologiquement, déclara-t-il, le noir sur fond jaune corres-
2645 pond au contraste maximum. J'ajoute que ce n'est pas fatigant pour la vue et que ça évite d'être écrasé dans la rue.

— Certainement! approuva Colin.

Le professeur Mangemanche pouvait avoir quarante ans. Il était de taille à les supporter, mais pas un de plus. Il avait le visage glabre[1],
2650 avec une petite barbe en pointe, des lunettes inexpressives.

— Voulez-vous me suivre ? proposa Colin.

— Je ne sais pas, dit le professeur. J'hésite.

Il se décida tout de même.

— Qui est malade ?

2655 — Chloé, dit Colin.

— Ah ! dit le professeur, ça me rappelle un air…

— Oui, dit Colin, c'est celui-là.

— Bon !… conclut Mangemanche, allons-y. Vous auriez dû me le dire plus tôt. Qu'est-ce qu'elle a ?

2660 — Je ne sais pas, dit Colin.

— Moi non plus, avoua le professeur, maintenant, je peux bien vous le dire.

— Mais vous allez le savoir ? demanda Colin, inquiet.

— Ça se peut, dit le professeur Mangemanche, dubitatif[2]. Encore
2665 faudrait-il que je l'examinasse.

— Mais venez donc ! dit Colin.

— Mais oui ! dit le professeur.

Colin le conduisit jusqu'à la porte de la chambre et se rappela brusquement quelque chose.

2670 — Faites attention en entrant, dit-il, c'est rond.

— Oui, j'ai l'habitude, dit Mangemanche. Elle est enceinte…

— Mais non ! dit Colin. Vous êtes idiot. La chambre est ronde.

— Toute ronde ? demanda le professeur. Vous avez joué un disque d'Ellington, alors ?

2675 — Oui, dit Colin.

— J'en ai aussi chez moi, dit Mangemanche. Vous connaissez *Slap Happy* [3] ?

— Je préfère… commença Colin… et il se rappela Chloé qui attendait et poussa le professeur dans la chambre.

2680 — Bonjour ! dit le professeur.

---

1. Glabre : rasé, sans poils.

2. Dubitatif : hésitant, sceptique.

3. Pièce enregistrée par Duke Ellington en 1938 et dont le solo de contrebasse claqué justifie le titre.

Il monta l'échelle.

— Bonjour, répondit Chloé. Vous allez bien ?

— Mon Dieu, répondit le professeur, mon foie me fait souffrir par moments. Vous savez ce que c'est.

2685 — Non, dit Chloé.

— Bien entendu ! répondit le professeur. Vous n'avez certainement pas le foie malade.

Il s'approcha de Chloé et lui prit la main.

— Un peu chaud, hein ?…

2690 — Je ne me rends pas compte.

— Oui, dit le professeur, mais c'est un tort.

Il s'assit sur le lit.

— Je vais vous ausculter, si ça ne vous ennuie pas.

— Je vous en prie, dit Chloé.

2695 Le professeur sortit de sa trousse un stéthoscope à amplificateur et appliqua la capsule sur le dos de Chloé.

— Comptez, dit-il.

Chloé compta.

— Ça ne va pas, dit le docteur, après vingt-six, c'est vingt-sept.

2700 — Oui, dit Chloé, excusez-moi.

— Ça suffit, d'ailleurs, dit le docteur. Vous toussez.

— Oui, dit Chloé, et elle toussa.

— Qu'est-ce qu'elle a, docteur ? demanda Colin, c'est grave ?

— Heu… dit le professeur, elle a quelque chose au poumon droit.

2705 Mais je ne sais pas ce que c'est.

— Alors ? demanda Colin.

— Il faudrait qu'elle vienne chez moi pour un examen plus perfectionné, dit le professeur.

— Je n'aime pas beaucoup qu'elle se lève, docteur, dit Colin. Si elle

2710 se trouve mal, comme cet après-midi…

— Non, dit le professeur, ce n'est pas grave, ça. Je vais vous donner une ordonnance ; il faudra la suivre.

— Bien sûr, docteur, dit Chloé.

Elle porta la main à sa bouche et se mit à tousser.

2715 — Ne toussez pas, dit Mangemanche.

— Ne tousse pas, mon chéri, dit Colin.

— Je ne peux pas m'empêcher, dit Chloé d'une voix entrecoupée.

— On entend une drôle de musique dans son poumon, dit le professeur.

2720 Il avait l'air un peu ennuyé.

— Est-ce que c'est normal, docteur, demanda Colin.

— Jusqu'à un certain point… répondit le professeur.

Il tira sa petite barbe et elle revint à sa place avec un claquement sec.

— Quand devons-nous aller vous voir, docteur ? demanda Colin.

2725 — Dans trois jours, dit le professeur. Il faut que je mette mes appareils en état.

— Vous ne vous en servez pas d'habitude ? demanda Chloé à son tour.

— Non, dit le professeur, je préfère de beaucoup construire des 2730 modèles réduits d'avions, mais on vient tout le temps me relancer, alors je suis sur le même depuis un an et je ne peux pas trouver le temps de le terminer. C'est exaspérant, à la fin.

— Sans doute, dit Colin.

— Ce sont des requins… dit le professeur. Je me compare avec 2735 complaisance au malheureux naufragé dont les monstres voraces guettent la somnolence pour retourner le fragile esquif [1].

— C'est une belle image, dit Chloé, et elle rit, doucement, pour ne pas tousser de nouveau.

— Attention, mon petit, dit le professeur en lui mettant la main 2740 sur l'épaule. C'est une image complètement stupide, vu que d'après le *Génie civil* [2] du 15 octobre 1944, contrairement à l'opinion courante, il n'y a que trois ou quatre des trente-cinq espèces de requins connues qui soient des mangeurs d'hommes. Encore s'attaquent-ils moins à lui qu'il ne s'attaque à eux.

2745 — Vous parlez bien, docteur, admira Chloé.

Elle aimait bien ce docteur.

— C'est le *Génie civil*, dit le professeur, ce n'est pas moi. Sur ce, je vous quitte.

Il donna à Chloé un gros baiser sur la joue droite et lui tapota 2750 l'épaule, et descendit la petite échelle. Il se prit le pied droit dans le pied gauche, et le pied gauche dans le dernier barreau et chut.

---

1. Esquif : petite embarcation, ici vraisemblablement un radeau.
2. Périodique français (1909-1949).

— Votre installation est spéciale ! fit-il remarquer à Colin en se frottant le dos vigoureusement.

— Excusez-moi, dit Colin.

2755 — Et puis, ajouta le professeur, cette pièce sphérique a quelque chose de déprimant. Essayez de passer *Slap Happy,* ça la fera probablement revenir en place, ou alors rabotez-la.

— C'est entendu, dit Colin. Accepteriez-vous un petit apéritif ?

— Va pour, dit le professeur. Au revoir, mon petit, cria-t-il à Chloé
2760 avant de quitter la chambre.

Chloé riait toujours. D'en bas, on la voyait assise sur le grand lit surbaissé comme sur une estrade d'apparat, éclairée de côté par l'ampoule électrique. Les rais de lumière filtraient à travers ses cheveux, avec la couleur du soleil dans les herbes neuves et la lumière qui avait
2765 passé contre sa peau se posait toute dorée sur les choses.

— Vous avez une jolie femme, dit le professeur à Colin, dans l'antichambre.

— Oui, dit Colin.

Il se mit à pleurer tout à coup, car il savait que Chloé avait mal.

2770 — Allons… dit le professeur. Vous me mettez dans une situation embarrassante. Il va falloir que je vous console. Tenez…

Il fouillait dans une poche intérieure de sa veste et en retira un petit carnet relié de cuir rouge.

— Regardez. C'est la mienne.

2775 — La vôtre ? demanda Colin, qui s'efforçait de redevenir calme.

— Ma femme ! expliqua le professeur.

Et Colin ouvrit le carnet machinalement et éclata de rire.

— Ça y est, dit le professeur. Ça ne rate jamais, ils rigolent tous. Mais enfin, qu'est-ce qu'elle a de si marrant ?

2780 — Je… je ne… sais pas, balbutia Colin, et il s'écroula par terre, en proie à une crise de gondolance[1] extrême.

Le professeur récupéra son carnet.

— Vous êtes tous les mêmes, dit-il, vous croyez que les femmes ont besoin d'être jolies. Alors, cet apéritif, ça vient ?

---

1. Crise de gondolance : fou rire. Néologisme, du verbe « se gondoler », rire aux éclats.

XXXV

2785 Colin, suivi de Chick, poussa la porte du marchand de remèdes. Cela fit: ding! et la glace de la porte s'effondra sur un système compliqué de fioles et d'appareils de laboratoire.

Alerté par le bruit, le marchand apparut. Il était grand, vieux et maigre et son chef [1] s'empanachait d'une crinière blanche hérissée.

2790 Il se précipita à son comptoir, saisit le téléphone et composa un numéro avec la rapidité résultant d'une longue habitude.

— Allô! dit-il.

Sa voix avait le son d'une corne de brume [2] et le sol, sous ses pieds longs, noirs et plats, s'inclinait régulièrement d'avant en arrière tandis
2795 que des paquets d'embrun [3] s'abattaient sur le comptoir.

— Allô? la maison Gershwin [4]? Voudriez-vous remettre une glace à ma porte d'entrée? Dans un quart d'heure? Faites vite, car il peut venir un autre client. Bon.

Il reposa le récepteur qui se raccrocha avec effort.

2800 — Messieurs, que puis-je pour vous?

— Exécuter cette ordonnance… suggéra Colin.

Le pharmacien saisit le papier, le plia en deux, en fit une bande longue et serrée et l'introduisit dans une petite guillotine* de bureau.

— Voilà qui est fait, dit-il en pressant un bouton rouge.

2805 Le couperet s'abattit et l'ordonnance se détendit et s'affaissa.

— Repassez ce soir à six heures de relevée, vos remèdes seront prêts.

— C'est, dit Colin, que nous sommes assez pressés.

— Nous, ajouta Chick, voudrions les avoir tout de suite.

— Si, répondit le marchand, vous voulez alors attendre, je vais pré-
2810 parer ce qu'il faut.

Colin et Chick s'assirent sur une banquette de velours pourpre, juste en face du comptoir et attendirent. Le marchand se baissa derrière

---

1. Chef: tête.
2. Corne de brume: instrument que l'on sonne pour guider les navires par temps brumeux.
3. Embrun: fin nuage de gouttelettes formé par les vagues qui se brisent.
4. George Gershwin (1898-1937): illustre compositeur new-yorkais, mêlant des influences musicales noires à des influences blanches. Vian le surnommait sarcastiquement «Guère Souigne».

son comptoir et quitta la pièce par une porte dérobée, en rampant presque silencieusement. Le frottis de son corps long et maigre sur le parquet s'atténua, puis s'évanouit dans l'air.

Ils regardaient les murs. Sur de longues étagères de cuivre patiné[1] s'alignaient des bocaux renfermant des espèces simples et des topiques[2] souverains. Une fluorescence compacte émanait du dernier bocal de chaque rangée. Dans un récipient conique de verre épais et corrodé, des têtards enflés tournaient en spirale descendante et atteignaient le fond puis repartaient en flèche vers la surface et reprenaient leur giration excentrée[3], laissant derrière eux un sillage blanchâtre d'eau épaissie. À côté, au fond d'un aquarium de plusieurs mètres de long, le marchand avait établi un banc d'essai de grenouilles à tuyères[4], et çà et là gisaient quelques grenouilles inutilisables dont les quatre cœurs battaient encore faiblement.

Derrière Chick et Colin, s'étendait une vaste fresque représentant le marchand de remèdes en train de forniquer avec sa mère, dans le costume de César Borgia[5] aux courses. Il y avait, sur des tables, une multitude de machines à faire les pilules et certaines fonctionnaient, bien qu'au ralenti ; les pilules, sortant d'une tubulure de verre bleu, étaient recueillies dans des mains de cire qui les mettaient en cornets de papier plissé.

Colin se leva pour regarder de plus près la machine la plus proche et souleva le carter[6] rouillé qui la protégeait. À l'intérieur, un animal composite, mi-chair, mi-métal, s'épuisait à avaler la matière de base et à l'expulser sous forme de boulettes régulières.

— Viens voir, Chick, dit Colin.

— Quoi ? demanda Chick.

— C'est très curieux… dit Colin.

---

1. Patiné : recouvert de vert-de-gris, dépôt qui se forme au contact de l'air humide sur le cuivre.
2. Topiques : médicaments topiques, que l'on applique localement pour soigner la peau ou une muqueuse.
3. Giration excentrée : rotation autour d'un axe décentré.
4. Grenouilles à tuyères : animaux fantaisistes inventés par Boris Vian. Une tuyère est un tuyau qui admet ou éjecte le gaz d'un engin.
5. César Borgia (1475-1507) : seigneur sanguinaire de la Renaissance italienne et fils du pape Alexandre VI (1431-1503).
6. Carter : enveloppe métallique protectrice.

Chick regarda. La bête avait une mâchoire allongée qui se déplaçait par rapides mouvements latéraux. Sous une peau transparente, on distinguait des côtés tubulaires d'acier mince et un conduit digestif qui s'agitait paresseusement.

2845 — C'est un lapin modifié, dit Chick.

— Tu crois?

— Ça se fait couramment, dit Chick. On conserve la fonction qu'on veut. Là, il a gardé les mouvements du tube digestif sans la partie chimique de la digestion. C'est bien plus simple que de faire des 2850 pilules avec un pisteur normal.

— Qu'est-ce que ça mange? demanda Colin.

— Des carottes chromées, dit Chick. On en fabriquait à l'usine où je travaillais en sortant de la boîte. Et puis, on lui donne les éléments des pilules.

2855 — C'est très bien inventé! dit Colin. Et ça fait de très jolies pilules.

— Oui, dit Chick, c'est bien rond.

— Dis donc, dit Colin en retournant s'asseoir.

— Quoi? demanda Chick.

— Combien est-ce qu'il te reste des vingt-cinq mille doublezons* 2860 que je t'avais donnés avant de partir en voyage?

— Euh… répondit Chick.

— Il serait temps que tu te décides à épouser Alise. C'est tellement vexant pour elle de continuer comme tu continues…

— Oui… répondit Chick.

2865 — Enfin, il te reste bien vingt mille doublezons, tout de même. C'est suffisant pour te marier…

— C'est que… dit Chick.

Il s'arrêta, car c'était dur à sortir.

— C'est que quoi? insista Colin. Tu n'es pas le seul à avoir des 2870 ennuis d'argent.

— Je sais bien, dit Chick.

— Mais alors?… dit Colin.

— Alors, dit Chick, il ne me reste que trois mille deux cents doublezons.

2875 Colin se sentait très fatigué. Des choses pointues et ternes tournaient dans sa tête avec une rumeur vague de marée. Il se raidit sur la banquette.

— C'est pas vrai… dit-il.

Il était las, las comme si on venait de lui faire courir un grand
2880 steeple [1] avec la cravache.

— C'est pas vrai… répéta-t-il. Tu me fais une blague.

— Non, dit Chick.

Chick était debout, il grattait du bout du doigt le coin de la table la
plus proche. Les pilules roulaient dans les tubulures de verre avec un
2885 petit bruit de billes et le froissement du papier par les mains de cire
créait une atmosphère de restaurant magdalénien [2].

— Mais qu'est-ce que tu en as fait? demanda Colin.

— J'ai acheté du Partre… dit Chick.

Il fouilla dans sa poche.

2890 — Regarde celui-là. Je l'ai trouvé hier. Ce n'est pas une merveille?

C'était *Renvoi de Fleurs* [3] en maroquin* pelé, avec des hors-texte
de Kierkegaard [4].

Colin prit le livre et le regarda, mais il ne voyait pas les pages. Il
voyait les yeux d'Alise, à son mariage, et le regard d'émerveillement
2895 triste qu'elle jetait sur la robe de Chloé; mais Chick ne pouvait pas
comprendre. Les yeux de Chick n'allaient jamais si haut.

— Qu'est-ce que tu veux que je dise… murmura Colin. Alors tu as
tout dépensé…

— J'ai eu deux de ses manuscrits la semaine dernière, dit Chick et
2900 sa voix vibrait d'excitation contenue. Et j'ai déjà enregistré sept de
ses conférences…

— Oui… dit Colin.

— Pourquoi me demandes-tu ça? dit Chick. Ça lui est égal, Alise,
que je l'épouse. Elle est heureuse comme ça. Je l'aime beaucoup, tu
2905 sais. Et puis elle aime énormément Partre aussi.

---

1. *Steeple* (ou *steeple-chase*): course à obstacles.
2. Magdalénien: usage humoristique de l'adjectif relatif au Magdalénien, période
   de la préhistoire allant de -17 000 à -10 000, pour désigner un restaurant du quartier de
   la Madeleine, dans le 8e arrondissement de Paris.
3. Autre variation autour du célèbre roman de Sartre *La Nausée*, inspirée d'une chanson
   populaire de Paul Delmet (1862-1904) intitulée *Envoi de fleurs*.
4. Søren Kierkegaard (1813-1855): philosophe et théologien danois valorisant la subjectivité et
   dont les théories ont inspiré celles des philosophes existentialistes.

Une des machines paraissait s'emballer. Les pilules sortaient en cataracte[1] et des éclairs violets jaillissaient au moment où elles tombaient dans les cornets de papier.

— Qu'est-ce qui se passe… dit Colin. Est-ce que c'est dangereux ?

2910 — Je ne pense pas, dit Chick. De toutes façons, ne restons pas à côté.

Ils entendirent, assez loin, une porte se fermer, et le marchand de remèdes surgit soudain derrière le comptoir.

— Je vous ai fait attendre… dit-il.

— Ça n'a pas d'importance, assura Colin.

2915 — Si ! dit le marchand, c'était exprès. C'est pour mon standing[2].

— Une de vos machines a l'air de s'emballer… dit Colin en désignant l'engin en question.

— Ah… dit le marchand de remèdes.

Il se pencha, prit sous son comptoir une carabine, épaula tranquil-
2920 lement et tira. La machine cabriola[3] en l'air et retomba, pantelante[4].

— Ce n'est rien, dit le marchand. De temps en temps, le lapin l'emporte sur l'acier, et il faut les supprimer.

Il souleva sa machine, appuya sur le carter* inférieur pour la faire pisser et la pendit à un clou.

2925 — Voici vos remèdes, dit-il en tirant une boîte de sa poche. Faites attention, c'est très actif. Ne dépassez pas la dose.

— Ah… dit Colin. D'après vous, c'est contre quoi ?…

— Je ne peux pas dire… répondit le marchand.

Il passa dans sa tignasse blanche une longue main aux on-
2930 gles ondulés.

— Ça peut être pour beaucoup de choses… conclut-il, mais une plante ordinaire ne résisterait pas longtemps à ça.

— Ah… dit Colin. Combien vous dois-je ?…

— C'est très cher… dit le marchand. Vous devriez m'assommer et
2935 partir sans payer.

— Oh, dit Colin, je suis trop fatigué.

— Alors c'est deux doublezons*, dit le marchand.

---

1. En cataracte : en cascade.
2. *Standing* : rang économique et social.
3. Cabriola : fit quelques bonds désordonnés.
4. Pantelante : estomaquée, à bout de souffle.

Colin tira son portefeuille.

— Vous savez, dit le marchand, c'est vraiment du vol.

2940   — Ça m'est égal, dit Colin d'une voix morte.

Il paya et s'en alla. Chick le suivait.

— Vous êtes stupide, dit le marchand de remèdes en le raccompagnant à la porte. Je suis vieux et pas résistant.

— J'ai pas le temps… murmura Colin.

2945   — Ce n'est pas vrai, dit le marchand. Tout à l'heure vous n'étiez pas pressé.

— Maintenant, j'ai les remèdes, dit Colin. Au revoir, Monsieur.

Il marchait de biais à travers la rue, en attaque oblique, pour ménager ses forces.

2950   — Tu sais, dit Chick, je ne vais pas me séparer d'Alise parce que je ne l'épouse pas…

— Oh, dit Colin, je ne peux rien dire… ça te regarde, après tout.

— C'est la vie, dit Chick.

— Non, dit Colin.

XXXVI

2955   Le vent se frayait un chemin parmi les feuilles et ressortait des arbres tout chargé d'odeurs de bourgeons et de fleurs. Les gens marchaient un peu plus haut et respiraient plus fort car il y avait de l'air en abondance. Le soleil dépliait lentement ses rayons et les hasardait avec précaution dans des endroits où il ne pouvait atteindre directe-
2960 ment, les recourbant à angles arrondis et onctueux, mais se heurtait à des choses très noires et les retirait vite, d'un mouvement nerveux et précis de poulpe[1] doré. Son immense carcasse brûlante se rapprocha peu à peu puis se mit, immobile, à vaporiser les eaux continentales et les horloges sonnèrent trois coups.

2965   Colin lisait une histoire à Chloé. C'était une histoire d'amour et ça finissait bien. En ce moment l'héros[2] et l'héroïne s'écrivaient des lettres.

---

1. Poulpe : pieuvre.
2. L'héros : élision volontairement fautive de l'article « le ».

— Pourquoi c'est si long? demanda Chloé. Ça va bien plus vite, d'habitude.

— Tu as l'habitude de ces choses-là, toi? demanda Colin.

2970 Il pinça vigoureusement l'extrémité d'un rayon de soleil qui allait atteindre l'œil de Chloé. Cela se rétracta mollement, et se mit à se promener sur des meubles dans la pièce.

Chloé rougit.

— Non, je n'ai pas l'habitude… dit-elle timidement, mais il 2975 me semble…

Colin ferma le livre.

— Tu as raison, ma Chloé.

Il se leva et s'approcha du lit.

— C'est l'heure de prendre une de tes pilules.

2980 Chloé frissonna.

— C'est très désagréable, dit-elle. Est-ce que je suis forcée?

— Je crois, dit Colin. C'est ce soir que tu viens voir le docteur chez lui, on saura enfin ce que tu as. Pour l'instant il faut prendre les pilules. Après, il te donnera peut-être autre chose.

2985 — C'est horrible, dit Chloé.

— Il faut être raisonnable.

— C'est comme si deux bêtes se battaient dans ma poitrine, quand j'en prends une. Et puis ce n'est pas vrai, il ne faut pas être raisonnable.

— Il vaut mieux pas, mais quelquefois, il faut, dit Colin.

2990 Il ouvrit la petite boîte.

— Elles ont une sale couleur, dit Chloé, et elles sentent mauvais.

— Elles sont bizarres, je reconnais, dit Colin, mais il faut les prendre.

— Regarde ça, dit Chloé, elles remuent toutes seules. Et puis elles sont à moitié transparentes et ça vit sûrement à l'intérieur.

2995 — Sûrement dans l'eau que tu bois après, dit Colin, ça ne vit pas longtemps.

— C'est idiot, ce que tu dis. C'est peut-être un poisson.

Colin se mit à rire.

— Alors, ça te fortifiera.

3000 Il se pencha vers elle et l'embrassa.

— Prends-la, ma Chloé. Tu seras si gentille.

— Je veux bien, dit Chloé, mais alors tu m'embrasseras.

— Sûr ! dit Colin. Tu n'es pas dégoûtée d'embrasser un vilain mari comme moi…

3005   — C'est vrai que tu n'es pas beau, dit Chloé, taquine.

— C'est pas ma faute.

Colin baissa le nez.

— Je dors pas assez, continua-t-il.

— Mon Colin, embrasse-moi. Je suis très vilaine. Donne-moi

3010 deux pilules.

— Tu es folle ! dit Colin. Une seule. Allez, avale.

Chloé ferma les yeux, elle pâlit et porta la main à sa poitrine.

— Ça y est, dit-elle avec effort. Ça va recommencer.

Des gouttelettes de sueur apparaissaient près de ses cheveux brillants.

3015 Colin s'assit à côté d'elle et mit un bras autour de son cou. Elle saisit sa main entre les siennes et gémit.

— Calme, ma Chloé, dit Colin. Il faut.

— J'ai mal… murmura Chloé.

Des larmes grosses comme des yeux parurent au coin de ses pau-

3020 pières et tracèrent des sillons froids sur ses joues rondes et douces.

XXXVII

— Je ne peux plus tenir debout… murmura Chloé.

Elle avait les deux pieds par terre et tentait de se lever.

— Ça ne va pas du tout, dit-elle. Je suis toute flasque.

Colin s'approcha d'elle et la souleva. Elle s'accrocha à ses épaules.

3025   — Tiens-moi, Colin, je vais tomber.

— C'est le lit qui t'a fatiguée… dit Colin.

— Non… dit Chloé, c'est les pilules de ton vieux marchand.

Elle essaya de se tenir toute seule et chancela. Colin la rattrapa et elle l'entraîna dans sa chute sur le lit.

3030   — Je suis bien, comme ça, dit Chloé. Reste contre moi. Cela fait si longtemps que nous n'avons pas couché ensemble.

— Il ne faut pas, dit Colin.

— Si, il faut. Embrasse-moi. Je suis ta femme, oui ou non ?

— Oui, dit Colin, mais tu ne vas pas bien.

3035 — C'est pas ma faute, dit Chloé, et sa bouche frémit un peu comme si elle allait pleurer.

Colin se pencha vers elle et l'embrassa très doucement, comme il eût embrassé une fleur.

— Encore, dit Chloé. Et pas seulement ma figure. Tu ne m'aimes 3040 plus, alors ? Tu ne veux plus de femme ?

Il la serra plus fort dans ses bras. Elle était tiède et odorante comme un flacon de parfum sortant d'une boîte capitonnée de blanc.

— Oui… dit Chloé en s'étirant, encore…

XXXVIII

— Nous serons en retard, affirma Colin.

3045 — Ça ne fait rien, dit Chloé, règle ta montre.

— Tu ne veux vraiment pas qu'on y aille en voiture ?

— Non… dit Chloé. Je veux me promener avec toi dans la rue.

— Mais il y a un bout de chemin !

— Ça ne fait rien, dit Chloé… Quand tu m'as… embrassée, tout à 3050 l'heure, ça m'a remise d'aplomb. J'ai envie de marcher un peu.

— Je vais dire à Nicolas de venir nous rechercher en voiture, alors, suggéra Colin.

— Oh ! si tu veux…

Elle avait mis pour se rendre chez le docteur une petite robe bleu 3055 tendre, décolletée très bas en pointe et portait un mantelet de larynx[1], accompagné d'une toque assortie. Des chaussures de serpent teint[2] complétaient l'ensemble.

— Viens, chatte, dit Colin.

— Ce n'est pas du chat, affirma Chloé, c'est du larynx.

3060 — C'est trop dur à prononcer, dit Colin.

Ils sortirent de la chambre et passèrent dans l'entrée. Devant la fenêtre, Chloé s'arrêta.

---

1. Mantelet de larynx : jeu phonétique, « larynx » se substituant à « lynx ».
2. Serpent teint : calembour évoquant l'adjectif « serpentin », qui signifie onduleux à la manière d'un serpent.

— Qu'est-ce qu'il y a, ici, il fait moins jour que d'habitude.

— Sûrement pas, dit Colin. Il y a beaucoup de soleil.

3065 — Si, dit Chloé, je me rappelle bien, le soleil venait jusqu'à ce dessin-là du tapis et maintenant, il vient seulement là.

— Ça dépend de l'heure… dit Colin.

— Mais non, ça ne dépend pas de l'heure, puisque c'était la même heure…

3070 — On regardera demain à la même heure, dit Colin.

— Tu vois bien, il venait jusqu'au septième trait. Là il est au cinquième…

— Viens… dit Colin, nous sommes en retard.

Chloé se fit un sourire en passant devant la grande glace du pas-
3075 sage dallé. Colin aimait à se promener avec elle. Ce qu'elle avait ne pouvait pas être grave, et dorénavant, ils iraient souvent se promener ensemble. Il ménagerait ses doublezons*, il lui en restait suffisam-ment pour leur faire une vie agréable. Peut-être qu'il travaillerait.

L'acier du pêne[1] cliqueta et la porte se referma. Chloé se tenait à
3080 son bras. Elle allait à petits pas légers. Colin en faisait un pour deux des siens.

— Je suis contente, dit Chloé. Il y a du soleil et ça sent bon les arbres.

— Sûr ! dit Colin. C'est le printemps.

— Oui ? dit Chloé, en lui faisant un œil malicieux.

3085 Ils tournèrent à droite. Il y avait encore deux pâtés de bâtisses à longer avant d'entrer dans le quartier médical. Cent mètres plus loin, ils commencèrent à sentir l'odeur des anesthésiques, qui, les jours de grand vent, parvenait parfois plus loin encore. La structure du trot-toir changeait. C'était maintenant un canal large et plat, recouvert de
3090 grilles de béton à barreaux étroits et serrés ; sous les barreaux coulait de l'alcool mélangé d'éther qui charriait des tampons de coton souillé d'humeurs[2] et de sanies[3], de sang quelquefois ; de longs filaments de sang à demi coagulé teignaient çà et là le flux volatil, et des lambeaux de chair à demi décomposée passaient lentement, tournant sur eux-
3095 mêmes comme des icebergs trop fondus. On ne sentait rien que

---

1. Pêne : partie mobile d'une serrure.
2. Humeurs : liquides sécrétés par le corps humain.
3. Sanies : pus.

l'odeur de l'éther. Des bandes de gaze et de pansements descendaient aussi le courant, déroulant leurs anneaux endormis. Au droit de chaque maison, un tube de descente se déversait dans le canal et l'on pouvait déterminer la spécialisation du médecin en observant 3100 quelques instants l'orifice de ces tubes. Un œil roula sur lui-même, les regarda quelques instants et disparut sous une large nappe de coton rosâtre et molle comme une méduse malsaine.

— Je n'aime pas ça, dit Chloé. Comme air, c'est très sain, mais ce n'est pas agréable à regarder.

3105   — Non, dit Colin.

— Viens au milieu de la rue.

— Oui, dit Colin, mais on va se faire écraser.

— J'ai eu tort de refuser la voiture, dit Chloé, je n'ai plus de jambes.

— Tu as de la chance qu'il habite assez loin du quartier de la grosse 3110 chirurgie, dit Colin.

— Tais toi, dit Chloé. On y est bientôt?

Elle se mit soudain à tousser de nouveau et Colin blêmit.

— Ne tousse pas, Chloé… supplia-t-il.

— Non, mon Colin… dit-elle en se retenant avec effort.

3115   — Ne tousse pas, on est arrivés… C'est là.

L'enseigne du professeur Mangemanche représentait une immense mâchoire en train d'engloutir une pelle de terrassier dont, seul, le fer dépassait. Cela fit rire Chloé, tout doucement, très bas, parce qu'elle avait peur de tousser encore. Il y avait, le long des murs, des photogra-3120 phies en couleurs des cures miraculeuses du professeur, éclairées par des lumières, qui, pour l'instant, ne fonctionnaient pas.

— Tu vois, dit Colin, c'est un grand spécialiste. Les autres maisons n'ont pas une si complète décoration.

— Ça prouve seulement qu'il a beaucoup d'argent, dit Chloé.

3125   — Ou que c'est un homme de goût, dit Colin. C'est très artistique.

— Oui, dit Chloé, ça rappelle une boucherie modèle.

Ils entrèrent et se trouvèrent dans un grand vestibule rond entiè-rement émaillé de blanc. Une infirmière se dirigea vers eux.

— Vous avez rendez-vous? demanda-t-elle.

3130   — Oui, dit Colin. Nous sommes peut-être un peu en retard.

— Ça n'a pas d'importance, assura l'infirmière, le professeur a fini d'opérer aujourd'hui. Voulez-vous me suivre?

Ils obéirent, et leurs pas résonnaient sur l'émail du sol avec un son mat et haut. Une série de portes s'ouvraient dans la paroi circulaire, et
3135 l'infirmière les conduisit à celle qui portait, en or embouti [1], la reproduction à l'échelle de l'enseigne géante du dehors. Elle ouvrit la porte et s'effaça devant eux pour les laisser entrer. Ils poussèrent une seconde porte transparente et massive et se trouvèrent dans le bureau du professeur. Ce dernier, debout devant la fenêtre, parfumait sa barbiche
3140 avec une brosse à dents trempée dans de l'extrait d'opoponax [2].

Il se retourna au bruit et s'avança vers Chloé la main tendue.

— Alors?… comment vous sentez-vous aujourd'hui?

— Ces pilules étaient terribles, dit Chloé.

La figure du professeur s'assombrit. Il avait maintenant l'air
3145 d'un octavon [3].

— Ennuyeux… murmura-t-il. Je pensais bien.

Il resta une minute sur place, l'air songeur, puis s'avisa qu'il tenait toujours sa brosse à dents.

— Tenez ça, dit-il à Colin en la lui fourrant dans la main. Asseyez-
3150 vous, mon petit, dit-il à Chloé.

Il fit le tour de son bureau et s'assit lui-même.

— Voyez-vous, lui dit-il, vous avez quelque chose au poumon. Quelque chose dans le poumon, plus exactement. J'espérais que ce serait…

3155 Il s'interrompit et se leva d'un coup.

— À rien ne sert de bavarder, dit-il. Venez avec moi. Posez cette brosse où vous voudrez, ajouta-t-il à l'adresse de Colin qui ne savait vraiment quoi en faire.

Colin voulut suivre Chloé et le professeur, mais il dut écarter une
3160 sorte de voile invisible et consistant qui venait de s'interposer entre eux. Son cœur éprouvait une angoisse étrange et battait irrégulièrement. Il fit un effort, se ressaisit et serra les poings. Rassemblant toutes ses forces, il réussit à avancer de quelques pas et dès qu'il

---

1. Embouti : travaillé au repoussoir.
2. Opoponax (ou opopanax) : plante de laquelle on extrait une résine parfumée.
3. Octavon : individu dont un huitième du patrimoine génétique provient d'un ancêtre noir.

toucha la main de Chloé, cela disparut. Elle donnait son autre main
3165 au professeur et celui-ci la conduisit dans une petite salle blanche au
plafond chromé, dont un appareil lisse et trapu occupait un côté entier.

— Je préfère que vous soyez assise, dit le professeur. Cela ne va pas
durer longtemps.

Il y avait, en face de la machine, un écran d'argent rouge encadré de
3170 cristal et un seul bouton de réglage, en émail noir, saillait sur le socle.

— Vous restez? demanda le professeur à Colin.

— J'aime mieux… dit Colin.

Le professeur tourna le bouton. La lumière s'enfuit de la pièce en
un torrent clair qui disparut sous la porte et dans un trou d'aération
3175 disposé au-dessus de la machine, et l'écran s'éclaira peu à peu.

XXXIX

Le professeur Mangemanche tapotait le dos de Colin.

— Ne vous en faites pas, mon vieux, lui dit-il. Ça peut s'arranger.

Colin regardait à terre, l'air écrasé. Chloé lui tenait le bras. Elle faisait de gros efforts pour paraître gaie.

3180 — Mais oui, dit-elle, il n'y en a pas pour longtemps.

— Certainement… murmura Colin.

— Enfin, ajouta le professeur, si elle suit mon traitement, elle ira
probablement mieux.

— Probablement… dit Colin.

3185 Ils étaient dans le vestibule rond et blanc, et la voix de Colin réson-
nait contre le plafond comme si elle venait de très loin.

— En tout état de cause, conclut le professeur, je vous enverrai
ma note.

— Bien entendu, dit Colin. Je vous remercie de vos soins, docteur.

3190 — Et si ça ne tourne pas mieux, dit le professeur, vous revien-
drez me voir. Il y a la solution de l'opération que nous n'avons pas
même envisagée.

— Mais oui, dit Chloé en serrant le bras de Colin, et cette fois elle
se mit à sangloter.

3195 Le professeur tirait sa barbiche à pleines mains.

— C'est très embêtant… dit-il.

Il y eut un silence. Une infirmière parut à travers la porte transparente et tapa deux petits coups. Un voyant vert « Entrez » s'alluma devant elle, dans l'épaisseur de la porte.

3200   — C'est un monsieur, qui m'a dit de prévenir Monsieur et Madame que Nicolas était là.

— Merci, Carogne[1], répondit le professeur. Disposez ! ajouta-t-il, et l'infirmière s'en fut.

— Eh bien, murmura Colin, nous allons vous dire au revoir, docteur.

3205   — Certainement ! dit le professeur. Au revoir. Soignez-vous. Tâchez de partir…

XL

— Ça ne va pas, dit Nicolas, sans se retourner, avant que la voiture démarre.

Chloé pleurait toujours dans la fourrure blanche et Colin avait l'air

3210 d'un homme mort. L'odeur des trottoirs montait de plus en plus, les vapeurs d'éther emplissaient la rue.

— Va… dit Colin.

— Qu'est-ce qu'elle a ? demanda Nicolas.

— Oh, dit Colin, ça ne pouvait pas être pire.

3215   Il se rendit compte de ce qu'il venait de dire et regarda Chloé. Il l'aimait tellement à ce moment qu'il se serait tué pour son imprudence.

Chloé, recroquevillée dans un coin de la voiture, mordait ses poings. Ses cheveux lustrés lui tombaient sur la figure et elle piétinait sa toque de fourrure. Elle pleurait de toutes ses forces, comme un

3220 bébé, mais sans bruit.

— Pardonne-moi, ma Chloé, dit Colin. Je suis un monstre.

Il se rapprocha d'elle et la prit près de lui. Il embrassait ses pauvres yeux affolés et sentait son cœur battre à coups sourds et lents dans sa poitrine.

---

1. Carogne : allusion au *Malade imaginaire* (1673), comédie de Molière (1622-1673) dans laquelle le protagoniste appelle ainsi la soubrette qui lui sert d'infirmière. Ce terme vieilli est injurieux, puisqu'il signifie « femme débauchée », « méchante ».

3225   — On va te guérir, dit-il. Ce que je voulais dire, c'est qu'il ne pouvait rien arriver de pire que de te voir malade, quelle que soit la maladie.

— J'ai peur… dit Chloé. Il m'opérera sûrement.

— Non, dit Colin. Tu seras guérie avant.

— Qu'est-ce qu'elle a ? répéta Nicolas. Je peux faire quelque chose ?

3230   Lui aussi avait l'air très malheureux. Son aplomb ordinaire s'était fortement ramolli.

— Ma Chloé… dit Colin. Calme-toi.

— C'est sûr, dit Nicolas. Elle sera guérie très vite.

— Ce nénuphar, dit Colin. Où a-t-elle pu attraper ça ?

3235   — Elle a un nénuphar ? demanda Nicolas, incrédule.

— Dans le poumon droit, dit Colin. Le professeur croyait au début que c'était simplement quelque chose d'animal. Mais c'est ça. On l'a vu sur l'écran. Il est déjà assez grand, mais enfin, on doit pouvoir en venir à bout.

3240   — Mais oui, dit Nicolas.

— Vous ne pouvez pas savoir ce que c'est, sanglota Chloé. Ça fait tellement mal quand il bouge.

— Ne pleurez pas, dit Nicolas. Ça ne sert à rien et vous allez vous fatiguer.

3245   La voiture démarra. Nicolas la menait lentement à travers les maisons compliquées. Le soleil disparaissait peu à peu derrière les arbres et le vent fraîchissait.

— Le docteur veut qu'elle aille à la montagne, dit Colin. Il prétend que le froid tuera cette saleté.

3250   — C'est sur la route qu'elle a attrapé ça, dit Nicolas. C'était plein d'un tas de dégoûtations[1] du même genre.

— Il dit aussi qu'il faut tout le temps mettre des fleurs autour d'elle, ajouta Colin, pour faire peur à l'autre…

Il ne pouvait se décider à prononcer le nom de la plante exécrable.

3255   — Pourquoi ? demanda Nicolas.

— Parce que s'il fleurit, dit Colin, il y en aura d'autres. Mais, on ne le laissera pas fleurir.

— Et c'est tout comme traitement ? demanda Nicolas.

---

1. Dégoûtations : choses répugnantes (familier).

— Non, dit Colin.

— Qu'est-ce qu'il y a d'autre?

Colin hésitait à répondre. Il sentait Chloé pleurer contre lui et il haïssait la torture qu'il allait devoir lui infliger.

— Il ne faut pas qu'elle boive… dit-il.

— Quoi? demanda Nicolas. Rien?

— Non, dit Colin.

— Pas rien du tout, tout de même?

— Deux cuillerées par jour… murmura Colin.

— Deux cuillerées… dit Nicolas.

Il n'ajouta rien et fixa la route, droit devant lui.

XLI

Alise sonna deux coups et attendit. La porte d'entrée lui paraissait plus étroite que d'habitude. Le tapis semblait plus terne et aminci. Nicolas vint ouvrir.

— Bonjour… dit-il. Tu viens les voir?

— Oui, dit Alise. Ils sont là?

— Oui, dit Nicolas. Viens. Chloé est là.

Il referma la porte. Alise examinait le tapis.

— Il fait moins clair qu'avant, ici, dit-elle. À quoi cela tient-il?

— Je ne sais pas, dit Nicolas.

— C'est drôle, dit Alise. Il n'y avait pas un tableau, ici?

— Je ne me rappelle plus, dit Nicolas.

Il passa une main hésitante dans ses cheveux.

— De fait, dit-il, on a l'impression que l'atmosphère n'est plus la même.

— Oui, dit Alise, c'est ça.

Elle avait un tailleur brun bien coupé et un gros bouquet de narcisses à la main.

— Toi, dit Nicolas, tu es en forme. Ça va?

— Oui, dit Alise, ça va. Chick m'a offert un tailleur, tu vois…

— Il te va bien, dit Nicolas.

3290 — J'ai de la chance, dit Alise, que la duchesse de Bovouard ait juste les mêmes mesures que moi. Il est d'occasion. Chick voulait un papier qu'il y avait dans une des poches, alors il l'a acheté.

Elle regarda Nicolas et ajouta :

— Tu ne vas pas bien.

3295 — Euh, dit Nicolas, je ne sais pas. J'ai l'impression que je vieillis.

— Montre ton passeport, dit Alise.

Il fouilla dans sa poche revolver [1].

— Voilà… dit-il.

Alice ouvrit le passeport et pâlit.

3300 — Quel âge avais-tu ? demanda-t-elle à voix basse.

— Vingt-neuf ans… dit Nicolas.

— Regarde…

Il compta. Cela faisait trente-cinq.

— Je ne comprends pas… dit-il.

3305 — Ça doit être une erreur, dit Alise. Tu ne parais pas plus de vingt-neuf ans.

— J'avais l'air d'en avoir vingt et un, dit Nicolas.

— Ça s'arrangera sûrement, dit Alise.

— J'aime tes cheveux, dit Nicolas. Viens, viens voir Chloé.

3310 — Qu'est-ce qu'il y a ici, dit Alise, pensive.

— Oh, dit Nicolas, c'est cette maladie, ça nous bouleverse tous. Ça s'arrangera, et je rajeunirai.

Chloé était allongée sur son lit, vêtue d'un pyjama de soie mauve et d'une longue robe de chambre de satin piqué d'un léger beige orange.

3315 Autour d'elle, il y avait beaucoup de fleurs et surtout des orchidées et des roses. Il y avait aussi des hortensias, des œillets, des camélias, de longues branches de fleurs de pêcher, et d'amandier, et des brassées de jasmin. Sa poitrine était découverte et une grosse corolle bleue tranchait sur l'ambre* de son sein droit. Ses pommettes étaient un

3320 peu roses et ses yeux brillants, mais secs, et ses cheveux légers et électrisés comme des fils de soie.

— Tu vas prendre froid ! s'écria Alise. Couvre-toi !

— Non, murmura Chloé, il le faut, c'est le traitement.

---

1. Poche revolver : poche de derrière, sous la ceinture du pantalon.

— Quelles jolies fleurs ! dit Alise. Colin est en train de se ruiner, ajouta-t-elle gaiement, pour faire rire Chloé.

— Oui, murmura Chloé.

Elle eut un pauvre sourire.

— Il cherche du travail, dit-elle à voix basse. C'est pour cela qu'il n'est pas là.

— Pourquoi parles-tu comme ça ? demanda Alise.

— J'ai soif… dit Chloé dans un souffle.

— Tu ne prends réellement que deux cuillerées par jour ? dit Alise.

— Oui… soupira Chloé.

Alise se pencha vers elle et l'embrassa.

— Tu vas bientôt être guérie.

— Oui, dit Chloé. Je pars demain avec Nicolas et la voiture.

— Et Colin ? demanda Alise.

— Il reste, dit Chloé. Il faut qu'il travaille, mon pauvre Colin. Il n'a plus de doublezons*.

— Pourquoi ? demanda Alise.

— Les fleurs… dit Chloé.

— Est-ce qu'il grandit ? murmura Alise.

— Le nénuphar ? dit Chloé, tout bas. Non, je crois qu'il va partir…

— Alors, tu es contente ?

— Oui, dit Chloé, mais j'ai si soif.

— Pourquoi n'allumes-tu pas ? demanda Alise. Il fait très sombre, ici.

— C'est depuis quelque temps, dit Chloé. Il n'y a rien à faire. Essaye.

Alise manœuvra le commutateur et un léger halo se produisit autour de la lampe.

— Les lampes meurent… dit Chloé. Les murs se rétrécissent aussi. Et la fenêtre, ici, aussi.

— C'est vrai ? demanda Alise.

— Regarde…

La grande baie vitrée qui courait sur toute la largeur du mur n'occupait plus que deux rectangles oblongs*, arrondis aux extrémités. Une sorte de pédoncule[1] s'était formé au milieu de la baie, reliant les

---

1. Pédoncule : terme d'anatomie désignant un élément de forme allongée et étroite liant deux organes.

deux bords, et barrant la route au soleil. Le plafond avait baissé nota-
blement et la plate-forme où reposait le lit de Colin et Chloé n'était
3360 plus très loin du plancher.

— Comment est-ce que cela peut se faire ? demanda Alise.

— Je ne sais pas… dit Chloé. Tiens, voilà un peu de lumière.

La souris à moustaches noires venait d'entrer, portant un petit
fragment d'un des carreaux du couloir de la cuisine, qui répandait
3365 une vive lueur.

— Sitôt qu'il fait trop noir, expliqua Chloé, elle m'en apporte
un peu.

Elle caressa la petite bête qui déposa son butin sur la table de chevet.

— Tu es gentille d'être venue me voir, tout de même, dit Chloé.

3370 — Oh, dit Alise, tu sais, je t'aime bien.

— Je sais, dit Chloé. Et Chick ?

— Oh, ça va, dit Alise. Il m'a acheté un tailleur.

— Il est joli, dit Chloé. Il te va bien.

Elle s'arrêta de parler.

3375 — Tu as mal, ma pauvre, dit Alise.

Elle se pencha et caressa la joue de Chloé.

— Oui… gémit Chloé. J'ai si soif.

— Je comprends, dit Alise. Si je t'embrassais, tu aurais moins soif.

— Oui, dit Chloé.

3380 Alise se pencha vers elle.

— Oh ! soupira Chloé, comme tu as les lèvres fraîches…

Alise sourit. Ses yeux étaient humides.

— Où pars-tu ? demanda-t-elle.

— Pas loin, dit Chloé. Dans la montagne.

3385 Elle se tourna sur le côté gauche.

— Tu l'aimes bien, Chick ?

— Oui, dit Alise. Mais lui aime mieux ses livres.

— Je ne sais pas, dit Chloé. C'est peut-être vrai. Si je n'avais
pas épousé Colin, j'aimerais tellement que ce soit toi qui vives
3390 avec lui.

Alise l'embrassa de nouveau.

XLII

Chick sortit de la boutique. Il n'y avait rien d'intéressant pour lui là-dedans. Il marchait en regardant ses pieds chaussés de cuir brun-rouge et s'étonna de voir que l'un cherchait à l'entraîner d'un côté, et l'autre dans une direction très opposée. Il réfléchit quelques instants, construisit mentalement la bissectrice de l'angle et s'élança le long de cette ligne. Il faillit se faire écraser par un gros taxi obèse et ne dut son salut qu'au bond gracieux qui le projeta sur les pieds d'un passant, lequel jura et entra à l'hôpital se faire soigner.

Chick reprit son chemin, droit devant lui il y avait une librairie, c'était la rue Jimmy-Noone[1] et l'enseigne était peinte à l'imitation du Mahogany Hall de Lulu White[2]. Il poussa la porte. Elle lui rendit brutalement sa poussée et il entra par la vitrine, sans insister.

Le libraire fumait le calumet de paix, assis sur les œuvres complètes de Jules Romains[3] qui les conçut pour cet usage. Il avait un très joli calumet de paix en terre de bruyère, qu'il bourrait de feuilles d'olivier. Il avait aussi à côté de lui une cuvette pour rendre son goujon[4], et une serviette humide pour se rafraîchir les tempes, et un flacon d'alcool de menthe de Ricqlès[5] pour corser l'effet du calumet.

Il leva vers Chick un regard désincarné et malodorant.

— Que vous voulez? demanda-t-il.

— Voir vos livres… répondit Chick.

— Voyez! dit l'homme, et il se pencha sur sa cuvette, mais ce n'était qu'une fausse alerte.

Chick s'avança vers le fond de la boutique. Il y régnait une atmosphère propice à la découverte. Quelques insectes craquèrent sous ses

---

1. Jimmy (ou Jimmie) Noone (1895-1944): grand clarinettiste de jazz originaire de la Louisiane.
2. Célèbre maison de prostitution de La Nouvelle-Orléans, dans le quartier de Storyville. Lulu White en fut la patronne.
3. Louis Farigoule, dit Jules Romains (1885-1972): poète et écrivain français renommé pour son cycle romanesque en 27 volumes intitulé *Les Hommes de bonne volonté* (1932-1946), dont le titre renvoie à l'expression biblique «Paix aux hommes de bonne volonté». Ainsi s'explique l'allusion de Vian au calumet de la paix.
4. Rendre son goujon: vomir (argot).
5. Ricqlès est une maison française spécialisée dans la fabrication de produits à base de menthe.

pas. Cela sentait le vieux cuir et la fumée des feuilles d'olivier, qui est une odeur plutôt abominable.

Les livres étaient classés par ordre alphabétique, mais le marchand ne savait pas bien l'alphabet, et Chick trouva le coin de Partre entre le T et le B. Il s'arma de sa loupe et se mit à examiner les reliures. Il eut tôt fait de repérer sur un exemplaire de *La Lettre et le Néon*[1], l'étude critique célèbre sur les enseignes lumineuses, une empreinte digitale intéressante. Fébrilement, il tira de sa poche une petite boîte qui contenait, outre un pinceau à poils doux, de la poudre à composter et un *Aide-Mémoire du Flique modèle,* par le chanoine Vouille. Il opéra soigneusement, comparant avec une fiche qu'il tira de son portefeuille, et s'arrêta, haletant. C'était l'empreinte de l'index gauche de Partre, que jusque-là personne n'avait pu repérer ailleurs que sur ses vieilles pipes.

Serrant sur son cœur la précieuse trouvaille, il revint vers le libraire.

— Combien, celui-là ?

Le libraire regarda le livre et ricana.

— Ha, vous l'avez trouvé…

— Qu'a-t-il d'extraordinaire ? demanda Chick, faussement étonné.

— Bouh !… s'esclaffa le libraire en lâchant sa pipe, qui tomba dans la cuvette et s'éteignit.

Il dit un gros juron, et se frotta les mains, satisfait de ne plus avoir à tirer sur cette infâme cochonnerie.

— Je vous le demande ?… insista Chick.

Son cœur commençait à le lâcher et sonnait des grands coups sur ses côtes, irrégulièrement, avec sauvagerie.

— Oh ! là là !… dit le libraire, qui étouffait et se roulait par terre, vous êtes un rigolo !…

— Écoutez, dit Chick décontenancé, expliquez-vous.

— Quand je pense ! dit le libraire, que pour avoir cette empreinte, j'ai dû lui offrir plusieurs fois mon calumet de paix, et apprendre la prestidigitation pour le remplacer, au dernier moment, par le livre !…

— Passons, dit Chick. Puisque vous le savez, c'est combien ?

— C'est pas cher, dit le libraire, mais j'ai mieux. Attendez-moi.

---

1. Variation humoristique sur le titre du plus célèbre essai philosophique de Jean-Paul Sartre, *L'Être et le Néant* (1943).

Il se leva, disparut derrière une demi-cloison qui coupait en deux la boutique, fouilla dans quelque chose et revint aussitôt.

— Voilà, dit-il en lançant un pantalon sur le comptoir.

— Qu'est-ce que c'est?... murmura Chick avec anxiété.

3455 Une délicieuse excitation s'emparait de lui.

— Un pantalon à Partre!... annonça fièrement le libraire.

— Comment avez-vous fait? dit Chick, en extase.

— Profité d'une conférence! expliqua le libraire. S'en est même pas aperçu. Y a des brûlures de pipe, vous savez.

3460 — J'achète... dit Chick.

— Quoi? demanda le marchand. Parce que j'ai encore autre chose.

Chick porta la main à sa poitrine. Il ne réussit pas à contenir les battements de son cœur et le laissa s'emballer un peu.

— Voilà... dit le marchand de nouveau.

3465 C'était une pipe sur le tuyau de laquelle Chick reconnut aisément la marque des dents de Partre.

— Combien?... dit Chick.

— Vous savez, dit le libraire, qu'en ce moment, il prépare une encyclopédie de la nausée en vingt volumes, avec des photos, et j'aurai
3470 des manuscrits...

— Mais je ne pourrai jamais... dit Chick, atterré.

— Qu'est-ce que vous voulez que ça me foute? demanda le libraire.

— Combien, pour ces trois choses-là? demanda Chick.

— Mille doublezons*... dit le marchand. C'est mon dernier prix. J'en
3475 ai refusé douze cents hier, et c'est parce que vous avez l'air soigneux.

Chick tira son portefeuille. Il était horriblement pâle.

XLIII

— Tu vois, dit Colin, on ne met plus de nappe.

— Ça ne fait rien, dit Chick. Pourtant, je ne comprends pas pourquoi le bois est gras comme ça.

3480 — Je ne sais pas, dit Colin distraitement. Je crois qu'on ne peut plus la nettoyer. Ça revient tout le temps de l'intérieur.

— Est-ce que le tapis n'était pas en laine, avant ? demanda Chick. Celui-là a l'air en coton.

— C'est le même… dit Colin. Non, je ne crois pas qu'il soit différent.

3485 — C'est drôle, dit Chick. On a l'impression que le monde s'étrique autour de soi.

Nicolas apportait une soupe onctueuse où nageaient des croûtons. Il leur servit de grandes assiettées.

— Qu'est-ce que c'est, ça, Nicolas, demanda Chick.

3490 — Une soupe au Kub et à la farine de panouilles[1], répondit Nicolas. C'est super.

— Ah ! dit Chick. Vous avez trouvé ça dans Gouffé.

— Pensez-vous ! dit Nicolas. C'est une recette à de Pomiane[2]. Gouffé, c'est bon pour les snobards. Et puis il faut un tel matériel, 3495 pour ça.

— Mais vous avez ce qu'il faut, dit Chick.

— Quoi ? dit Nicolas. Il y a juste le gaz et un frigiploque[3], comme partout. Qu'est-ce que vous imaginez.

— Oh !… rien… dit Chick.

3500 Il remua sur sa chaise. Il ne savait comment continuer la conversation.

— Tu veux du vin ? demanda Colin. Je n'ai plus que celui-là, dans ma cave. Il n'est pas mauvais.

Chick tendit son verre.

3505 — Alise est venue voir Chloé il y a trois jours, dit Colin. Je n'ai pas pu la voir. Et avant-hier Nicolas a emmené Chloé à la montagne.

— Oui, dit Chick. Alise me l'avait dit.

— J'ai reçu une lettre du professeur Mangemanche, dit Colin. Il me demandait beaucoup d'argent. Je crois que c'est un homme capable.

3510 Colin avait mal à la tête. Il aurait voulu que Chick parle, raconte des histoires, n'importe quoi. Chick fixait quelque chose dans le

---

1. Kub est le nom donné par la compagnie Maggi à son bouillon de poulet déshydraté en cubes. Panouille est un régionalisme pour « épi de maïs ». Il s'agit donc d'une soupe au bouillon de poulet déshydraté et à la farine de maïs.

2. Édouard Alexandre de Pomiane (1875-1964) : gastronome et critique de cuisine qui, pendant la Seconde Guerre mondiale, présenta au public des recettes conçues en fonction des restrictions imposées en ces temps difficiles.

3. Frigiploque : néologisme humoristique et argotique avec le mot « frigidaire ».

vague, à travers la fenêtre. Soudain, il se leva et tirant un mètre de sa poche, il alla mesurer le châssis.

— J'ai l'impression que ça change, dit-il.

3515   — Comment ça? demanda Colin avec détachement.

— Ça rétrécit, dit Chick. Et la pièce aussi…

— Comment veux-tu? demanda Colin. Ça n'a pas le sens commun.

Chick ne répondit pas. Il prit son carnet et son crayon et nota des chiffres.

3520   — As-tu trouvé du travail? demanda-t-il.

— Non… dit Colin. J'ai un rendez-vous tantôt et un demain.

— Quel genre de travail cherches-tu? demanda Chick.

— Oh, n'importe quel, dit Colin. Pourvu qu'ils me donnent de l'argent. Les fleurs coûtent très très cher.

3525   — Oui, dit Chick.

— Et ton travail à toi, dit Colin.

— Je me faisais remplacer par un type, dit Chick, parce que j'avais beaucoup de choses à faire…

— Ils avaient accepté? demanda Colin.

3530   — Oui, cela allait, il était bien au courant.

— Alors? demanda Colin.

— Quand j'ai voulu rentrer, expliqua Chick, ils m'ont dit que l'autre faisait très bien l'affaire mais que si je voulais un nouveau poste, ils en avaient un à m'offrir. Seulement, c'était moins payé.

3535   — Ton oncle ne peut plus te donner d'argent, dit Colin.

Il ne posait même pas la question. Cela lui paraissait évident.

— Je ne pourrai pas lui en demander, dit Chick. Il est mort.

— Tu ne me l'avais pas dit…

— Ce n'était pas intéressant, murmura Chick.

3540   Nicolas revint avec une poêle graisseuse dans laquelle se débattaient trois saucisses noires.

— Mangez-les comme ça, dit-il, je ne peux pas en venir à bout. Elles sont résistantes à un point extraordinaire. J'ai mis de l'acide nitrique, c'est pour ça qu'elles sont noires, mais ça n'a pas suffi.

3545   Colin réussit à piquer une des saucisses avec sa fourchette et elle se tordit dans un dernier spasme.

— J'en ai une, dit-il. À toi, Chick.

— J'essaye, dit Chick, mais c'est dur.

Il envoya un grand jet de graisse sur la table.

3550 — Zut! dit-il.

— Ça ne fait rien, dit Nicolas. C'est bon pour le bois.

Chick parvint à se servir et Nicolas remmena la troisième saucisse.

— Je ne sais pas ce qu'il y a, dit Chick, est-ce que c'était comme ici avant?

3555 — Non, avoua Colin. Ça change partout. Je ne peux rien y faire. C'est comme la lèpre. C'est depuis que je n'ai plus de doublezons*.

— Tu n'en as plus du tout? demanda Chick.

— À peine… répondit Colin. J'ai payé d'avance pour la montagne et pour les fleurs, parce que je ne veux rien ménager pour tirer Chloé 3560 de là. Mais à part ça, les choses vont mal d'elles-mêmes.

Chick avait fini sa saucisse.

— Viens voir le couloir de la cuisine, dit Colin.

— Je te suis, dit Chick.

À travers les vitres, de chaque côté, on distinguait un soleil terne, 3565 blafard, semé de grandes taches noires, un peu plus lumineux en son centre. Quelques maigres faisceaux de rayons réussissaient à pénétrer dans le couloir mais au contact des carreaux de céramique, autrefois si brillants, ils se fluidifiaient et ruisselaient en longues traces humides. Une odeur de cave émanait des murs. La souris grise à 3570 moustaches noires, dans un coin, s'était fait un nid surélevé, elle ne pouvait plus jouer sur le sol avec les rayons d'or comme avant. Elle était blottie dans un amas de menus morceaux de tissu et frissonnait, ses longues moustaches engluées par l'humidité. Elle avait, pendant un temps, réussi à gratter un peu les carreaux pour qu'ils brillent de 3575 nouveau, mais la tâche était trop immense pour ses petites pattes et elle restait désormais dans son coin, tremblante et sans forces.

— Ça ne chauffe pas, les radiateurs? demanda Chick en remontant son col de veste.

— Si, dit Colin, ça chauffe toute la journée, mais il n'y a rien à 3580 faire. C'est ici que ça a commencé.

— C'est la barbe, dit Chick. Il faudrait faire venir l'architecte.

— Il est venu, dit Colin. Et depuis, il est malade.

— Oh, dit Chick, ça s'arrangera, probablement.

— Je ne crois pas, dit Colin. Viens, on va aller finir de déjeuner avec Nicolas.

Ils entrèrent dans la cuisine. Là aussi, la pièce avait rétréci. Nicolas, assis devant une table laquée de blanc, mangeait distraitement en lisant un livre.

— Écoute, Nicolas, dit Colin.

— Oui, dit Nicolas. J'allais vous apporter le dessert.

— C'est pas ça, dit Colin, on va le manger ici. C'est autre chose. Nicolas, tu ne veux pas que je te mette à la porte?

— J'ai pas envie, dit Nicolas.

— Il faut, dit Colin. Ici, tu baisses. Tu as vieilli de dix ans depuis huit jours.

— De sept ans, rectifia Nicolas.

— Je ne veux pas te voir comme ça. Tu n'y es pour rien, c'est l'atmosphère…

— Mais toi, dit Nicolas, ça ne te fait rien?

— C'est pas pareil, dit Colin. Moi, il faut que je guérisse Chloé, et tout le reste m'est égal, alors ça ne prend pas sur moi. Ton club, comment ça va?

— J'y vais plus guère… dit Nicolas.

— Je ne veux plus de ça, répéta Colin. Les Ponteauzanne cherchent un cuisinier, j'ai signé pour toi. Je voulais que tu me dises si tu es d'accord.

— Non, dit Nicolas.

— Eh bien, dit Colin, tu iras quand même.

— C'est dégueulasse de ta part, dit Nicolas. J'ai l'air de foutre le camp comme un rat.

— Non, dit Colin, il faut. Tu sais bien comme ça me fait de la peine.

— Je sais bien, dit Nicolas, et il ferma son livre et mit la tête sur ses bras.

— Tu n'as pas de raisons d'être fâché, dit Colin.

— Je ne suis pas fâché, grogna Nicolas.

Il releva la tête. Il pleurait silencieusement.

— Je suis idiot, dit-il.

— Tu es un chic type, Nicolas, dit Colin.

— Non, dit Nicolas. Je voudrais me retirer dans un coing[1]. À
3620 cause de l'odeur, et puis parce que j'y serais tranquille.

XLIV

Colin monta l'escalier vaguement éclairé par des vitraux immobiles et se trouva au premier étage. Devant lui, une porte noire tranchait sur la pierre froide du mur. Il entra sans sonner, remplit une
fiche et la remit à l'huissier qui la vida, en fit une petite boule, l'intro-
3625 duisit dans le canon d'un pistolet tout préparé et visa soigneusement
un guichet pratiqué dans la cloison voisine. Il pressa la gâchette en
se bouchant l'oreille droite avec la main gauche et le coup partit. Il se
remit, posément, à charger son pistolet pour un nouveau visiteur.

Colin resta debout jusqu'à ce qu'une sonnerie ordonnât à l'huis-
3630 sier de l'introduire dans le bureau du directeur.

Il suivit l'homme dans un long passage aux virages relevés. Les
murs, dans les virages, restaient perpendiculaires au sol et s'inclinaient par conséquent de l'angle complémentaire, et il devait aller très
vite pour garder son équilibre. Avant de se rendre compte de ce qui lui
3635 arrivait, il se trouva devant le directeur. Il s'assit, obéissant, dans un
fauteuil rétif qui se cabra sous son poids et ne s'arrêta que sur un geste
impératif de son maître.

— Alors? dit le directeur.

— Eh bien, voilà… dit Colin.

3640 — Que savez-vous faire? demanda le directeur.

— J'ai appris les rudiments… dit Colin.

— Je veux dire, dit le directeur, à quoi passez-vous votre temps?

— Le plus clair de mon temps, dit Colin, je le passe à l'obscurcir.

— Pourquoi? demanda, plus bas, le directeur.

3645 — Parce que la lumière me gêne… dit Colin.

— Ah… Hum… marmonna le directeur. Vous savez pour quel
emploi on demande quelqu'un ici?

— Non… dit Colin.

---

1. Recours humoristique absurde à cet homonyme de « coin » qui désigne le fruit du cognassier.

— Moi non plus… dit le directeur. Il faut que je demande à mon
3650 sous-directeur. Mais vous ne paraissez pas pouvoir remplir l'emploi.

— Pourquoi? demanda Colin à son tour.

— Je ne sais pas… dit le directeur.

Il avait l'air inquiet et recula un peu son fauteuil.

— N'approchez pas… dit-il rapidement.

3655 — Mais je n'ai pas bougé… dit Colin.

— Oui… oui… marmotta le directeur, on dit ça, et puis…

Il se pencha, méfiant, vers son bureau, sans quitter Colin des yeux,
et décrocha son téléphone qu'il agita vigoureusement.

— Allô!… cria-t-il. Ici, tout de suite…

3660 Il remit le récepteur en place et continua de considérer Colin avec
un regard soupçonneux.

— Quel âge avez-vous?… demanda-t-il.

— Vingt et un… dit Colin.

— C'est ce que je pensais… murmura son vis-à-vis.

3665 On frappa à la porte.

— Entrez!… cria le directeur, et sa figure se détendit.

Un homme miné par l'absorption continuelle de poussière de
papier, et dont on devinait les bronchioles[1] remplies, jusqu'à l'orifice,
de pâte cellulosique reconstituée, entra dans le bureau. Il portait un
3670 dossier sous le bras.

— Vous avez cassé une chaise… dit le directeur.

— Oui, dit le sous-directeur.

Il posa le dossier sur la table.

— On peut la réparer, vous voyez.

3675 Il se tourna vers Colin.

— Vous savez réparer les chaises?…

— Je pense… dit Colin, désorienté. Est-ce très difficile?

— J'ai usé, assura le sous-directeur, jusqu'à trois pots de colle de
bureau sans y parvenir.

3680 — Vous les paierez! dit le directeur. Je les retiendrai sur vos
appointements[2].

---

1. Bronchioles: extrémités des bronches.
2. Appointements: paye.

— Je les ai fait retenir sur ceux de ma secrétaire, dit le sous-directeur, ne vous inquiétez pas, patron.

— Est-ce, demanda timidement Colin, pour réparer les chaises
3685 que vous cherchiez quelqu'un?

— Sûrement! dit le directeur.

— Je ne me rappelle plus bien, dit le sous-directeur, mais vous ne *pouvez* pas réparer une chaise…

— Pourquoi? dit Colin.

3690 — Simplement parce que vous ne pouvez pas, dit le sous-directeur.

— Je me demande à quoi vous l'avez vu! dit le directeur.

— En particulier, dit le sous-directeur, parce que ces chaises sont irréparables, et en général parce qu'il ne me donne pas l'impression de pouvoir réparer une chaise.

3695 — Mais qu'est-ce qu'une chaise a à faire avec un emploi de bureau? demanda Colin.

— Vous vous asseyez par terre, peut-être, pour travailler, ricana le directeur.

— Mais vous ne devez pas travailler souvent, alors, renchérit le
3700 sous-directeur.

— Je vais vous dire, dit le directeur, vous êtes un fainéant.

— Voilà!… un fainéant!… approuva le sous-directeur.

— Nous, conclut le directeur, ne pouvons en aucun cas engager un fainéant.

3705 — Surtout quand nous n'avons pas de travail à lui donner, dit le sous-directeur.

— C'est absolument illogique… dit Colin, abasourdi par leurs voix de bureau.

— Pourquoi, illogique, hein? demanda le directeur.

3710 — Parce que ce qu'il faut donner à un fainéant, dit Colin, c'est justement pas de travail.

— C'est ça, dit le sous-directeur, alors vous voulez remplacer le directeur.

Ce dernier éclata de rire à cette idée.

3715 — Il est extraordinaire… dit-il.

Son visage se rembrunit et il recula encore son fauteuil.

— Emmenez-le… dit-il au sous-directeur… je vois bien pourquoi il est venu… allez, vite… Déguerpis, clampin[1] ! hurla-t-il.

Le sous-directeur se précipita vers Colin, mais celui-ci avait saisi le dossier oublié sur la table :

— Si vous me touchez, dit-il.

Il recula peu à peu vers la porte.

— Va-t'en ! criait le directeur. Suppôt de Satin[2]…

— Vous êtes un vieux con, dit Colin, et il tourna la poignée de la porte.

Il lança son dossier vers le bureau et se précipita dans le couloir. Quand il arriva dans l'entrée, l'huissier lui tira un coup de pistolet et la balle de papier fit un trou en forme de tête de mort dans le battant qui venait de se refermer.

XLV

— Je reconnais que c'est une belle pièce, dit l'antiquitaire[3] en tournant autour du pianocktail* de Colin.

— C'est de l'érable mouché[4], dit Colin.

— Je vois, dit l'antiquitaire. Je suppose qu'il marche bien.

— J'essaye de vendre ce que j'ai de mieux, dit Colin.

— Ça doit vous faire de la peine, dit l'antiquitaire en se penchant pour examiner un petit dessin du bois.

Il souffla sur quelques grains de poussière qui ternissaient l'éclat du meuble.

— Vous ne préféreriez pas gagner de l'argent par votre travail et pouvoir le conserver ?

Colin se rappela le bureau du directeur et le coup de pistolet de l'huissier, et il dit non.

---

1. Clampin : paresseux (familier).
2. Vian mélange ici à des fins humoristiques l'expression « suppôt de Satan » et *Le Soulier de satin* (1929), pièce de théâtre de Paul Claudel (1868-1955), écrivain français catholique.
3. Antiquitaire : néologisme de Vian pour désigner un antiquaire.
4. Mouché : déformation volontaire de « moucheté » (tacheté) à des fins humoristiques.

— Vous y viendrez tout de même, dit l'antiquaire, quand vous n'aurez plus rien à vendre.

3745   — Si mes frais s'arrêtaient d'augmenter, dit Colin, et il se reprit : si mes frais cessaient de croître, j'aurais assez, en vendant mes choses, pour vivre sans travailler. Vivre pas très bien, mais vivre.

— Vous n'aimez pas le travail ? dit l'antiquaire.

— C'est horrible, dit Colin. Ça rabaisse l'homme au rang de 3750 la machine.

— Et vos frais ne cessent pas de croître ? demanda l'antiquaire.

— Les fleurs coûtent très cher, dit Colin, et la vie à la montagne aussi.

— Mais, si elle guérissait ? dit l'antiquaire.

3755   — Oh ! dit Colin.

Il eut un sourire heureux.

— Ce serait si merveilleux !… murmura-t-il.

— Ce n'est pas entièrement impossible, tout de même, dit l'antiquaire.

3760   — Non ! Bien sûr !… dit Colin.

— Mais il faut du temps… dit l'antiquaire.

— Oui, dit Colin, et le soleil s'en va.

— Cela peut revenir, dit l'antiquaire, encourageant.

— Je ne crois pas, dit Colin. Ça se passe en profondeur.

3765   Il y eut un silence.

— Est-ce qu'il est garni ? demanda l'antiquaire en désignant le pianocktail.

— Oui, dit Colin. Tous les réceptacles sont pleins.

— Je joue assez bien du piano, on pourrait l'essayer.

3770   — Si vous voulez, dit Colin.

— Je vais chercher un siège…

Ils étaient au milieu de la boutique où Colin avait fait transporter son pianocktail. De tous côtés, il y avait des piles d'étranges vieux objets en forme de fauteuils, de chaises, de consoles ou d'autres 3775 meubles. Il ne faisait pas très clair et ça sentait la cire des Indes et le vibrion bleu[1]. L'antiquaire se munit d'un tabouret de bois de fer

---

1. Vibrion bleu : bactérie ayant la particularité de former des taches bleuâtres dans le lait de certains animaux de la ferme.

étamé [1] et se mit en place. Il avait retiré le bec-de-cane [2] de la porte qui de ce fait se trouvait muette et ne les dérangerait pas.

— Vous connaissez du Duke Ellington?... dit Colin.

3780 — Oui, dit l'antiquaire*. Je vais vous jouer le *Blues du Vagabond* [3].

— Je le règle à combien? dit Colin. Vous prenez trois chorus*?

— Oui, dit l'antiquaire.

— Bon! dit Colin. Ça fera un demi-litre en tout. Ça va?

— Parfait, répondit le marchand, qui commença à jouer.

3785 Il avait un toucher d'une extrême sensibilité et les notes s'envolaient, aussi aériennes que les perles de clarinette de Barney Bigard [4] dans la version de Duke.

Colin s'était assis par terre pour écouter, adossé au pianocktail*, et il pleurait de grosses larmes elliptiques et souples qui roulaient sur ses
3790 vêtements et filaient dans la poussière. La musique passait à travers lui et ressortait filtrée, et l'air qui ressortait de lui ressemblait beaucoup plus à *Chloé* qu'au *Blues du Vagabond*. Le marchand d'antiquités fredonnait un contre-chant [5] d'une simplicité pastorale [6] et balançait sa tête de côté comme un serpent à sonnettes. Il joua les trois choruses [7]
3795 et s'arrêta. Colin, heureux jusqu'au fond de l'âme, restait assis là et c'était comme quand Chloé n'était pas malade.

— Comment fait-on, maintenant? demanda l'antiquaire.

Colin se leva et ouvrit le petit panneau mobile en faisant la manœuvre, et ils prirent les deux verres remplis d'un liquide avec des
3800 irisations d'arc-en-ciel. L'antiquaire but le premier en clappant sa langue.

— C'est exactement le goût du blues, dit-il. De ce blues-là même. C'est fort, votre invention, vous savez.

— Oui, dit Colin, ça marchait très bien.

3805 — Vous savez, dit l'antiquaire, je vais sûrement vous en donner un bon prix.

---

1. Étamé: recouvert d'étain.
2. Bec-de-cane: type de loquet.
3. Pièce enregistrée par Duke Ellington en 1929, en anglais *Blues of the Vagabond*.
4. Barney Bigard (1906-1980): clarinettiste, saxophoniste et compositeur de jazz américain.
5. Contre-chant: en musique, second thème mélodique superposé au thème principal.
6. Pastorale: évoquant la vie des bergers ou la campagne.
7. Choruses: en français, « chorus » reste invariable au pluriel, donc liberté orthographique de l'auteur.

— J'en serai très content, dit Colin. Tout marche mal pour moi, maintenant.

— C'est comme ça, dit l'antiquitaire. Ça ne peut pas toujours aller bien.

— Mais ça pourrait ne pas aller toujours mal, dit Colin. On se rappelle beaucoup mieux les bons moments, alors à quoi servent les mauvais?

— Si je jouais *Misty Mornin'*? proposa l'antiquitaire. Est-ce que c'est bon?

— Oui, dit Colin, ça rend formidablement, ça donne un cocktail gris perle et vert menthe, avec un goût de poivre et de fumée.

L'antiquitaire se remit au piano et joua *Misty Mornin'*, ils le burent, puis il joua encore *Blue Bubbles* [1] et s'arrêta car il commençait à jouer deux notes à la fois, et Colin à entendre quatre airs différents d'un coup. Colin ferma le couvercle du piano avec précaution.

— Alors, dit l'antiquitaire, on parle affaires, maintenant.

— Voui… dit Colin.

— Votre pianocktail est un truc fantastique, dit l'antiquitaire. Je vous en offre trois mille doublezons*.

— Non, dit Colin, c'est trop.

— J'insiste… dit l'antiquitaire.

— Mais c'est idiot, dit Colin. Je ne veux pas. Deux mille, si vous voulez.

— Non, dit l'antiquitaire, remportez-le, je refuse.

— Je ne peux pas vous le vendre trois mille, dit Colin. C'est un vol.

— Mais non!… insista l'antiquitaire. Je peux le revendre quatre mille la minute d'après.

— Vous savez bien que vous le garderez, dit Colin.

— Évidemment, dit l'antiquitaire. Écoutez, coupons la poire en deux. Deux mille cinq cents doublezons.

— Allons, dit Colin, d'accord. Mais qu'est-ce qu'on va faire des deux moitiés de cette sacrée poire?

— Voilà… dit l'antiquitaire.

Colin prit l'argent et le mit soigneusement dans son portefeuille. Il titubait un peu.

---

1. *Misty Mornin'* et *Blue Bubbles* sont deux pièces enregistrées par Duke Ellington en 1927.

— Je tiens pas bien, dit-il.

— Naturellement, dit l'antiquaire*, vous viendrez écouter un coup avec moi de temps en temps.

3845 — Promis! dit Colin. Maintenant, faut que je m'en aille. Nicolas va m'engueuler.

— Je vous raccompagne un bout, dit l'antiquaire. J'ai une course à faire.

— C'est aimable à vous! dit Colin.

3850 Ils sortirent. Le ciel bleu-vert pendait presque jusqu'au pavé et de grandes taches blanches marquaient sur le sol la place où des nuages venaient de se fracasser.

— Il y a eu de l'orage! dit l'antiquaire.

Ils firent quelques mètres ensemble et le compagnon de Colin s'ar-
3855 rêta devant un bazar.

— Attendez-moi une minute! dit-il. Je reviens.

Il entra. À travers la vitre, Colin le vit choisir un objet qu'il regarda attentivement par transparence et enfouit dans sa poche.

— Voilà… dit-il en refermant la porte.

3860 — C'était quoi? demanda Colin.

— Un niveau d'eau, répondit l'antiquaire. J'ai l'intention de me jouer tout mon répertoire sitôt que je vous aurai raccompagné, et j'ai à marcher par la suite.

XLVI

Nicolas regardait son four. Il était assis devant, avec un ringard[1] et
3865 une lampe à souder, et il vérifiait l'intérieur. Le four s'avachissait un peu sur le dessus et les tôles mollissaient, prenant la consistance de tranches de gruyère minces. Il entendit les pas de Colin dans le couloir et se redressa sur son siège. Il se sentait fatigué. Colin poussa la porte et entra. Il avait l'air content.

3870 — Alors? demanda Nicolas. Ça a été?

— Je l'ai vendu, dit Colin. Deux mille cinq cents.

---

1. Ringard: tige de fer pour attiser le feu ou nettoyer l'âtre.

— Doublezons*? dit Nicolas.

— Oui! dit Colin.

— Inespéré!...

3875 — Je ne m'y attendais pas non plus. Tu regardais ton four?

— Oui, dit Nicolas, il est en train de se transformer en marmite à charbon de bois, et je me demande foutre comment ça se fait.

— C'est très bizarre, dit Colin, mais ça ne l'est pas plus que le reste. Tu as vu le couloir?

3880 — Oui, dit Nicolas. Ça devient du sapin.

— Je voulais te dire, dit Colin, que je ne veux plus que tu restes ici.

— Il y a une lettre, dit Nicolas.

— De Chloé?

— Oui, dit Nicolas. Sur la table.

3885 En décachetant la lettre, Colin entendait la douce voix de Chloé et il n'eut qu'à écouter pour la lire; il y avait dedans:

« Mon Colin chéri,

Je vais bien, il fait beau, le seul ennui, c'est les taupes de neige, c'est des bêtes qui rampent entre la neige et la terre, elles ont de la fourrure
3890 orange et crient fort le soir, elles font des gros monticules de neige et on tombe dessus. Il y a plein de soleil et je vais revenir bientôt. »

— C'est des bonnes nouvelles, dit Colin. Alors tu vas aller chez les Ponteauzanne.

— Non, dit Nicolas.

3895 — Si, dit Colin. Ils ont besoin d'un cuisinier et moi je nè veux pas que tu restes ici, tu vieillis trop, et je t'ai dit que j'ai signé pour toi.

— Et la souris, dit Nicolas, qui lui donnera à manger?

— Je m'en occuperai, dit Colin.

— C'est pas possible, dit Nicolas. Et puis je ne suis plus dans
3900 le coup.

— Mais si, dit Colin. C'est l'atmosphère d'ici qui t'écrase. Aucun de vous ne peut tenir.

— Tu dis toujours ça, dit Nicolas, et ça n'explique rien.

— Enfin, dit Colin, là n'est pas la question.

3905 Nicolas se leva et s'étira. Il avait l'air triste.

— Tu ne fais plus rien d'après Gouffé, dit Colin. Tu négliges ta cuisine. Tu te laisses aller.

— Mais non, protesta Nicolas.

— Laisse-moi continuer, dit Colin. Tu ne t'habilles plus le
3910 dimanche, et tu ne te rases plus tous les matins.

— C'est pas un crime… dit Nicolas.

— C'est un crime, dit Colin. Je ne peux pas te payer à ta valeur,
mais actuellement, ta valeur baisse et c'est un peu de ma faute.

— C'est pas vrai, dit Nicolas. C'est pas de ta faute si tu es embêté.

3915 — Si, dit Colin, c'est parce que je me suis marié, et parce que…

— C'est idiot, dit Nicolas. Qui est-ce qui fera la cuisine ?

— Moi, dit Colin.

— Mais tu vas travailler. Tu n'auras pas le temps.

— Non, je ne travaillerai pas. J'ai tout de même vendu mon pia-
3920 nocktail* pour deux mille cinq cents doublezons*.

— Oui, dit Nicolas, tu es bien avancé, avec ça.

— Tu vas aller chez les Ponteauzanne, dit Colin.

— Oh, dit Nicolas, tu m'embêtes. J'irai. Mais c'est pas chic de ta part.

— Tu reprendras tes bonnes manières.

3925 — Tu as assez protesté contre mes bonnes manières…

— Oui, dit Colin, parce qu'avec moi, c'était pas la peine.

— Tu m'embêtes, dit Nicolas. Tu m'embêtes et tu m'embêtes.

XLVII

Colin entendit frapper à la porte de l'entrée et se hâta. Une de ses
pantoufles avait un gros trou et il dissimula son pied sous le tapis.

3930 — C'est haut, chez vous, dit Mangemanche en entrant.

Il émettait un souffle compact.

— Bonjour, docteur, dit Colin en rougissant, parce qu'il était
obligé de montrer son pied.

— Vous avez changé d'appartement, dit le professeur. C'était
3935 moins loin, avant.

— Mais non, dit Colin. C'est le même.

— Mais non, dit le professeur. Quand vous faites une plaisanterie,
vous avez intérêt à avoir l'air plus sérieux et à trouver des réponses
plus spirituelles.

3940 — Oui ? dit Colin… Certainement.

— Comment ça va, la malade ? dit le professeur.

— C'est mieux, dit Colin. Elle a meilleure mine et elle n'a plus mal.

— Hum… dit le professeur. C'est louche.

Il passa, suivi de Colin, dans la chambre de Chloé et baissa la tête
3945 pour ne pas se heurter au chambranle[1], mais celui-ci s'infléchit au
même moment et le professeur émit un gros juron. Chloé, dans son
lit, riait en voyant l'entrée du professeur.

La chambre était parvenue à des dimensions assez réduites. Le tapis,
contrairement à celui des autres pièces, avait épaissi et le lit reposait
3950 maintenant dans une petite alcôve[2] avec des rideaux de satin. La
grande baie était complètement divisée en quatre petites fenêtres
carrées par les pédoncules* de pierre qui avaient fini de pousser. Il y
régnait une lumière un peu grise, mais propre. Il faisait chaud.

— Vous me direz encore que vous n'avez pas changé d'apparte-
3955 ment, hein, dit Mangemanche.

— Je vous jure, docteur… commença Colin.

Il s'arrêta car le professeur le regardait d'un air inquiet et soupçonneux.

— Je plaisantais… termina-t-il en riant.

3960 Mangemanche s'approcha du lit.

— Alors, dit-il, découvrez-vous, je vais vous ausculter.

Chloé entrouvrit son mantelet de duvet.

— Ah !… dit Mangemanche, ils vous ont opérée, là-bas.

— Oui… répondit Chloé.

3965 Elle avait sous le sein droit une petite cicatrice parfaitement ronde.

— Ils l'ont retiré par là quand il est mort, dit le professeur.
Était-il grand ?

— Un mètre, je crois, dit Chloé. Avec une grosse fleur de vingt
centimètres.

3970 — Sale truc, marmotta le professeur. Vous n'avez pas eu de chance,
de cette taille-là, ce n'est pas courant.

— Ce sont les autres fleurs qui l'ont fait mourir, dit Chloé. En particulier une fleur de vanillier qu'ils m'ont amenée à la fin.

---

1. Chambranle : cadre de la porte.
2. Alcôve : dans une chambre, enfoncement servant à mettre le lit.

— C'est étrange, dit le professeur. Je n'aurais pas cru que le vanillier
3975 puisse produire un effet. Je pensais plutôt au genévrier ou à l'acacia. La
médecine, vous savez, c'est un jeu d'andouilles [1], conclut-il.

— Certainement, dit Chloé.

Le professeur l'auscultait. Il se releva.

— Ça va, dit-il. Évidemment, ça a laissé des traces.

3980 — Oui ? dit Chloé.

— Oui, dit le professeur. Vous avez actuellement un poumon complètement arrêté, ou presque.

— Ça ne me gêne pas, dit Chloé. Si l'autre est bon.

— Si vous attrapez quelque chose à l'autre, dit le professeur, ce sera
3985 ennuyeux pour votre mari.

— Pas pour moi ? demanda Chloé.

— Plus pour vous, dit le professeur.

Il se releva [2].

— Je ne veux pas vous faire peur inutilement, mais faites bien
3990 attention.

— Je fais bien attention !… dit Chloé.

Ses yeux s'agrandissaient. Elle passa une main timide dans
ses cheveux.

— Comment est-ce que je peux faire pour être sûre de ne rien
3995 attraper d'autre ?… dit-elle, et sa voix pleurait presque.

— Ne vous troublez pas, mon petit, dit le professeur. Il n'y a
aucune raison pour que vous attrapiez quelque chose d'autre.

Il regarda autour de lui.

— J'aimais mieux votre premier appartement. Il avait l'air plus sain.

4000 — Oui, dit Colin, mais ce n'est pas notre faute…

— Qu'est-ce que vous faites dans la vie, vous ? demanda
le professeur.

— J'apprends des choses, dit Colin. Et j'aime Chloé.

— Votre travail ne vous rapporte rien ? demanda le professeur.

4005 — Non, dit Colin, je ne fais pas un travail au sens où les
gens l'entendent.

---

1. Jeu d'andouilles : jeu d'idiots.
2. Étrangement, Vian écrit une deuxième fois cette phrase.

— Le travail est une chose infecte, je sais bien, murmura le professeur, mais, ce qu'on choisit de faire, évidemment ne peut pas rapporter puisque...

4010   Il s'interrompit.

— Vous m'aviez montré la dernière fois un appareil qui donnait des résultats étonnants. L'avez-vous encore par hasard?

— Non, dit Colin, je l'ai vendu. Mais je peux vous offrir à boire tout de même.

4015   Mangemanche passa les doigts dans le col de sa chemise jaune et se gratta le cou.

— Je vous suis. Au revoir, jeune dame, dit-il.

— Au revoir, docteur, dit Chloé.

Elle se coula tout au fond du lit et ramena les couvertures sous son
4020   cou. Sa figure était claire et tendre sur les draps bleu lavande ourlés[1] de pourpre.

XLVIII

Chick passa la poterne[2] de contrôle et donna sa carte à pointer à la machine. Comme d'habitude, il trébucha sur le seuil de la porte métallique du passage d'accès aux ateliers et une bouffée de vapeur et
4025   de fumée noire le frappa violemment à la face. Les bruits commençaient à lui parvenir : sourd vrombissement des turboalternateurs généraux, chuintement des ponts roulants sur les poutrelles entretoisées, vacarme des vents violents de l'atmosphère se ruant sur les tôles de la toiture. Le passage était très sombre, éclairé tous les six mètres
4030   par une ampoule rougeâtre dont la lumière ruisselait paresseusement sur les objets lisses, s'accrochant, pour les contourner, aux rugosités des parois et du sol. Sous ses pieds, la tôle bosselée était chaude, crevée par endroits, et l'on apercevait par les trous la gueule rouge sombre des fours de pierre, tout en bas. Les fluides passaient en ronflant dans
4035   de gros tuyaux peints en gris et rouge, au-dessus de sa tête, et à chaque

---

1. Ourlés: entourés d'un ourlet (rebord).
2. Poterne: passage discret creusé dans la muraille d'un château. Employé ici comme synonyme fantaisiste de « porte » ou de « poste ».

pulsation du cœur mécanique que les chauffeurs mettaient sous pression, la charpente s'infléchissait légèrement vers l'avant avec un faible retard et une vibration profonde. Des gouttes se formaient sur la paroi, se détachant parfois lors d'une pulsation plus forte
4040 et quand une de ces gouttes lui tombait sur le cou, Chick frissonnait. C'était une eau terne et qui sentait l'ozone. Le passage tournait tout au bout, et le sol, à claire-voie* maintenant, dominait les ateliers.

En bas, devant chaque machine trapue, un homme se débattait, luttant pour ne pas être déchiqueté par les engrenages avides. Au pied
4045 droit de chacun, un lourd anneau de fer était fixé ; on ne l'ouvrait que deux fois par jour, au milieu de la journée et le soir. Ils disputaient aux machines les pièces métalliques qui sortaient en cliquetant des étroits orifices ménagés sur le dessus. Les pièces retombaient presque immé- diatement, si on ne les recueillait pas à temps, dans la gueule grouil-
4050 lante de rouages, où s'effectuait la synthèse.

Il y avait des appareils de toutes les tailles. Chick connaissait bien ce spectacle. Il travaillait au bout de l'un des ateliers et devait contrôler la bonne marche des machines et donner aux hommes des indications pour les remettre en état lorsqu'elles s'arrêtaient après
4055 leur avoir arraché un morceau de chair.

Pour purifier l'atmosphère, de longs jets d'essences traversaient obliquement la pièce, luisants de reflets, par places, et condensant autour d'eux les poussières et les fumées de métal et d'huile chaude qui montaient en colonnes droites et minces au-dessus de chaque
4060 machine. Chick releva la tête, les tuyaux le suivaient toujours. Il arriva à la cage de la plate-forme de descente, entra et referma la porte der- rière lui. Il tira de sa poche un livre de Partre, pressa le bouton de commande et se mit à lire en attendant d'atteindre le sous-sol.

Le choc sourd de la plate-forme sur le butoir de métal le tira de sa
4065 torpeur. Il sortit et gagna son bureau, une boîte vitrée et faiblement éclairée d'où il pouvait surveiller les ateliers. Il s'assit, rouvrit son livre et reprit sa lecture, engourdi par la pulsation des fluides et la rumeur grondante des machines.

Une discordance dans le vacarme lui fit soudain lever les yeux. Il
4070 cherchait d'où provenait le bruit suspect. Un des jets de purification venait de s'arrêter net au milieu de la salle et restait en l'air comme

tranché en deux. Les quatre machines qu'il avait cessé de desservir trépidaient, on les voyait remuer à distance, et devant chacune d'elles, une forme s'affaissa peu à peu. Chick posa son livre et se rua au-
4075 dehors. Il courut vers le tableau de manœuvre des jets et baissa rapidement une poignée. Le jet brisé restait immobile, on eût dit une lame de faux, et les fumées des quatre machines montaient en l'air en tourbillonnant. Il abandonna le tableau et se précipita vers les machines. Elles s'arrêtaient lentement. Les hommes qui y étaient affectés gisaient
4080 à terre. Leur jambe droite repliée formait un angle bizarre à cause de l'anneau de fer et leurs quatre mains droites étaient sectionnées au poignet. Le sang brûlait au contact du métal de la machine et répandait dans l'air une odeur horrible de bête vivante carbonisée.

Chick, au moyen de sa clé, défit les anneaux qui retenaient les corps
4085 et étendit ceux-ci devant les machines. Il regagna son bureau et commanda, par téléphone, les brancardiers[1] de service ; il revint ensuite près du tableau de manœuvre et tenta de remettre le jet en marche. Rien n'y faisait : le liquide partait bien droit mais arrivé au niveau de la quatrième machine, disparaissait sur place, et l'on apercevait la
4090 tranche du jet, aussi nette que s'il eût été sectionné d'un coup de hache.

Tâtant, avec ennui, son livre dans sa poche, il se dirigea vers le Bureau Central. Au moment de quitter l'atelier, il s'effaça pour laisser passer les brancardiers qui avaient empilé les quatre corps sur un petit chariot électrique et s'apprêtaient à les déverser dans le Collec-
4095 teur Général.

Il suivit un nouveau couloir. Loin devant lui, le petit chariot vira avec un ronronnement doux, en laissant échapper quelques étincelles blanches. Le plafond très bas répercutait le bruit de sa marche sur le métal. Le sol montait un peu. Pour arriver au Bureau Central, il fallait
4100 longer trois autres ateliers et Chick suivait distraitement sa route. Il parvint enfin au bloc principal et entra chez le chef du personnel.

— Il y a une avarie[2] aux numéros sept cent neuf, dix, onze et douze, signala-t-il à une secrétaire derrière un guichet. Les quatre hommes à remplacer, et les machines à enlever, je pense. Puis-je parler
4105 au chef du personnel ?

---

1. Brancardiers : porteurs de brancards (civières).
2. Avarie : dommage.

La secrétaire manœuvra quelques poussoirs rouges sur un tableau d'acajou verni et dit : « Entrez, il vous attend. »

Chick entra et s'assit. Le chef du personnel le regarda, l'air interrogateur.

4110   — Il me faut quatre hommes, dit Chick.

— Bon, dit le chef du personnel. Demain vous les aurez.

— Un des jets de purification ne fonctionne plus, ajouta-t-il.

— Ça ne me regarde pas, dit le chef du personnel. Voyez à côté.

Chick sortit et remplit les mêmes formalités avant d'entrer chez le
4115 chef du matériel.

— Un des jets de purification du sept cents ne marche plus, dit-il.

— Plus du tout ?

— Il ne va pas jusqu'au bout, dit Chick.

— Vous n'avez pas pu le remettre en marche ?

4120   — Non, dit Chick. Il n'y a rien à faire.

— Je vais examiner votre atelier, dit le chef du matériel.

— Mon rendement baisse, dit Chick. Faites vite.

— Ça ne me regarde pas, dit le chef du matériel, voyez le chef de la production.

4125   Chick gagna le bloc voisin et entra chez le chef de la production. Il y avait un bureau violemment éclairé et derrière le bureau, fixé au mur, un grand tableau de verre dépoli sur lequel l'extrémité d'une ligne rouge se déplaçait très lentement vers la droite comme une chenille au bord d'une feuille ; les aiguilles de gros niveaux circu-
4130 laires à lunette chromée disposées sous le tableau tournaient encore plus lentement.

— Votre production baisse de 0,7 %, dit le chef. Qu'est-ce qu'il y a ?

— Quatre machines hors circuit, dit Chick.

— À 0,8 vous êtes renvoyé, dit le chef de la production.

4135   Il consulta le niveau en pivotant sur son fauteuil chromé.

— 0,78, dit-il. À votre place, je me préparerais déjà.

— C'est la première fois que ça m'arrive, dit Chick.

— Je regrette, dit le chef de la production. Peut-être pourra-t-on vous changer de service.

4140   — Je n'y tiens pas, dit Chick. Je ne tiens pas à travailler. Je n'aime pas ça.

— Personne n'a le droit de dire ça, dit le chef de la production. Vous êtes renvoyé, ajouta-t-il.

— Je n'y pouvais rien, dit Chick. Qu'est-ce que c'est que la justice ?

4145 — Jamais entendu parler, dit le chef de la production. J'ai du travail, il faut dire.

Chick quitta le bureau. Il retourna chez le chef du personnel.

— Puis-je être payé ? demanda-t-il.

— Quel numéro ? demanda le chef du personnel.

4150 — Atelier 700. Ingénieur.

— Bon.

Il se tourna vers sa secrétaire et dit : « Faites le nécessaire. » Puis, parla dans son transmetteur intérieur. Allô ! dit-il. Un ingénieur de rechange type 5 pour l'atelier 700.

4155 — Voilà, dit la secrétaire en donnant une enveloppe à Chick. Il y a vos cent dix doublezons*.

— Merci, dit Chick, et il s'en alla.

Il croisa l'ingénieur qui allait le remplacer, un jeune homme maigre, blond, l'air fatigué. Il se dirigea vers l'ascenseur le plus proche
4160 et pénétra dans la cabine.

XLIX

— Entrez ! cria le tourneur de disques.

Il regarda vers la porte. C'était Chick.

— Bonjour, dit Chick. Je reviens vous voir pour ces enregistrements que je vous avais apportés.

4165 — Je récapitule, dit l'autre. Pour les trente faces, confection des outils, gravure au pantographe[1] de vingt exemplaires numérotés de chaque face, ça vous fait l'un dans l'autre, cent huit doublezons. Je vous les laisse à cent cinq.

— Voilà, dit Chick. J'ai un chèque de cent dix doublezons, je vous
4170 l'endosse et rendez-moi cinq doublezons.

— D'accord, dit le tourneur de disques.

---

1. Pantographe : appareil servant à la reproduction d'images.

Il ouvrit son tiroir et donna à Chick un billet de cinq doublezons*
tout neuf. Les yeux de Chick s'éteignaient dans sa figure.

L

Isis descendit. Nicolas conduisait la voiture. Il regarda sa montre et
4175 la suivit des yeux tandis qu'elle pénétrait dans la maison de Colin
et Chloé. Il avait un uniforme neuf de gabardine ① blanche et une casquette de cuir blanc. Il était rajeuni, mais son expression inquiète
trahissait un désarroi profond.

L'escalier diminuait brusquement de largeur à l'étage de Colin et
4180 Isis pouvait toucher à la fois la rampe et la paroi froide sans écarter les
bras. Le tapis n'était plus qu'un léger duvet qui couvrait à peine le
bois. Elle atteignit le palier, haleta un peu et sonna.

Personne ne vint ouvrir. Il n'y avait aucun bruit dans l'escalier,
sinon de temps à autre un léger craquement suivi d'un éclabousse-
4185 ment humide lorsqu'une marche se détendait.

Isis sonna de nouveau. Elle percevait, de l'autre côté de la porte, le
léger frisson du marteau d'acier sur le métal. Elle secoua un peu la
porte qui s'ouvrit d'un coup.

Elle entra et trébucha sur Colin. Il reposait allongé par terre, la
4190 figure sur le sol, de côté, et les bras en avant. Ses yeux étaient fermés.
Dans l'entrée, il faisait sombre. Autour de la fenêtre, on voyait un halo
de clarté qui ne pénétrait pas. Il respirait doucement. Il dormait.

Isis se baissa, s'agenouilla près de lui et lui caressa la joue. Sa peau
frémit légèrement et ses yeux bougèrent sous ses paupières, il regarda
4195 Isis et parut se rendormir. Isis le secoua un peu, il s'assit, passa la main
sur sa bouche et dit :

— Je dormais.

— Oui, dit Isis. Tu ne dors plus dans ton lit ?

— Non, dit Colin. Je voulais rester là pour attendre le docteur et
4200 aller chercher des fleurs.

Il avait l'air complètement désorienté.

---

1. Gabardine : tissu côtelé, de laine ou de coton.

— Qu'est-ce qu'il y a ? dit Isis.

— Chloé, dit Colin, elle tousse de nouveau.

— C'est un peu d'irritation qui reste, dit Isis.

4205   — Non, dit Colin, c'est l'autre poumon.

Isis se releva et courut vers la chambre de Chloé. Le bois du parquet giclait sous ses pas. Elle ne reconnaissait pas la chambre. Sur son lit, Chloé, la tête à demi cachée dans l'oreiller, toussait sans bruit, mais sans interruption. Elle se redressa un peu en entendant Isis entrer et
4210 reprit haleine. Elle eut un faible sourire quand Isis s'approcha d'elle, s'assit sur le lit et la prit dans ses bras comme un bébé malade.

— Tousse pas, ma Chloé, murmura Isis.

— Tu as une jolie fleur… dit Chloé dans un souffle en respirant le gros œillet rouge piqué dans les cheveux d'Isis. Ça fait du bien…
4215 ajouta-t-elle.

— Tu es encore malade ? dit Isis.

— C'est l'autre poumon, je crois, dit Chloé.

— Mais non, dit Isis. C'est le premier qui te fait encore un peu tousser.

4220   — Non, dit Chloé. Où est Colin, il est parti me chercher des fleurs ?

— Il va venir, dit Isis. Je l'ai rencontré. A-t-il de l'argent ? ajouta-t-elle.

— Oui, dit Chloé, il en a encore un peu… À quoi ça sert, ça n'empêche rien.

— Tu as mal ? demanda Isis.

4225   — Oui, dit Chloé, mais pas beaucoup. La chambre a changé, tu vois.

— Je l'aime mieux comme ça, dit Isis. C'était trop grand avant.

— Comment sont les autres chambres ? dit Chloé.

— Oh, bien, dit Isis évasivement.

Elle se rappelait encore la sensation du parquet froid comme
4230 un marécage.

— Ça m'est égal que ça change, dit Chloé, du moment qu'il fait chaud et que ça reste confortable.

— Sûr ! dit Isis. C'est plus gentil, un petit appartement.

— La souris reste avec moi, dit Chloé. Tu la vois, là-bas, dans le
4235 coin ? Je ne sais pas ce qu'elle fabrique. Elle ne voulait plus aller dans le couloir.

— Oui, dit Isis.

— Donne encore ton œillet, dit Chloé, ça fait du bien.

Isis le détacha de sa chevelure et le donna à Chloé qui l'approcha
de ses lèvres et le respira à longs traits.

— Comment va Nicolas? dit-elle.

— Bien, dit Isis. Mais il n'est plus gai comme avant. Je t'apporterai
d'autres fleurs quand je reviendrai.

— Je l'aimais bien, Nicolas, dit Chloé. Tu ne vas pas l'épouser?

— Je ne peux pas… murmura Isis. Je ne suis pas à sa hauteur.

— Ça ne fait rien, dit Chloé, si il t'aime.

— Mes parents n'osent pas lui en parler, dit Isis. Oh!…

L'œillet blêmissait soudain, se fripa, parut se dessécher; il tombait
maintenant en fine poussière sur la poitrine de Chloé.

— Oh! dit Chloé à son tour. Je vais tousser encore. Tu as vu?…

Elle s'interrompit pour porter la main à sa bouche. Une quinte
violente la ressaisit.

— C'est… cette chose que j'ai… qui les fait toutes… mourir…
balbutia-t-elle.

— Ne parle pas, dit Isis. Ça n'a aucune importance, Colin va
en rapporter.

Le jour était bleu dans la chambre et presque vert aux angles. Il n'y
avait pas encore trace d'humidité et le tapis restait assez haut, mais
une des quatre fenêtres carrées se fermait presque complètement. Isis
entendit le bruit humide des pas de Colin dans l'entrée.

— Le voilà! dit-elle. Il t'en rapporte sûrement.

Colin apparut. Il avait une grosse gerbe de lilas dans les bras.

— Tiens, ma Chloé, dit-il, prends-les.

Elle tendit les bras.

— Tu es gentil, mon chéri, dit-elle.

Elle posa le bouquet sur le second oreiller, se tourna sur le côté et
enfouit sa figure dans les grappes blanches et sucrées.

Isis se levait.

— Tu t'en vas? dit Colin.

— Oui, dit Isis, on m'attend. Je reviendrai avec des fleurs.

— Tu serais gentille de venir demain matin, dit Colin, il faut que
j'aille chercher du travail et je ne veux pas la laisser toute seule avant
d'avoir revu le docteur.

— Je viendrai… dit Isis.

4275   Elle se pencha un peu, avec précaution, et elle embrassa Chloé sur sa joue si tendre. Chloé leva la main et caressa la figure d'Isis, mais elle ne tourna pas la tête. Elle respirait avidement le parfum des lilas qui se déployait en volutes[1] lentes autour de ses cheveux brillants.

LI

Colin cheminait péniblement le long de la route. Elle s'enfonçait
4280 de biais entre des levées de terre surmontées de dômes de verre qui prenaient au jour un éclat glauque[2] et incertain.

De temps à autre, il levait la tête et lisait les plaques pour s'assurer qu'il avait pris la bonne direction et il voyait alors le ciel rayé transversalement de marron sale et de bleu.

4285   Loin devant, il pouvait apercevoir, au-dessus des talus, les cheminées alignées de la serre principale.

Il avait, dans sa poche, le journal sur lequel on demandait des hommes de vingt à trente ans, pour préparer la défense du pays. Il marchait le plus vite possible, mais ses pieds enfonçaient dans la terre
4290 chaude qui, partout, reprenait lentement possession des constructions et de la route.

On ne voyait pas de plantes ; surtout de la terre, en blocs informes, amoncelés des deux côtés, formant des remblais[3] rapides en équilibre instable, et parfois une lourde masse oscillait, roulait le long du talus
4295 et s'abattait mollement sur la surface du chemin.

À certains endroits, les remblais s'abaissaient et Colin distinguait, à travers les vitres troubles des dômes, des formes bleu sombre qui s'agitaient vaguement sur un fond plus clair.

Il pressa le pas, arrachant ses pieds des trous qu'ils formaient dans
4300 le sol. La terre se resserrait aussitôt, comme un muscle circulaire, et il ne subsistait plus qu'une faible dépression à peine marquée, elle s'effaçait presque immédiatement.

---

1. Volutes : spirales.
2. Glauque : sinistre.
3. Remblais : amoncellements de terre.

Les cheminées se rapprochaient. Colin sentait son cœur virer dans sa poitrine comme une bête enragée. Il serra le journal à travers l'étoffe de sa poche.

Le sol glissait et se dérobait sous ses pieds mais il enfonçait moins et la route durcissait perceptiblement. Il aperçut la première cheminée tout près de lui fichée en terre comme un pal[1]. Des oiseaux foncés tournaient autour du sommet d'où s'échappait une mince fumée verte. À la base de la cheminée, un renflement arrondi assurait sa stabilité. Les bâtiments commençaient un peu plus loin. Il n'y avait qu'une porte.

Il entra, gratta ses pieds sur une grille luisante aux lames acérées et suivit un couloir bas bordé par des lampes à lumière pulsée. Le carrelage était de briques rouges et la partie supérieure des murs était, ainsi que le plafond, garnie de plaques de verre de plusieurs centimètres d'épaisseur à travers lesquelles on entrevoyait des masses sombres et immobiles. Tout au bout du couloir, il y avait une porte. Elle portait le numéro indiqué dans le journal et il entra sans frapper comme le recommandait l'annonce.

Un vieil homme en blouse blanche, les cheveux embroussaillés, lisait un manuel derrière son bureau. Des armes variées pendaient au mur, des lumelles[2] brillantes, des fusils à feu, des lance-mort de divers calibres et une collection complète d'arrache-cœurs[3] de toutes les tailles.

— Bonjour, monsieur, dit Colin.

— Bonjour, monsieur, dit l'homme.

Sa voix était cassée et épaissie par l'âge.

— Je viens pour l'annonce, dit Colin.

— Ah? dit l'homme. Il y a un mois qu'elle passe sans résultats. C'est un travail assez dur, vous savez.

— Oui, dit Colin. Mais c'est bien payé.

— Mon Dieu! dit l'homme, cela vous use, voyez-vous et cela ne vaut peut-être pas le prix, mais ce n'est pas à moi de dénigrer mon administration. D'ailleurs vous voyez que je suis encore en vie.

---

1. Pal: pieu.
2. Lumelles: lames (régionalisme normand).
3. Les lance-mort et les arrache-cœurs sont des armes fictives inventées par Vian.

— Vous travaillez depuis longtemps? dit Colin.

— Un an, dit l'homme. J'ai vingt-neuf ans.

Il passa une main ridée et tremblante à travers les plis de son visage.

— Et maintenant, je suis arrivé, voyez-vous. Je peux rester à mon
4340 bureau et lire le manuel toute la journée.

— J'ai besoin d'argent, dit Colin.

— Cela est fréquent, dit l'homme, mais le travail vous rend philosophe. Au bout de trois mois vous en aurez moins besoin.

— C'est pour soigner ma femme, dit Colin.

4345 — Ah? Oui? dit l'homme.

— Elle est malade, expliqua Colin. Je n'aime pas le travail.

— Je regrette pour vous, dit l'homme. Quand une femme est malade, elle n'est plus bonne à rien.

— Je l'aime, dit Colin.

4350 — Sans doute, dit l'homme, sans ça vous ne voudriez pas travailler. Je vais vous indiquer votre poste. C'est à l'étage au-dessus.

Il guida Colin à travers des passages nets aux voûtes surbaissées et des escaliers de briques rouges, jusqu'à une porte, voisine d'autres portes, qui était marquée d'un symbole.

4355 — Voila, dit l'homme. Entrez, je vais vous expliquer le travail.

Colin entra. La pièce était petite, carrée. Les murs et le sol étaient de verre. Sur le sol, reposait un gros massif de terre en forme de cercueil, mais très épais, un mètre au moins. Une lourde couverture de laine était roulée à côté, par terre. Aucun meuble. Une petite niche
4360 pratiquée dans le mur renfermait un coffret de fer bleu. L'homme alla vers le coffret et l'ouvrit. Il en retira douze objets brillants et cylindriques avec un trou minuscule au milieu.

— La terre est stérile, vous savez ce que c'est, dit l'homme, il faut des matières de premier choix pour la défense du pays. Mais pour que
4365 les canons de fusil poussent régulièrement et sans distorsion, on a constaté depuis longtemps qu'il faut la chaleur humaine. Pour toutes les armes, c'est vrai, d'ailleurs.

— Oui, dit Colin.

— Vous pratiquez douze petits trous dans la terre, dit l'homme,
4370 répartis au niveau du cœur et du foie, et vous vous étendrez sur la terre après vous être déshabillé. Vous vous recouvrirez avec l'étoffe de

laine stérile qui est là, et vous vous arrangerez pour dégager une chaleur parfaitement régulière.

Il eut un rire cassé et se tapa la cuisse droite.

4375 — J'en faisais quatorze les vingt premiers jours de chaque mois. Ah! j'étais fort!…

— Alors? demanda Colin.

— Alors vous restez comme ça vingt-quatre heures et au bout de vingt-quatre heures, les canons de fusil ont poussé, on vient les retirer,
4380 on arrose la terre d'huile et vous recommencez.

— Ils poussent vers le bas? dit Colin.

— Oui, c'est éclairé en dessous… dit l'homme, ils ont un phototropisme positif [1] mais ils poussent vers le bas parce qu'ils sont plus lourds que la terre, alors on éclaire surtout en dessous pour ne pas
4385 qu'il y ait de distorsion.

— Et les rayures? dit Colin.

— Ceux de cette espèce-là poussent tout rayés, dit l'homme. Ce sont des graines sélectionnées.

— À quoi servent les cheminées? demanda Colin.

4390 — C'est pour l'aération, dit l'homme, et la stérilisation des couvertures et des bâtiments. Ce n'est pas la peine de prendre des précautions spéciales parce que c'est fait très énergiquement.

— Ça ne marche pas avec une chaleur artificielle? dit Colin.

— Mal, dit l'homme. Il leur faut la chaleur humaine pour bien
4395 grandir.

— Vous employez des femmes? dit Colin.

— Elles ne peuvent pas faire ce travail, dit l'homme, elles n'ont pas la poitrine assez plate pour que leur chaleur se répartisse bien. Je vais vous laisser travailler.

4400 — Je gagnerai bien dix doublezons* par jour? dit Colin.

— Certainement, dit l'homme, et une prime si vous dépassez douze canons.

Il quitta la pièce et ferma la porte. Colin tenait les douze graines dans sa main. Il les posa à côté de lui et commença à se déshabiller. Il
4405 avait les yeux fermés et ses lèvres tremblaient de temps en temps.

---

1. Phototropisme positif: attirance poussant certains végétaux à croître en direction de la lumière.

LII

— Je ne sais pas ce qui se passe, dit l'homme. Cela marchait bien au début. Mais, avec les derniers, nous ne pourrons faire que des armes spéciales.

— Vous allez me payer tout de même ? demanda Colin, inquiet.

4410 Il devait toucher soixante-dix doublezons et une prime de dix doublezons. Il avait fait de son mieux mais le contrôle des canons révélait certaines anomalies.

— Voyez vous-même… dit l'homme.

Il tenait un des canons devant lui et montrait à Colin l'extré-
4415 mité évasée.

— Je ne comprends pas, dit Colin. Les premiers étaient parfaitement cylindriques.

— Bien entendu, on peut les utiliser à faire des tromblons [1] à feu, dit l'homme, mais c'est le modèle d'il y a cinq guerres et nous en pos-
4420 sédons déjà un gros stock. C'est ennuyeux.

— Je fais de mon mieux, dit Colin.

— Certainement, dit l'homme. Je vais vous donner vos quatre-vingts doublezons.

Il prit dans le tiroir de son bureau une enveloppe cachetée.

4425 — Je l'ai fait porter ici pour vous éviter d'aller au service de paiement, dit-il, cela prend quelquefois des mois pour obtenir son argent et vous aviez l'air pressé.

— Je vous remercie, dit Colin.

— Je n'ai pas encore examiné votre production d'hier, dit l'homme.
4430 Elle va arriver tout de suite. Vous ne voulez pas attendre un instant ?

Sa voix chevrotante et boiteuse était une souffrance pour les oreilles de Colin.

— Je vais attendre, dit-il.

---

1. Tromblons : armes dont le canon évasé peut contenir plusieurs balles.

— Voyez-vous, dit l'homme, nous sommes forcés de faire très attention à ces détails, parce qu'un fusil doit, tout de même, être pareil à un autre fusil, même s'il n'y a pas de cartouches.

— Oui… dit Colin.

— Il n'y a pas souvent de cartouches, dit l'homme, on est en retard sur les programmes de cartouches, on en a de grandes réserves pour un modèle de fusil qu'on ne fabrique pas, mais on n'a pas reçu l'ordre d'en faire pour les nouveaux fusils, alors on ne peut pas s'en servir. Ça ne fait rien, d'ailleurs, qu'est-ce que vous voulez faire avec un fusil contre une machine à roues. Les ennemis fabriquent une machine à roues pour deux fusils que nous faisons, alors nous avons la supériorité du nombre, mais une machine à roues ne se soucie pas d'un fusil ou même de dix fusils, surtout sans cartouches…

— On ne fabrique pas de machines à roues, ici ? demanda Colin.

— Si, dit l'homme, mais on finit à peine le programme de la dernière guerre, alors elles ne marchent pas bien et il faut les démolir, et comme elles sont très solidement construites, cela prend beaucoup de temps.

On tapa à la porte et un manutentionnaire parut, poussant devant lui un chariot blanc stérilisé. Sous un linge blanc, il y avait la production de Colin pour le dernier jour. Le linge se soulevait à l'un des bouts. Cela n'aurait pas dû se produire avec des canons bien cylindriques et Colin se sentit inquiet. Le manutentionnaire sortit en fermant la porte.

— Ah !… dit l'homme, ça n'a pas l'air de s'être arrangé.

Il souleva le linge. Il y avait douze canons d'acier bleu et froid et au bout de chacun, une jolie rose blanche s'épanouissait, fraîche et ombrée de beige au creux des pétales veloutés.

— Oh… murmura Colin. Qu'elles sont belles.

L'homme ne disait rien. Il toussa deux fois.

— Ça ne sera donc pas la peine de reprendre votre travail demain, dit-il, hésitant.

Ses doigts s'accrochaient nerveusement au bord du chariot.

— Est-ce que je peux les prendre… dit Colin. Pour Chloé.

— Elles vont mourir, dit l'homme, si vous les détachez de l'acier. Elles sont en acier, vous savez…

4470   — Ce n'est pas possible, dit Colin.

Il prit délicatement une rose et tenta de briser la tige, il fit un faux mouvement, et un des pétales lui déchira la main sur plusieurs centimètres de long. Sa main saignait à lentes pulsations, de grosses gorgées de sang sombre qu'il avalait machinalement, il regardait le
4475 pétale blanc marqué d'un croissant rouge et l'homme lui tapait sur l'épaule et le poussa doucement vers la porte.

LIII

Chloé dormait. Dans la journée, le nénuphar lui prêtait la belle couleur crème de sa peau mais pendant son sommeil, ce n'était pas la peine, et les taches rouges de ses joues revenaient. Ses yeux faisaient
4480 deux marques bleutées sous son front et de loin on ne savait pas s'ils étaient ouverts. Colin était assis sur une chaise dans la salle à manger et il attendait. Il y avait beaucoup de fleurs autour de Chloé, il pouvait encore attendre quelques heures avant de chercher un autre travail ; il voulait se reposer pour faire bonne impression et prendre un emploi
4485 vraiment rémunérateur. Il faisait presque noir dans la salle à manger, la fenêtre s'était fermée jusqu'à dix centimètres de l'appui et le jour n'entrait plus qu'en une bande étroite. Il avait juste le front et les yeux éclairés, le reste de sa figure vivait dans l'ombre. Son pick-up* ne marchait plus, il fallait maintenant le remonter à la main pour chaque
4490 disque et ça le fatiguait. Les disques s'usaient aussi, maintenant, pour certains, on reconnaissait même difficilement la mélodie. Il pensait que si Chloé avait besoin de quelque chose, la souris viendrait l'avertir tout de suite. Est-ce que Nicolas épouserait Isis ? Quelle robe mettrait Isis pour son mariage ? Qui sonnait à la porte ?

4495   — Bonjour, Alise, dit Colin ; tu viens voir Chloé.

— Non, dit Alise, je viens seulement.

Ils pouvaient rester dans la salle à manger, avec les cheveux d'Alise il y faisait plus clair. Il y restait deux chaises.

— Tu t'ennuyais, dit Colin. Je sais ce que c'est.

4500   — Chick est là, dit Alise. Il est chez lui.

— Tu dois rapporter quelque chose, expliqua Colin.

— Non, dit Alise, je dois rester ailleurs.

— Oui, dit Colin. Il est en train de repeindre.

— Non, dit Alise. Il a tous ses livres, mais il ne veut plus de moi.

4505   — Tu lui as fait une scène, dit Colin.

— Non, dit Alise.

— Il a mal compris ce que tu lui as dit, ajouta Colin, mais quand il ne sera plus en colère, tu lui expliqueras.

— Il m'a simplement dit qu'il n'avait plus que juste assez de double-4510 zons* pour faire relier son dernier livre en peau de néant[1], dit Alise, et qu'il ne pouvait plus supporter de me garder avec lui parce qu'il ne pouvait rien me donner, et je deviendrais laide, avec les mains abîmées.

— Il a raison, dit Colin. Tu ne dois pas travailler.

— Mais j'aime Chick, dit Alise. J'aurais travaillé pour lui.

4515   — Ça ne sert à rien, dit Colin. Tu ne peux pas. Tu es trop jolie.

— Pourquoi m'a-t-il mise à la porte ? dit Alise. J'étais vraiment très jolie.

— Je ne sais pas, dit Colin, mais moi j'aime beaucoup tes cheveux et ta figure.

4520   — Regarde, dit Alise.

Elle se leva, tira le petit anneau de la fermeture et sa robe tomba par terre. C'était une robe de laine claire ; en dessous, elle n'avait rien.

— Oui… dit Colin.

Il faisait très clair dans la pièce et Colin voyait Alise tout entière. 4525 Ses seins paraissaient prêts à s'envoler et les longs muscles de ses jambes déliées, à toucher, étaient fermes et chauds.

— Je peux embrasser ? dit Colin.

— Oui, dit Alise, je t'aime bien.

— Tu vas avoir froid, dit Colin.

4530   Elle s'approcha de lui. Elle s'assit sur ses genoux et ses yeux se mirent à pleurer sans bruit.

— Pourquoi est-ce qu'il ne veut plus de moi…

Colin la berçait doucement.

— Il ne comprend pas, tu sais, Alise. C'est un bon garçon, pourtant.

---

1. Création absurde de Vian (« néant » signifie « vide ») et autre allusion à *L'Être et le Néant* de Jean-Paul Sartre.

4535   — Il m'aimait beaucoup, dit Alise. Il croyait que les livres de Partre accepteraient de partager. Mais ça ne se peut pas.

— Tu vas avoir froid, répéta Colin.

Il l'embrassait et lui caressait les cheveux.

— Pourquoi est-ce que je ne t'ai pas rencontré d'abord ? dit Alise.
4540 Je t'aurais aimé autant. Mais maintenant, je ne peux pas, c'est lui que j'aime.

— Je sais bien, dit Colin. J'aime mieux Chloé aussi, maintenant.

Il la fit lever et ramassa sa robe.

— Remets-la, ma chatte, dit-il. Tu vas avoir froid.

4545   — Non, dit Alise, ça ne fait rien.

Elle se rhabilla machinalement.

— Je ne voudrais pas que tu sois triste, dit Colin.

— Tu es gentil, dit Alise, mais je suis très triste ; je crois que je vais pouvoir faire quelque chose pour Chick tout de même.

4550   — Tu vas aller chez tes parents, dit Colin. Ils voudraient peut-être te voir. Ou chez Isis.

— Chick ne sera pas là-bas, dit Alise. Je n'ai pas besoin d'être chez personne si Chick ne vient pas.

— Il viendra, dit Colin. J'irai le voir.

4555   — Non, dit Alise, on ne peut plus entrer chez lui, c'est toujours fermé à clé.

— Je le verrai tout de même, dit Colin. Il viendra me voir alors.

— Je ne crois pas, dit Alise. Ce n'est plus le même Chick.

— Mais si, dit Colin. Les gens ne changent pas. Ce sont les choses
4560 qui changent.

— Je ne sais pas, dit Alise.

— Je vais t'accompagner, dit Colin. Je dois aller chercher du travail.

— Je ne vais pas par là, dit Alise.

— Je vais t'accompagner pour descendre, dit Colin.

4565   Elle était en face de lui. Colin posa ses deux mains sur les épaules d'Alise, il sentait la chaleur de son cou et les cheveux doux et frisés près de sa peau. Il suivit le corps d'Alise avec ses mains. Elle ne pleurait plus, mais elle n'avait plus l'air d'être là.

— Je ne voudrais pas que tu fasses des bêtises, dit Colin.

4570   — Oh, dit Alise, je ne ferai pas de bêtises.

— Reviens me voir, dit Colin, si tu t'ennuies.

— Peut-être je reviendrai te voir, dit Alise.

Elle regardait à l'intérieur. Colin la prit par la main et ils descendirent l'escalier. Ils glissaient, de temps à autre, sur les marches humides. En bas, Colin lui dit au revoir, elle resta debout et le regarda s'en aller.

LIV

Le dernier était juste revenu de chez le relieur et Chick le caressait avant de le replacer dans son emboîtement. Il était recouvert de peau de néant, épaisse et verte, le nom de Partre se détachait en lettres creuses sur la reliure. Sur une seule étagère, Chick avait toute l'édition normale, et toutes les variantes, les manuscrits, les premiers tirages, les pages spéciales occupaient des niches particulières dans l'épaisseur du mur.

Chick soupira. Alise l'avait quitté le matin, il était forcé de lui dire de partir, il lui restait un doublezon* et un morceau de fromage et ses robes le gênaient dans l'armoire pour accrocher les vieux habits de Partre que le libraire lui procurait par miracle. Il ne se rappelait pas quel jour il l'embrassait la dernière fois, il ne pouvait plus perdre son temps à l'embrasser, il lui fallait réparer son pick-up* pour apprendre par cœur le texte des conférences de Partre ; si il venait à casser les disques, il devait pouvoir conserver le texte.

Tous les livres de Partre étaient là, tous les livres publiés ; les reliures luxueuses, soigneusement protégées par des étuis de cuir, les fers dorés, les exemplaires précieux à grandes marges bleues, les tirages limités sur tue-mouches [1] ou vergé Saintorix [2] ; un mur entier leur était réservé, divisé en douillettes alvéoles garnies de peau de velours, chaque œuvre occupait une alvéole. Garnissant le mur opposé, rangés en piles brochées, les articles de Partre, extraits avec

---

1. Tue-mouches : papier adhésif enduit d'une substance gluante qui retient les mouches.
2. Contrepèterie sur Vercingétorix (80-46 av. J.-C.), chef des Gaulois, avec allusion au vergé, un papier texturé et raffiné.

ferveur des revues, des journaux, des périodiques innombrables qu'il
4600 daignait favoriser de sa féconde collaboration.

Chick passa la main sur son front, il y avait combien de temps
qu'Alise vivait avec lui... Les doublezons de Colin devaient servir à
l'épouser, mais elle n'y tenait pas tant. Elle se contentait de l'attendre,
et se contentait d'être avec lui, mais on ne peut pas accepter cela d'une
4605 femme, qu'elle reste avec vous simplement parce qu'elle vous aime, il
l'aimait aussi, il ne pouvait admettre de lui laisser perdre son temps
puisqu'elle ne s'intéressait plus à Partre. Comment ne pas s'intéresser
à un homme comme Partre, capable d'écrire n'importe quoi sur n'importe quel sujet et avec quelle précision. Sûrement Partre mettrait
4610 moins d'un an à réaliser son *Encyclopédie de la Nausée* [1], et la duchesse
de Bovouard collaborerait à ce travail, et il y aurait des manuscrits
extraordinaires, il fallait d'ici là gagner assez de doublezons pour tenir
et mettre en réserve au moins un acompte à donner au libraire. Chick
n'avait pas payé ses impôts. Mais l'argent des impôts lui était plus utile
4615 sous la forme d'un exemplaire du *Trou de Sainte Colombe*. Alise aurait
mieux aimé que Chick employât les doublezons à payer les impôts,
elle lui proposait même de vendre quelque chose à elle pour cela, il
avait accepté, et cela fit juste le prix d'une reliure pour le *Trou de Sainte
Colombe,* Alise se passait très bien de son collier.

4620   Il hésitait à rouvrir la porte, peut-être était-elle derrière à attendre
qu'il tournât la clé dans la serrure, il ne le pensait pas, ses pas dans
l'escalier résonnaient comme un petit martèlement décroissant. Elle
pourrait retourner chez ses parents et reprendre ses études, après tout
cela ne faisait qu'un léger retard, on peut rattraper rapidement les
4625 cours que l'on a manqués, mais Alise ne travaillait plus guère, elle
s'occupait trop des affaires de Chick et de lui faire à manger et de
repasser sa cravate ; les impôts, après tout, ne seraient pas payés du
tout, est-ce qu'il y a des exemples qu'on vienne vous relancer à domicile parce qu'on n'a pas payé ses impôts. Cela n'arrive pas, on peut
4630 verser un acompte, un doublezon, et puis on vous laisse tranquille et
on n'en parle plus pendant quelque temps. Un type comme Partre
payait-il ses impôts, c'est probable, et après tout est-ce que du point
de vue moral, il est recommandable de payer des impôts, pour avoir

---

1. Encore un renvoi humoristique à *La Nausée* de Jean-Paul Sartre.

en contrepartie le droit de se faire saisir parce que d'autres payent des impôts qui servent à entretenir la police et les hauts fonctionnaires, c'est un cercle vicieux à briser, que personne n'en paie plus pendant assez longtemps et les fonctionnaires mourront tous de consomption[1] et la guerre n'existera plus.

Chick souleva le couvercle de son pick-up* à deux plateaux et mit deux disques différents de Jean-Sol Partre. Il voulait les écouter tous les deux en même temps pour faire jaillir des idées nouvelles du choc de deux idées anciennes. Il se plaça à égale distance des deux haut-parleurs afin que sa tête fût juste à l'endroit où ce choc aurait lieu, et conservât, automatiquement, les résultats de l'impact. Les aiguilles firent un crachement sur l'escargot[2] du début et se logèrent au creux du sillon et les mots de Partre retentirent dans le cerveau de Chick. De sa place, il regardait par la fenêtre et constata que des fumées s'élevaient çà et là, sur les toits, en grosses volutes* bleues, colorées de rouge par-dessous, comme des fumées de papier. Il voyait machinalement le rouge gagner sur le bleu et les mots s'entrechoquaient avec de grandes lueurs, ouvrant à sa fatigue un champ de repos doux comme de la mousse au mois de mai.

LV

Le sénéchal de la police tira son sifflet de sa poche et s'en servit pour taper sur un énorme gong péruvien qui pendait derrière lui. On entendit une galopade de bottes ferrées à tous les étages, le bruit de chutes successives, et par le toboggan, six de ses meilleurs agents d'armes[3] firent irruption dans son bureau.

Ils se relevèrent, tapèrent sur leurs fesses pour enlever la poussière et se mirent au garde-à-vous.

— Douglas! appela le sénéchal.

— Présent! répondit le premier agent d'armes.

---

1. Consomption: ancienne appellation de la tuberculose.
2. Escargot: renvoi humoristique au mot «colimaçon», un synonyme d'«escargot», qui est aussi employé pour désigner les bordures surélevées permettant de passer d'une plage à l'autre sur un disque vinyle.
3. Agents d'armes: néologisme inspiré de «gendarmes».

— Douglas! répéta le sénéchal.

— Présent! dit le second.

L'appel se poursuivit. Le sénéchal de la police ne pouvait se souvenir
4665 du nom de tous ses hommes et Douglas était un générique traditionnel.

— Mission spéciale! ordonna-t-il.

Du même geste, les six agents d'armes posèrent la main sur la
poche fessière[1] pour signifier qu'ils étaient munis de leur égalisateur
à douze giclées[2].

4670   — Je dirige personnellement! souligna le sénéchal.

Il frappa violemment le gong. La porte s'ouvrit et un secrétaire
apparut.

— Je pars, annonça le sénéchal. Mission spéciale. Blocnotez.

Le secrétaire saisit son bloc et son crayon et se mit dans la position
4675 d'enregistrement réglementaire numéro six.

— Recouvrement d'impôts chez le sieur Chick, avec saisie préalable, dicta son chef. Passage à tabac de contrebande et blâme sévère.
Saisie totale ou même partielle compliquée de violation de domicile.

— Noté! dit le secrétaire.

4680   — En route, Douglas, commanda le sénéchal de la police.

Il se leva et prit la tête de l'escadrille, qui démarra pesamment en
imitant, avec ses douze pieds, le vol du coucou à gaufres[3]. Les six
hommes étaient vêtus d'une combinaison collante de cuir noir,
blindée sur la poitrine et aux épaules, et leur casque en acier noirci, de
4685 forme serre-tête, descendait bas sur la nuque et protégeait les tempes
et le front. Tous portaient des bottes lourdes et métalliques. Le sénéchal avait une tenue analogue, mais de cuir rouge, et deux étoiles d'or
brillaient sur ses épaules. Les égalisateurs gonflaient les poches arrière
de ses acolytes; il tenait à la main une petite matraque d'or et une
4690 lourde grenade dorée pendait à sa ceinture. Ils descendirent l'escalier
d'honneur et la sentinelle se mit au quant-à-soi[4] tandis que le sénéchal levait la main vers son casque. Une voiture spéciale attendait à la
porte. Le sénéchal s'assit à l'arrière, tout seul, et les six agents d'armes

---

1. Poche fessière: poche revolver (voir note 1, p. 109).
2. Égalisateur à douze giclées: arme fictive et fantaisiste inventée par l'auteur.
3. Coucou à gaufres: nom inventé par Vian pour désigner cet oiseau ou ce vieil avion (le mot
   «coucou» désigne l'un ou l'autre) de sa création.
4. Au quant-à-soi: expression humoristique inspirée de «au garde-à-vous».

se rangèrent sur les marchepieds débordants, les deux plus gros d'un
4695 côté et les quatre maigres de l'autre. Le conducteur portait aussi une
combinaison de cuir noir mais pas de casque. Il démarra. La voiture
n'avait pas de roues, mais une multitude de pieds vibratiles, de telle
sorte que les projectiles perdus ne risquaient pas de crever les pneus.
Les pieds renâclèrent sur le sol et le conducteur vira court à la pre-
4700 mière bifurcation ; à l'intérieur, on avait l'impression d'être sur la
crête d'une vague qui crève.

LVI

En regardant Colin s'éloigner, Alise lui disait au revoir de toutes ses
forces dans son cœur. Il aimait tant Chloé, il allait chercher du
travail pour elle, pour pouvoir acheter des fleurs et lutter contre
4705 cette horreur qui la dévorait dans la poitrine. Les épaules larges de
Colin s'affaissaient un peu, il semblait si fatigué, ses cheveux blonds
n'étaient plus peignés et ordonnés comme autrefois. Chick savait se
montrer tellement doux en parlant d'un livre de Partre et en expliquant Partre. Il ne peut réellement pas se passer de Partre, il n'aura
4710 pas l'idée de rechercher quoi que ce soit d'autre, Partre dit tout ce
qu'il voudrait savoir dire. On ne doit pas laisser Partre publier cette
encyclopédie, ce sera la mort de Chick, il volera, il tuera un libraire.
Alise se mit en route lentement. Partre passe ses journées dans un
débit, à boire et écrire avec d'autres gens comme lui qui viennent
4715 boire et écrire, ils boivent du thé des Mers et des alcools doux, cela
leur évite de penser à ce qu'ils écrivent et il entre et sort beaucoup de
monde, cela remue les idées du fond et on en pêche une ou l'autre, il
ne faut pas éliminer tout le superflu, on met un peu d'idées et un peu
de superflu, on dilue. Les gens absorbent ces choses-là plus facile-
4720 ment, surtout les femmes n'aiment pas ce qui est pur. Le chemin
n'était pas très long pour arriver au débit ; de loin Alise vit un des garçons en veste blanche et pantalon citron servir un pied de cochon
farci à Don Evany Marqué[1], le joueur de baise-bol célèbre, qui, au

---

1. Don Evany Marqué : anagramme de Raymond Queneau (1903-1976), écrivain et
   mathématicien français.

lieu de boire, ce qu'il détestait, absorbait des nourritures épicées pour
4725 donner soif à ses voisins. Elle entra, Jean-Sol Partre, à sa place habituelle, écrivait, il y avait beaucoup de monde et ça parlait doux. Par un
miracle ordinaire, ce qui est extraordinaire, Alise vit une chaise libre
à côté de Jean-Sol et s'assit. Elle posa sur ses genoux son sac pesant et
défit la fermeture. Par-dessus l'épaule de Jean-Sol, elle voyait le titre
4730 de la page, *Encyclopédie*, volume dix-neuf. Elle posa une main timide
sur le bras de Jean-Sol ; il s'arrêta d'écrire.

— Vous en êtes déjà là, dit Alise.

— Oui, répondit Jean-Sol. Vous vouliez me parler ?

— Je voulais vous demander de ne pas le publier, dit-elle.

4735   — C'est difficile, dit Jean-Sol. On l'attend.

Il retira ses lunettes, souffla sur les verres, et les remit ; on ne voyait
plus ses yeux.

— Bien sûr, dit Alise. Mais je veux dire, il faudrait seulement
le retarder.

4740   — Oh, dit Jean-Sol, s'il n'y a que ça, on peut voir.

— Il faudrait le retarder de dix ans, dit Alise.

— Oui ? dit Jean-Sol.

— Oui, dit Alise. Dix ans, ou plus, naturellement. Vous savez, il
vaut mieux laisser les gens économiser pour pouvoir l'acheter.

4745   — Ça sera assez embêtant à lire, dit Jean-Sol Partre, parce que ça
m'embête déjà beaucoup à écrire. J'ai une forte crampe au poignet
gauche à force de tenir la feuille.

— Je regrette pour vous, dit Alise.

— Que j'aie une crampe ?

4750   — Non, dit Alise, que vous ne vouliez pas retarder la publication.

— Pourquoi ?

— Je vais vous expliquer : Chick dépense tout son argent à acheter
ce que vous faites, et il n'a plus d'argent.

— Il ferait mieux d'acheter autre chose, dit Jean-Sol, moi je
4755 n'achète jamais mes livres.

— Il aime ce que vous faites.

— C'est son droit, dit Jean-Sol. Il a fait son choix.

— Il est trop engagé, je trouve, dit Alise. Moi, j'ai fait mon choix
aussi, mais je suis libre, parce qu'il ne veut plus que je vive avec lui, alors
4760 je vais vous tuer, puisque vous ne voulez pas retarder la publication.

— Vous allez me faire perdre mes moyens d'existence, dit Jean-Sol. Comment voulez-vous que je touche mes droits d'auteur si je suis mort ?

— Ça vous regarde, dit Alise, je ne peux pas tout prendre en considération puisque je veux vous tuer avant tout.

— Mais vous admettez bien que je ne puisse pas me rendre à une raison comme celle-là ? demanda Jean-Sol Partre.

— J'admets, dit Alise.

Elle ouvrit son sac et en tira l'arrache-cœur* de Chick, qu'elle avait pris depuis plusieurs jours dans le tiroir de son bureau.

— Vous voulez défaire votre col ? demanda-t-elle.

— Écoutez, dit Jean-Sol en retirant ses lunettes, je trouve cette histoire idiote.

Il déboutonna son col. Alise rassembla ses forces, et, d'un geste résolu, elle planta l'arrache-cœur dans la poitrine de Partre. Il la regarda, il mourait très vite, et il eut un dernier regard étonné en constatant que son cœur avait la forme d'un tétraèdre [1]. Alise devint très pâle, Jean-Sol Partre était mort maintenant et le thé refroidissait. Elle prit le manuscrit de l'*Encyclopédie* et le déchira. Un des garçons vint essuyer le sang et toute la cochonnerie que cela faisait avec l'encre du stylo sur la petite table rectangulaire. Elle paya le garçon, ouvrit les deux branches de l'arrache-cœur, et le cœur de Partre resta sur la table ; elle replia l'instrument brillant et le remit dans son sac, puis elle sortit dans la rue, tenant la boîte d'allumettes que Partre gardait dans sa poche.

LVII

Elle se retourna. Une épaisse fumée noire emplissait la vitrine et des gens commençaient à regarder, elle avait brûlé trois allumettes avant de faire partir le feu, les livres de Partre ne voulaient pas s'en-
flammer. Le libraire gisait derrière son bureau, son cœur, à côté de lui, commençait à brûler, une flamme noire et des jets recourbés de sang bouillant s'en échappaient déjà. Les deux premières librairies,

---

1. Tétraèdre : figure à quatre faces triangulaires.

trois cents mètres en arrière, flambaient en craquant et en ronflant, et les libraires étaient morts, tous ceux qui avaient vendu des livres à Chick allaient mourir de la même façon et leur librairie brûlerait.

4795 Alise pleurait et se hâtait, elle se rappelait les yeux de Jean-Sol Partre en voyant son cœur, elle ne voulait pas le tuer au début, seulement empêcher son nouveau livre de paraître et sauver Chick de cette ruine qui montait lentement autour de lui. Ils étaient tous ligués contre Chick, ils voulaient lui prendre son argent, ils profitaient de sa passion

4800 pour Partre, ils lui vendaient de vieux habits sans valeur, et des pipes avec des empreintes, ils méritaient le sort qui les attendait. Elle vit à sa gauche une vitrine garnie de volumes brochés, elle s'arrêta, reprit sa respiration et entra. Le libraire s'approcha d'elle.

— Vous désirez ? demanda-t-il.

4805 — Avez-vous du Partre ? dit Alise.

— Mais oui, dit le libraire, cependant, pour l'instant, je ne peux vous fournir de reliques, elles sont toutes retenues par un bon client.

— C'est Chick ? dit Alise.

— Oui, répondit le libraire, je crois que c'est son nom.

4810 — Il ne viendra plus vous en acheter, dit Alise.

Elle s'approcha de lui et laissa tomber son mouchoir. Le libraire se baissa en craquant pour le ramasser, elle lui planta l'arrache-cœur dans le dos d'un geste rapide, elle pleurait et tremblait de nouveau, il tomba, la figure contre le plancher, elle n'osa pas reprendre son mou-

4815 choir, il avait resserré ses doigts dessus. L'arrache-cœur ressortit, entre ses branches il tenait le cœur du libraire, tout petit et rouge clair, elle écarta les branches et le cœur roula près de son libraire. Il fallait se dépêcher, elle prit une pile de journaux, frotta une allumette et la lança sous le comptoir, et jeta les journaux dessus, puis précipita dans

4820 les flammes une douzaine de Nicolas Calas [1] qu'elle prit sur le rayon le plus proche, et la flamme se rua sur les livres avec une vibration chaude ; le bois du comptoir fumait et craquait, des vapeurs remplis-saient le magasin. Alise bascula une dernière rangée de livres dans le feu et sortit à tâtons, elle retira le bec-de-cane* pour qu'on n'entre pas

---

1. Nicolas Calas (1908-1989) : poète et critique d'origine grecque. Vian s'est moqué de son essai philosophique *Foyers d'incendie* (1938), curieux amalgame d'influences allant du nihilisme au matérialisme historique, en passant par la psychanalyse et le surréalisme.

4825 et se remit à courir. Ses yeux piquaient et ses cheveux sentaient la fumée, elle courait et les larmes ne coulaient presque plus sur ses joues, le vent les séchait tout de suite. Elle se rapprochait du quartier où vivait Chick, il restait encore deux ou trois librairies seulement, les autres ne présentant pas de danger pour lui. Elle se retourna avant
4830 d'entrer dans la suivante ; loin derrière elle on voyait monter de grosses colonnes de fumée dans le ciel et les gens se pressaient pour regarder marcher les appareils compliqués du Corps des Pompeurs[1]. Leurs grosses voitures blanches passèrent dans la rue comme elle refermait la porte ; elle les suivit des yeux à travers la glace, et le
4835 libraire s'approcha d'elle en lui demandant ce qu'elle désirait.

LVIII

— Vous, dit le sénéchal de la police, vous resterez là, à droite de la porte, et vous, Douglas, continua-t-il en se tournant vers le second des deux gros agents, vous vous mettrez à gauche, et ne laissez personne entrer.
4840 Les deux agents d'armes* désignés prirent leur égalisateur* et laissèrent retomber la main droite le long de la cuisse droite, le canon dirigé vers le genou, dans la position réglementaire. Ils assujettirent la jugulaire de leur casque sous leur menton, qui débordait devant et derrière. Le sénéchal entra, suivi des quatre maigres agents d'armes ;
4845 il en plaça de nouveau un de chaque côté de la porte avec mission de ne laisser sortir personne. Il se dirigea vers l'escalier, suivi des deux maigres qui restaient. Ils se ressemblaient, ils avaient le teint bistré[2] et les yeux noirs, et les lèvres minces.

LIX

Chick arrêta le pick-up* pour changer les deux disques qu'il venait
4850 d'écouter simultanément jusqu'au bout. Il en prit d'une autre série ;

---

1. Corps des Pompeurs : déformation humoristique de « Corps des Pompiers ».
2. Bistré : bruni, assombri.

sous un des disques, il trouva une photo d'Alise, il croyait l'avoir perdue. Elle était de trois quarts, éclairée par une lumière fondue, et le photographe avait dû mettre un projecteur derrière elle pour faire du soleil dans le haut de ses cheveux. Il changea les disques et garda la

4855 photo à la main. En jetant un coup d'œil par la fenêtre, il constata que de nouvelles colonnes de fumée montaient, plus près de chez lui. Il allait écouter ces deux disques et descendre voir le libraire d'à côté. Il s'assit, sa main ramena la photo sous ses yeux, en la regardant plus attentivement, elle ressemblait à Partre ; peu à peu, l'image de Partre

4860 se formait sur celle d'Alise et il sourit à Chick, certainement, il lui dédicacerait ce qu'il voudrait ; des pas montaient dans l'escalier, il écouta, et des coups retentirent à sa porte. Il posa la photo, arrêta le pick-up, et alla ouvrir. Devant lui, il vit la combinaison de cuir noir d'un des agents d'armes, le second suivait et le sénéchal de la police

4865 entra le dernier, sur son vêtement rouge et son casque noir rampaient des reflets fugaces dans la pénombre du palier.

— Vous vous appelez Chick ? dit le sénéchal.

Chick recula et sa figure devint blanche. Il recula jusqu'au mur où étaient ses beaux livres.

4870 — Qu'est-ce que j'ai fait ? demanda-t-il.

Le sénéchal fouilla dans sa poche de poitrine et lut le papier :

> *Recouvrement d'impôts chez le sieur Chick, avec saisie préalable.*
> *Passage à tabac de contrebande et blâme sévère. Saisie totale ou*
> *même partielle compliquée de violation de domicile.*

4875 — Mais… je paierai mes impôts, dit Chick.

— Oui, dit le sénéchal, vous les paierez après. D'abord il faut que nous vous passions à tabac de contrebande. C'est un tabac très fort ; nous utilisons l'abréviation pour que les gens ne s'émeuvent pas.

— Je vais vous donner mon argent, dit Chick.

4880 — Certainement, dit le sénéchal.

Chick s'approcha de la table et ouvrit le tiroir ; il y gardait un arrache-cœur* de grand modèle et un tue-fliques en mauvais état. Il ne trouva pas l'arrache-cœur mais le tue-fliques bosselait une pile de vieux papiers.

4885   — Dites donc, dit le sénéchal, c'est bien de l'argent que vous
cherchez?

Les deux agents s'étaient écartés l'un de l'autre et tenaient leur égalisateur*. Chick se redressa, il avait le tue-fliques à la main.

— Attention, chef! dit un des agents d'armes*.

4890   — J'appuie, chef? demanda le second.

— Vous ne m'aurez pas comme ça, dit Chick…

— Très bien, dit le sénéchal, alors on va prendre vos livres.

Un des agents saisit un livre à portée de sa main. Il l'ouvrit
brutalement.

4895   — Rien que de l'écrit, chef, annonça-t-il.

— Violez, dit le sénéchal.

L'agent saisit le livre par la reliure et l'agita avec force. Chick se mit
à hurler.

— Ne touchez pas à ça!…

4900   — Dites donc, dit le sénéchal, pourquoi est-ce que vous ne vous
servez pas de votre tue-fliques? Vous savez très bien que le papier
porte: Violation de domicile.

— Lâchez ça, rugit Chick de nouveau, et il leva son tue-fliques,
mais l'acier s'abaissa sans claquer.

4905   — J'appuie, chef? demanda à nouveau l'agent d'armes.

Le livre venait de se détacher de sa reliure et Chick se rua en avant,
lâchant le tue-fliques inutilisable.

— Appuyez, Douglas, dit le sénéchal en reculant.

Le corps de Chick s'abattit aux pieds des agents d'armes; tous les
4910 deux avaient tiré.

— On le passe à tabac de contrebande, chef? demanda l'autre
agent d'armes.

Chick remuait encore un peu. Il se souleva sur les mains et parvint
à s'agenouiller. Il tenait son ventre et sa figure grimaçait pendant que
4915 des gouttes de sueur tombaient dans ses yeux. Il avait une grande
entaille au front.

— Laissez ces livres… murmura-t-il.

Sa voix était rauque et cassée.

— Nous allons les piétiner, dit le sénéchal. Je pense que vous serez
4920 mort dans quelques secondes.

La tête de Chick retombait, il s'efforçait de la redresser, mais son ventre lui faisait mal comme si des lames triangulaires tournaient à l'intérieur. Il réussit à mettre un pied par terre, mais l'autre genou refusait de se déplier. Les agents d'armes s'approchèrent des livres
4925 pendant que le sénéchal faisait deux pas vers Chick.

— Ne touchez pas ces livres, dit Chick.

On entendait le sang gargouiller dans sa gorge, et sa tête penchait de plus en plus. Il lâcha son ventre, ses mains étaient rouges, elles frappèrent l'air sans but et il retomba, le visage contre le plancher. Le
4930 sénéchal de la police le retourna du pied. Il ne bougeait plus et ses yeux ouverts regardaient plus loin que la chambre. Sa figure était coupée en deux par la barre de sang qui avait coulé de son front.

— Piétinez, Douglas ! dit le sénéchal. Je vais personnellement briser cet appareil à bruit.
4935 Il passa devant la fenêtre et vit qu'un gros champignon de fumée s'élevait lentement vers lui, issu du rez-de-chaussée de la maison voisine.

— Inutile de piétiner soigneusement, ajouta-t-il, la maison d'à côté est en train de brûler. Faites vite, c'est l'essentiel. Il n'en restera
4940 pas trace, mais je consignerai l'ensemble dans mon rapport.

La figure de Chick était toute noire. Sous son corps, la flaque de sang se coagulait en étoile.

LX

Nicolas dépassa l'avant-dernière librairie à laquelle Alise venait de mettre le feu. Il avait croisé Colin qui se rendait à son travail et savait
4945 la détresse d'Alise. En téléphonant à son club il apprit immédiatement la mort de Partre et se mit à la poursuite de sa nièce, il voulait la consoler et lui remonter le moral, et la garder avec lui jusqu'à ce qu'elle soit gaie comme avant. Il vit la maison de Chick, et une flamme longue et mince sortit du milieu de la vitrine du libraire d'à côté, faisant
4950 éclater la glace comme sous un coup de marteau. Il remarqua, devant la porte, la voiture du sénéchal de la police et vit que le chauffeur la faisait avancer un peu pour éviter la zone dangereuse, et il aperçut aussi

les silhouettes noires des agents d'armes*. Les Pompeurs apparurent presque aussitôt ; leur voiture s'arrêta devant la librairie en faisant un
4955 bruit terrible. Nicolas luttait déjà avec la serrure, il réussit à briser la porte à coups de pied et courut vers l'intérieur. Tout brûlait au fond du magasin, le corps du libraire étendu les pieds dans les flammes, son cœur à côté de lui, et il vit l'arrache-cœur* de Chick par terre. Le feu jaillissait en grosses sphères rouges et en langues pointues qui per-
4960 çaient d'un seul coup les murs épais de la boutique, et Nicolas se jeta à terre pour ne pas être atteint, et à ce moment il sentit, au-dessus de lui, le violent déplacement d'air produit par le jet extincteur des appareils des Pompeurs ; le bruit du feu redoubla pendant que le jet l'assaillait à la base. Les livres brûlaient en crépitant et les pages noircies s'envo-
4965 laient en battant et passaient au-dessus de la tête de Nicolas en sens inverse de celui du jet, et il pouvait à peine respirer tant tout cela fai-sait du fracas et des flammes. Il pensait qu'Alise ne serait pas restée dans le feu, mais il ne voyait pas la porte par où elle aurait pu s'en aller, et le feu se débattait contre les Pompeurs et parut s'élever rapidement,
4970 dégageant la zone basse qui semblait s'éteindre ; il restait au milieu des cendres sales une brillante lueur, plus brillante que les flammes. La fumée disparut très vite aspirée vers l'étage du dessus, les livres s'étei-gnirent, mais le plafond brûlait plus fort que jamais. Il n'y avait plus, près du sol, que cette lueur. Souillé de cendres, les cheveux noircis, res-
4975 pirant à peine, Nicolas s'avança en rampant vers la clarté, il entendait les bottes des Pompeurs qui s'affairaient, et, sous une poutre de fer tordue, il aperçut l'éblouissante toison blonde ; les flammes n'avaient pu la dévorer car elle était plus éclatante qu'elles ; il l'enfouit dans sa poche intérieure et sortit. Il marchait d'un pas mal assuré, les Pom-
4980 peurs le regardèrent partir ; le feu faisait rage aux étages supérieurs et ils s'apprêtaient à isoler le bloc de bâtiments pour le laisser brûler car il ne restait plus de liquide extincteur. Nicolas suivait le trottoir, sa main droite, sur sa poitrine, caressait les cheveux d'Alise, il entendit le bruit de la voiture du sénéchal de la police qui le dépassa, à l'arrière, il
4985 reconnut la combinaison de cuir rouge du sénéchal. En écartant un peu le revers de son veston, il se trouvait tout baigné de soleil, seuls ses yeux restaient dans l'ombre.

LXI

Colin apercevait le trentième pilier. Il marchait depuis le matin dans la cave de la Réserve d'Or. Sa tâche consistait à crier quand il
4990 voyait des hommes venir voler l'or. La cave était très grande, il fallait un jour, en allant vite, pour en faire le tour, au centre, se dressait la chambre blindée où l'or mûrissait lentement dans une atmosphère de gaz mortels. Ce métier rapportait beaucoup si l'on arrivait à faire le tour dans sa journée. Colin ne se sentait pas en assez bonne forme
4995 physique et il faisait trop nuit dans la cave. Malgré lui, il se retournait de temps en temps et perdait sur l'horaire, et il ne voyait derrière lui que le minuscule point rayonnant de la dernière lampe, et devant lui la lampe suivante qui grossissait lentement.

Les voleurs d'or ne venaient pas tous les jours, mais on devait tout
5000 de même passer au contrôle au moment prévu, sinon on subissait une retenue d'appointements*. Il fallait respecter l'horaire pour se trouver prêt à crier quand les voleurs passaient ; c'étaient des hommes d'habitudes très régulières.

Colin souffrait du pied droit, la cave, construite de dure pierre
5005 artificielle, présentait un sol rugueux et inégal. Il força un peu en dépassant la huitième ligne blanche afin d'arriver au trentième pilier en temps voulu. Il se mit à chanter tout haut, pour accompagner sa marche, et s'arrêta car les échos lui renvoyaient des mots hachés et menaçants, et chantaient un air opposé au sien.
5010 Les jambes douloureuses, il allait inlassablement, et dépassa le trentième pilier. Machinalement, il se retourna, croyant voir quelque chose derrière ; il perdit encore cinq secondes et fit quelques pas accélérés pour se rattraper.

LXII

On ne pouvait plus entrer dans la salle à manger, le plafond
5015 rejoignait presque le plancher auquel il était réuni par des projections

mi-végétales mi-minérales, qui se développaient dans l'obscurité humide. La porte du couloir ne s'ouvrait plus, seul subsistait un étroit passage menant de l'entrée à la chambre de Chloé. Isis passa la première, Nicolas la suivait. Il avait l'air hébété ; quelque chose gonflait la
5020 poche intérieure de son veston et de temps à autre il portait la main à sa poitrine.

Isis regarda le lit avant d'entrer dans la chambre, Chloé était toujours entourée de fleurs. Ses mains allongées sur les couvertures tenaient à peine une grosse orchidée blanche qui paraissait beige à
5025 côté de sa peau diaphane. Elle avait les yeux ouverts et remua à peine en voyant Isis s'asseoir près d'elle. Nicolas vit Chloé, et il détourna la tête, il aurait voulu lui sourire, il s'approcha d'elle et lui caressa la main, il s'assit aussi et Chloé ferma doucement les yeux et les rouvrit, elle paraissait contente de les voir.

5030 — Tu dormais ? demanda Isis à voix basse.

Chloé dit non avec ses yeux, elle chercha la main d'Isis avec ses doigts frêles. Sous son autre main, elle cachait la souris dont ils virent briller les yeux noirs et vifs et qui trottina sur le lit pour se rapprocher de Nicolas. Il la prit délicatement et l'embrassa sur son petit museau
5035 lustré, et elle retourna près de Chloé. Les fleurs frissonnaient autour du lit, elles ne résistaient pas longtemps, et Chloé se sentait plus faible d'heure en heure.

— Où est Colin ? demanda Isis.

— Travail… dit Chloé dans un souffle.

5040 — Ne parle pas, dit Isis, je poserai les questions autrement ; elle approcha sa jolie tête brune de celle de Chloé et l'embrassa avec précaution.

— Il travaille à sa banque ? dit-elle.

Les paupières de Chloé se fermèrent.

5045 Et on entendit un pas dans l'entrée, Colin apparut à la porte, il tenait de nouvelles fleurs, mais il n'avait plus de travail. Les hommes étaient passés trop tôt, il ne pouvait plus marcher. Comme il faisait de son mieux, il rapportait un peu d'argent, ces fleurs.

Chloé parut plus tranquille, elle souriait presque, maintenant, et
5050 Colin vint tout près d'elle, il l'aimait beaucoup trop pour les forces qu'elle avait, maintenant, et l'effleurait à peine, de peur de la briser

complètement, de ses pauvres mains encore abîmées par le travail, il lissa les cheveux sombres.

5055 Il y avait Nicolas, Colin, Isis et Chloé, Nicolas se mit à pleurer car Chick et Alise ne viendraient jamais plus et Chloé allait si mal.

LXIII

L'Administration donnait beaucoup d'argent à Colin mais c'était trop tard. Il devait maintenant monter chez des gens tous les jours, on lui remettait une liste, il annonçait les malheurs un jour avant qu'ils n'arrivent. Tous les jours, il se rendait dans les quartiers populeux ou
5060 bien dans les beaux quartiers. Il montait des tas de marches, il était très mal reçu; on lui lançait à la tête des objets lourds et blessants, et des mots durs et pointus, et on le mettait à la porte; il touchait de l'argent pour cela et donnait satisfaction; il conserverait ce travail. La seule chose qu'il pouvait faire, c'était cela, se faire mettre à la porte.
5065 La fatigue le tenaillait, lui soudait les genoux, lui creusait la figure, ses yeux ne voyaient plus que les laideurs des gens, sans cesse il annonçait les malheurs à venir; sans cesse on le chassait, avec des coups, des cris, des larmes, des injures.

Il monta les deux marches, et suivit le couloir et frappa, reculant
5070 d'un pas sitôt après; quand les gens voyaient sa casquette noire, ils savaient et le maltraitaient, mais Colin ne devait rien dire, on le payait pour ce travail. La porte s'ouvrit, il prévint et partit, un lourd morceau de bois l'atteignit dans le dos, il chercha sur la liste le nom suivant, et vit que c'était le sien. Alors, il jeta sa casquette et il marcha dans la rue,
5075 et son cœur se fit de plomb, car le lendemain, Chloé serait morte.

LXIV

Le Religieux parlait avec le Chuiche* et Colin attendit la fin de leur conversation, puis il s'approcha. Il ne voyait plus la terre sous ses pas et, chaque fois, il trébuchait, ses yeux regardaient Chloé sur leur lit de

noces, mate avec ses cheveux sombres et son nez droit, son front un
5080 peu bombé, sa figure à l'ovale arrondi et doux et ses paupières fer-
mées qui l'avaient rejetée du monde.

— Vous venez pour l'enterrement ? dit le Religieux.

— Chloé est morte, dit Colin.

Il entendit Colin dire «Chloé est morte», et ne le crut pas.

5085 — Je sais, dit le Religieux, quel prix voulez-vous y mettre ? Vous
désirez sans doute une belle cérémonie ?

— Oui, dit Colin.

— Je peux vous faire quelque chose de très bien dans les deux mille
doublezons*, dit le Religieux. J'ai aussi plus cher.

5090 — Je n'ai que vingt doublezons, dit Colin. Je pourrais peut-être en
avoir trente ou quarante de plus mais pas tout de suite.

Le Religieux remplit ses poumons d'air et souffla d'un air dégoûté.

— C'est une cérémonie de pauvre, alors, qu'il vous faut.

— Je suis pauvre… dit Colin, et Chloé est morte…

5095 — Oui, dit le Religieux, mais on devrait toujours s'arranger pour
mourir avec de quoi se faire enterrer décemment. Alors vous n'avez
même pas cinq cents doublezons ?

— Non, dit Colin. Je pourrai arriver jusqu'à cent si vous acceptez
d'être payé en plusieurs fois ; est-ce que vous vous rendez compte de
5100 ce que c'est de se dire «Chloé est morte» ?

— Vous savez, dit le Religieux, j'ai l'habitude, alors ça ne me fait
plus d'effet. Je devrais vous conseiller de vous adresser à Dieu, mais
j'ai peur que pour une si faible somme, ce ne soit contre-indiqué de
le déranger.

5105 — Oh ! dit Colin, je ne vais pas le déranger. Je ne crois pas qu'il
puisse grand-chose, voyez-vous, parce que Chloé est morte.

— Changez de sujet, dit le Religieux. Pensez… à… je ne sais pas,
moi, n'importe quoi par exemple.

— Est-ce que pour cent doublezons j'aurai une cérémonie décente ?
5110 dit Colin.

— Je ne veux même pas envisager cette solution, dit le Religieux,
vous irez bien jusqu'à cent cinquante.

— Je mettrai du temps à vous les payer.

— Vous avez un travail… vous me signerez un petit papier.

5115   — Si vous voulez, dit Colin.

   — Dans ces conditions, dit le Religieux, peut-être iriez-vous jusqu'à deux cents, et vous auriez le Bedon* et Chuiche* de votre côté, tandis qu'à cent cinquante ils sont dans le parti opposé.

   — Je ne peux pas, dit Colin. Je crois que je n'aurai pas très long-
5120 temps ce travail.

   — Alors, nous disons cent cinquante… conclut le Religieux. C'est regrettable, ce sera une cérémonie véritablement infecte. Vous me dégoûtez, vous lésinez trop.

   — Je m'excuse, dit Colin.

5125   — Venez signer les papiers, dit le Religieux et il le poussa brutalement.

   Colin se heurta à une chaise, le Religieux, furieux de ce bruit, le poussa de nouveau vers la sacristoche* et le suivit en grommelant.

LXV

   Les deux porteurs trouvèrent Colin qui les attendait dans l'entrée
5130 de l'appartement. Ils étaient couverts de saleté, car l'escalier se dégra-dait de plus en plus, mais ils avaient leurs vieux habits et n'en étaient pas à une déchirure près. On voyait, par les trous de leurs uniformes, les poils rouges de leurs vilaines jambes noueuses et ils saluèrent Colin en lui tapant sur le ventre, comme prévu au règlement des
5135 enterrements pauvres.

   L'entrée ressemblait maintenant à un couloir de cave, ils baissèrent la tête pour arriver à la chambre de Chloé. Ceux du cercueil étaient partis, on ne voyait plus Chloé mais une vilaine boîte noire marquée d'un numéro d'ordre et toute bosselée. Ils la saisirent, et s'en servant
5140 comme d'un bélier [1], la précipitèrent par la fenêtre, on ne descendait les morts à bras qu'à partir de cinq cents doublezons. C'est pour cela, pensa Colin, que la boîte a tant de bosses ; et il pleura parce que Chloé devait être meurtrie et abîmée ; il songea qu'elle ne sentait plus rien et pleura plus fort ; la boîte fit un fracas sur les pavés et brisa la jambe

---

1. Bélier : longue poutre chapeautée d'une tête métallique pour défoncer les portes.

5145 d'un enfant qui jouait à côté, on le repoussa contre le trottoir, et ils la hissèrent sur la voiture à morts, c'était un vieux camion peint en rouge et un des deux porteurs conduisait.

Très peu de gens suivaient le camion, Nicolas, Isis et Colin, et deux ou trois qu'ils ne connaissaient pas ; le camion allait assez vite ; ils 5150 durent courir pour le suivre ; le conducteur chantait à tue-tête ; il ne se taisait qu'à partir de deux cent cinquante doublezons*.

Devant l'église, on s'arrêta, et la boîte noire resta là pendant que tous entraient pour la cérémonie. Le Religieux, l'air renfrogné, leur tournait le dos et commença à s'agiter sans conviction, Colin restait debout 5155 devant l'autel, il leva les yeux : devant lui, accroché à la paroi, il y avait Jésus sur sa croix, il avait l'air de s'ennuyer et Colin lui demanda :

— Pourquoi est-ce que Chloé est morte ?

— Je n'ai aucune responsabilité là-dedans, dit Jésus. Si nous parlions d'autre chose.

5160 — Qui est-ce que cela regarde ?… demanda Colin.

Ils s'entretenaient à voix très basse et les autres n'entendaient pas leur conversation.

— Ce n'est pas moi, en tout cas, dit Jésus.

— Je vous avais invité à mon mariage, dit Colin.

5165 — C'était réussi, dit Jésus. Je me suis bien amusé. Pourquoi n'avez-vous pas donné plus d'argent cette fois-ci ?

— Je n'en ai plus, dit Colin. Et puis ce n'est pas mon mariage, cette fois-ci.

— Oui… dit Jésus.

5170 Il paraissait gêné.

— C'est très différent, dit Colin. Cette fois, Chloé est morte. Je n'aime pas l'idée de cette boîte noire.

— Mmmmmm… dit Jésus.

Il regardait ailleurs et semblait s'ennuyer. Le Religieux tournait une 5175 crécelle [1] en hurlant des vers latins.

— Pourquoi l'avez-vous fait mourir ? demanda Colin.

— Oh… dit Jésus, n'insistez pas.

Il chercha une position plus commode sur ses clous.

---

1. Crécelle : instrument de musique produisant un son strident par la rotation d'un moulinet.

— Elle était si douce, dit Colin. Jamais elle n'a fait le mal, ni en pensée, ni en action.

— Ça n'a aucun rapport avec la religion, marmonna Jésus en bâillant.

Il secoua un peu la tête pour changer l'inclinaison de sa couronne d'épines.

— Je ne vois pas ce que nous avons fait, dit Colin, nous ne méritions pas cela.

Il baissa les yeux. Jésus ne répondit pas. Colin releva la tête. La poitrine de Jésus se soulevait doucement et régulièrement, ses traits respiraient le calme, ses yeux s'étaient fermés et Colin entendit sortir de ses narines un léger ronronnement de satisfaction, comme un chat repu. À ce moment, le Religieux sautait d'un pied sur l'autre et soufflait dans un tube, et la cérémonie était finie.

Le Religieux quitta le premier l'église et retourna dans la sacristoche* mettre des gros souliers à clous. Colin, Isis et Nicolas sortirent et attendirent derrière le camion. Alors, le Chuiche* et le Bedon* apparurent, richement vêtus de couleurs claires. Ils se mirent à huer Colin et dansèrent comme des sauvages autour du camion, Colin se boucha les oreilles mais il ne pouvait rien dire, il avait signé pour l'enterrement des pauvres, et il ne bougea même pas en recevant les poignées de cailloux.

LXVI

Ils marchèrent pendant très longtemps dans les rues, les gens ne se retournaient même plus et le jour baissait. Le cimetière des pauvres était très loin. Le camion rouge roulait et sautait sur les inégalités du chemin, pendant que le moteur lâchait de joyeuses pétarades.

Colin n'entendait plus rien, il vivait en arrière et souriait quelquefois, il se rappelait tout. Nicolas et Isis marchaient derrière lui, Isis touchant de temps en temps l'épaule de Colin.

La route s'arrêta et le camion aussi, c'était l'eau. Les porteurs descendirent la boîte noire. Colin venait au cimetière pour la première fois ; il était situé dans une île de forme indécise, dont les contours

changeaient souvent avec le poids de l'eau. On la distinguait vaguement à travers les brouillards. Le camion resta sur le bord ; on accédait à l'île par une longue planche souple et grise dont l'extrémité lointaine disparaissait dans la brume. Les porteurs lâchèrent de gros
5215 jurons et le premier s'engagea sur la planche, elle était juste assez large pour qu'on y passe. Ils tenaient la boîte noire avec de larges courroies de cuir brut qui leur passaient sur les épaules en faisant un tour autour du cou et le second porteur commençait à suffoquer, il devenait tout violet : sur le gris du brouillard, ça faisait très triste.

5220 Colin suivit ; Nicolas et Isis se mirent, à leur tour, en marche le long de la planche ; le premier porteur piétinait exprès pour la secouer et la balancer de droite et de gauche. Il disparut au milieu d'une vapeur qui s'effilochait comme des filets de sucre dans l'eau d'un sirop. Leurs pas résonnaient sur la planche en gamme descendante et peu à peu,
5225 elle s'incurva, ils approchaient du milieu ; lorsqu'ils y passèrent, elle toucha l'eau et des vaguelettes symétriques clapotèrent des deux côtés ; l'eau la recouvrait presque. Elle était sombre et transparente ; Colin se pencha à droite, il regarda vers le fond, il croyait voir une chose blanche remuer vaguement dans la profondeur ; Nicolas et Isis
5230 s'arrêtèrent derrière lui, ils étaient comme debout sur l'eau. Les porteurs continuaient, la seconde moitié du chemin montait, et quand ils eurent dépassé le milieu, les petites vagues diminuèrent et la planche se décolla de l'eau avec un bruit de succion.

Les porteurs se mirent à courir ; ils tapaient des pieds et les poi-
5235 gnées de la boîte noire sonnaient contre les parois. Ils arrivèrent à l'île avant Colin et ses amis et s'engagèrent pesamment dans le petit sentier bas dont deux haies de plantes sombres formaient les côtés. Le sentier décrivait des sinuosités bizarres, aux formes désolées, et le sol était poreux et friable. Il s'élargit un peu. Les feuilles des plantes tour-
5240 naient au gris léger et les nervures ressortaient en or sur leur chair veloutée. Les arbres, longs et flexibles, retombaient en arc d'un bord à l'autre du chemin. À travers la voûte ainsi formée, le jour produisait un halo blanc sans éclat. Le sentier se divisa en plusieurs branches et les porteurs prirent à droite sans hésitation, Colin, Isis et Nicolas se
5245 hâtaient pour les rattraper. On n'entendait pas d'animaux dans les arbres ; seules des feuilles grises se détachaient parfois pour tomber

lourdement sur le sol. Ils suivirent les ramifications du chemin. Les porteurs lançaient des coups de pied dans les arbres et leurs lourdes chaussures marquaient sur l'écorce spongieuse de profondes meurtris-
5250 sures bleuâtres. Le cimetière était juste au milieu de l'île ; en grimpant sur les pierres, on pouvait, par-delà le sommet des arbres malingres, entrevoir, loin, vers l'autre rive, le ciel, croisé de noir, et marqué par le vol pesant des alérions[1] sur les champs de morgeline[2] et d'aneth.

Les porteurs s'arrêtèrent près d'un grand trou. Ils se mirent à balan-
5255 cer le cercueil de Chloé en chantant « À la salade »[3], et ils appuyèrent sur le déclic. Le couvercle s'ouvrit et quelque chose tomba dans le trou avec un grand craquement ; le second porteur s'écroula à moitié étranglé, parce que la courroie ne s'était pas détachée assez vite de son cou. Colin et Nicolas arrivèrent en courant, Isis trébuchait derrière et
5260 alors le Bedon* et le Chuiche*, en vieilles salopettes pleines d'huile, sortirent tout à coup de derrière un tumulus[4] et se mirent à hurler comme des loups, en jetant de la terre et des pierres dans la fosse.

Colin était affaissé à genoux, il avait la tête dans ses mains, les pierres faisaient un bruit mat en tombant et Isis pleurait près de
5265 Nicolas, alors le Chuiche, le Bedon et les deux porteurs se donnèrent la main, ils firent une ronde autour du trou, et puis soudain, ils filè-rent vers le sentier et disparurent en farandole.

Le Bedon soufflait dans un gros cromorne[5] et les sons rauques vibraient dans l'air mort. La terre s'éboulait peu à peu, et au bout de
5270 deux ou trois minutes, le corps de Chloé avait complètement disparu.

LXVII

La souris grise à moustaches noires fit un dernier effort et réussit à passer. Derrière elle, d'un coup, le plafond rejoignit le plancher et de

---

1. Alérions : petits aigles fabuleux, dépourvus de bec et de pattes, figurant sur certains blasons de la noblesse française.
2. Morgeline : plante à petites fleurs et à feuilles pointues.
3. Comptine française : « À la salade / Je suis malade / Au céleri / Je suis guéri / À la pomme de terre / Je suis par terre / Au haricot / Je suis dans l'eau / Savez-vous nager, Mademoiselle/Monsieur ? »
4. Tumulus : amoncellement de terre.
5. Cromorne : instrument de musique médiéval à vent, fait de bois.

longs vermicules[1] de matière inerte jaillirent en se tordant lentement par les interstices de la suture. Elle débit en toute hâte à travers le couloir obscur de l'entrée dont les murs se rapprochaient l'un de l'autre en flageolant, et parvint à filer sous la porte. Elle atteignit l'escalier, le descendit, sur le trottoir elle s'arrêta. Elle hésita un instant, s'orienta, et se mit en route dans la direction du cimetière.

LXVIII

— Vraiment, dit le chat, ça ne m'intéresse pas énormément.

— Tu as tort, dit la souris. Je suis encore jeune et jusqu'au dernier moment, j'étais bien nourrie.

— Mais je suis bien nourri aussi, dit le chat. Et je n'ai pas du tout envie de me suicider, alors tu vois pourquoi je trouve ça anormal.

— C'est que tu ne l'as pas vu, dit la souris.

— Qu'est-ce qu'il fait? demanda le chat.

Il n'avait pas très envie de le savoir. Il faisait chaud et ses poils étaient tous bien élastiques.

— Il est au bord de l'eau, dit la souris, il attend, et quand c'est l'heure, il va sur la planche et il s'arrête au milieu. Il regarde dans l'eau. Il voit quelque chose.

— Il ne peut pas voir grand-chose, dit le chat. Un nénuphar, peut-être.

— Oui, dit la souris, il attend qu'il remonte pour le tuer.

— C'est idiot, dit le chat. Ça ne présente aucun intérêt.

— Quand l'heure est passée, continua la souris, il revient sur le bord et il regarde la photo.

— Il ne mange jamais? demanda le chat.

— Non, dit la souris, et il devient très faible, et je ne peux pas supporter ça. Un de ces jours, il va faire un faux pas en allant sur cette grande planche.

— Qu'est-ce que ça peut te faire? demanda le chat. Il est malheureux, alors?

---

1. Vermicules: néologisme inspiré de «vermiculures», terme d'architecture désignant des motifs allongés, en forme de vers.

— Il n'est pas malheureux, dit la souris, il a de la peine. C'est ça que je ne peux pas supporter. Et puis il va tomber dans l'eau, il se 5305 penche trop.

— Alors, dit le chat, si c'est comme ça, je veux bien te rendre ce service, mais je ne sais pas pourquoi je dis « si c'est comme ça », parce que je ne comprends pas du tout.

— Tu es bien bon, dit la souris.

5310 — Mets ta tête dans ma gueule, dit le chat, et attends.

— Ça peut durer longtemps ? demanda la souris.

— Le temps que quelqu'un me marche sur la queue, dit le chat ; il me faut un réflexe rapide. Mais je la laisserai dépasser, n'aie pas peur.

La souris écarta les mâchoires du chat et fourra sa tête entre les 5315 dents aiguës. Elle la retira presque aussitôt.

— Dis donc, dit-elle, tu as mangé du requin, ce matin.

— Écoute, dit le chat, si ça ne te plaît pas, tu peux t'en aller. Moi ce truc-là, ça m'assomme. Tu te débrouilleras toute seule.

Il paraissait fâché.

5320 — Ne te vexe pas, dit la souris.

Elle ferma ses petits yeux noirs et replaça sa tête en position. Le chat laissa reposer avec précaution ses canines acérées sur le cou mince, doux et gris. Les moustaches noires de la souris se mêlaient aux siennes. Il déroula sa queue touffue et la laissa traîner sur le trottoir.

5325 Il venait, en chantant, onze petites filles aveugles de l'orphelinat de Jules l'Apostolique[1].

Memphis, 8 mars 1946.
Davenport, 10 mars 1946[2].

---

1. Orphelinat de Jules l'Apostolique : orphelinat fictif.
2. Fausses dates et lieux de rédaction de *L'Écume des jours*. Memphis, au Tennessee, est le berceau du jazz. Davenport, en Iowa, est le lieu de naissance de Bix Beiderbecke (1903-1931), cornettiste blanc qu'admirait particulièrement Boris Vian.

Boris Vian à sa machine à écrire (1956).

PRÉSENTATION
DE L'ŒUVRE

L'ÉCUME DU SIÈCLE

Enthousiasmés par l'essor prodigieux de la science et de la technologie, des intellectuels du XIXe siècle se croient à l'aube d'une ère où l'humanité trouvera la solution à tous ses problèmes. Grâce au progrès, le XXe siècle sera celui de la perfection. Si « la Belle Époque » (1898-1914) [1] en aveugle encore plus d'un, la Première Guerre mondiale montrera que science et technologie ne riment pas toujours avec progrès.

C'est à cette époque que le grand-père de Boris Vian fait fortune. Le commerce va bon train et la bourgeoisie adopte le mode de vie de l'aristocratie. Henri Vian se refuse à faire de son fils son successeur et ne lui apprend les ficelles du métier que par plaisir.

La Première Guerre mondiale (1914-1918)

La Première Guerre mondiale est la première guerre dite « moderne » en ce qu'elle repose principalement sur l'apport d'innovations techniques comme le sous-marin, le char d'assaut, l'avion et les premières armes chimiques. La production massive de ces nouvelles « machines de guerre » est le résultat direct de l'industrialisation et du progrès général de la science. Ce recours à la technologie aura pour conséquence de précipiter la fin de la guerre en 1918, mais aussi d'augmenter le nombre de victimes (8 millions de militaires, 13 millions de civils), dans un conflit dont on pensait qu'il serait de courte durée.

En France, où une grande partie des batailles les plus meurtrières ont eu lieu, certains villages sont entièrement désertés par les femmes et les enfants, faute d'une présence masculine suffisante à la survie. C'est que plus d'un quart des Français âgés de 18 à 27 ans sont morts au front. Ces pertes énormes auront des répercussions majeures sur le plan démographique.

Politiquement parlant, cette guerre marque l'effondrement de l'Europe en tant que première puissance mondiale et le début de la

---

1. Période de prospérité économique en Europe et dans plusieurs autres pays d'Occident. Derrière cette prospérité se cachent cependant l'exploitation de la classe ouvrière par la bourgeoisie et la très contestable expansion des empires coloniaux.

domination de l'économie par les Américains. L'Europe, victime des nombreux bombardements, est à reconstruire, tandis que les États-Unis ont profité du conflit pour nourrir leur économie. D'autre part, l'ampleur des ravages et le désir de préserver la paix entraînent en 1919 la création de la Société des Nations (SDN). La mission de cette organisation internationale est de prévenir diplomatiquement les conflits et d'assurer un désarmement organisé. Enfin, la défaite provoque en Allemagne ainsi qu'en Italie un désir de revanche expliquant en partie la résurgence d'un nationalisme agressif.

Les Années folles (1920-1929)

Boris Vian vient au monde deux ans après la fin de la guerre, au moment où commence une décennie que l'on espère moins pénible que la précédente. La fortune combinée de ses parents laisse entrevoir un futur plus que confortable, perspective bientôt encouragée par les Années folles. Le monde entier cherche en effet à oublier la triste page d'histoire qui vient d'être écrite. Appelées *The Jazz Age* ou *The Roaring Twenties* aux États-Unis, les Années folles sont marquées par l'insouciance et la joie de vivre, de même que par la reprise de l'économie.

Le temps est à l'ouverture sur le monde, au relâchement de la censure et à l'expérimentation artistique. Les femmes adoptent la mode à la garçonne et délaissent le corset en faveur du soutien-gorge. La voiture, le cinéma et la radio gagnent en popularité. Paris est plus cosmopolite que jamais. Dans le quartier de Montparnasse, des peintres italiens ou espagnols côtoient des écrivains américains[1]. Le jazz et le charleston mettent les cœurs en fête, les surréalistes enterrent Dada[2] et vont de provocation en provocation. Ce moment de liberté et d'émancipation semble presque trop beau pour durer.

Sur le plan politique, la situation est houleuse. La Révolution russe de 1917 a permis l'émergence de la première puissance communiste : l'Union des républiques socialistes soviétiques (URSS). Perçue comme une menace au libéralisme et au capitalisme, l'URSS entraîne plusieurs pays européens à adopter une politique autoritariste en réaction

---

1. Parmi les plus notoires, Amedeo Modigliani (1884-1920), Pablo Picasso (1881-1973) et Ernest Miller Hemingway (1899-1961).
2. Voir p. 187-189.

à son idéologie d'extrême gauche. Cette tendance à délaisser la démocratie n'aide en rien la Société des Nations qui, tout au long des années 1920 et 1930, aura bien du mal à s'acquitter de son mandat.

Toutefois, c'est du point de vue économique que les Années folles frapperont leur plus grand écueil, avec la surproduction. L'industrie est trop bien-portante. Si l'on ajoute à cela la spéculation boursière excessive et la crise continue de l'agriculture, on obtient la parfaite combinaison pour une crise à grande échelle. Celle-ci survient le 24 octobre 1929 avec l'effondrement de la Bourse de Wall Street, à New York.

Le krach boursier de 1929

Le krach boursier d'octobre 1929 plonge les États-Unis dans le marasme économique le plus total. Entre le début de la crise et la fin du mois de novembre, la chute de l'indice monétaire du Dow Jones correspond à une perte virtuelle de 30 milliards de dollars. Les géants de l'industrie sont durement frappés et des centaines de milliers de consommateurs et d'actionnaires, carrément ruinés. Les banques, qui avaient multiplié les crédits au cours des Années folles, y compris aux acheteurs d'actions, ne peuvent plus se faire rembourser auprès de leurs clients désargentés. Elles se tournent alors vers l'étranger afin de réclamer leurs prêts aux nations dévastées par la guerre. En dépit de ces mesures désespérées, plus de 773 établissements bancaires américains font faillite entre 1930 et 1932. La crise de la Bourse devient une crise mondiale. Seule l'URSS, qui fonctionne en vase clos, n'est pas touchée.

La crise frappe durement la famille Vian et le jeune Boris, qui jusque-là avait eu droit à une institutrice privée, fait son entrée à l'école et découvre qu'il ne faut rien tenir pour acquis. Cette dure découverte de la réalité se trouvera plus tard au cœur de *L'Écume des jours,* où les pièces rapetissent et se ternissent tandis que Colin doit se tuer à l'ouvrage pour maintenir Chloé en vie.

La Grande Dépression (1929-1939)

En Europe, en 1932, des millions de personnes sont au chômage, les classes moyennes s'appauvrissent et font chuter la consommation, particulièrement en France et en Allemagne. Ce dernier pays est parmi les plus rudement touchés par la crise en raison de ses dettes considérables envers les États-Unis et le Royaume-Uni ; un cinquième de la population y est sous-alimentée.

C'est à cette période que Boris Vian découvre le jazz, remède idéal contre l'angoisse provoquée par son cœur défaillant et la morosité ambiante.

Aux États-Unis, le nombre de chômeurs passe de 1,5 à 15 millions en moins de 1 an. En 1933, 24,9 % de la population active dans ce pays est sans emploi et 2 millions de citoyens sont sans-abri. L'idéologie communiste ne semble soudainement plus si répréhensible dans les milieux populaires où l'on peine à se nourrir.

Si les Américains trouvent bientôt leur « sauveur » en la personne du démocrate Franklin D. Roosevelt (1882-1945), élu 32ᵉ président des États-Unis en 1932, l'Allemagne accueille favorablement l'émergence du Parti national-socialiste, au chef charismatique et autoritaire. En 1933, l'élection d'Adolf Hitler (1889-1945), qui a conquis certains de ses compatriotes par un discours résolument nationaliste et antisémite [1], annonce la fin de la crise économique en Allemagne, mais aussi le début de la Seconde Guerre mondiale.

Avec l'élection d'Hitler à la chancellerie, le fascisme devient, à partir des années 1930, une idéologie dangereusement présente en Europe et une menace pour le monde démocratique. Ainsi, la Seconde Guerre mondiale sera principalement une guerre d'idéologies opposant le « monde libre » aux dictatures d'extrême droite.

La Seconde Guerre mondiale (1939-1945)

LES DÉBUTS DU CONFLIT

Une fois au pouvoir, Hitler entreprend le réarmement systématique de l'Allemagne. Ulcéré par la défaite de 1918, le chef des troupes nazies prépare sa revanche sans trop se soucier des missions britanniques de reconnaissance aérienne au-dessus du territoire allemand. Il faut dire

---

1. Il n'hésite pas à parler de « Renaissance de l'Allemagne » et accuse Juifs et communistes d'avoir provoqué la crise économique.

que le Royaume-Uni, la France et le reste de l'Europe ne croient pas en la possibilité d'un nouveau conflit armé. La France, en particulier, semble aux prises avec le complexe du vainqueur, qui lui fait sous-estimer l'importance de maintenir sa propre armée sur le qui-vive. La construction de la ligne Maginot[1] est abandonnée en 1936. Dans le nord-est du pays, la forêt des Ardennes, jugée impénétrable, est à peine défendue. Le chef de l'armée française, le général Maurice Gamelin (1872-1958), est trop âgé et conservateur pour mettre l'aviation à profit et adopter toute stratégie autre que défensive.

En 1939, Hitler envahit la Pologne, diplomatiquement liée à la France et au Royaume-Uni depuis 1922. Ces derniers déclarent alors la guerre à l'Allemagne nazie, qui réplique en s'emparant du Danemark et de la Norvège, puis des Pays-Bas, du Luxembourg et de la Belgique. Après s'être allié à l'Italie fasciste de Benito Mussolini (1883-1945), Hitler marche sur Paris et sur le nord de la France (14 juin 1940) en passant par l'« impénétrable » forêt des Ardennes. L'armistice est signé le 22 juin par le dernier chef du gouvernement de la IIIe République (1870-1940), le maréchal Philippe Pétain (1856-1951).

Vétéran de la Première Guerre mondiale âgé de plus de 84 ans, Pétain installe son nouveau gouvernement à Vichy, petite ville du centre de la France d'où il impose sa politique de collaboration avec l'ennemi. Dès lors, un groupe de combattants clandestins mené par le général Charles de Gaulle (1890-1970) livre une bataille sans répit contre l'envahisseur germanique qui poursuit sa conquête de l'Europe et son génocide des Juifs. La Résistance aura toutefois besoin de l'aide des Américains et du reste des forces alliées pour venir à bout de l'armée hitlérienne.

Les Alliés contre les forces de l'Axe

Le 7 décembre 1941, l'armée japonaise attaque la base américaine de Pearl Harbor à Hawaï, dans le Pacifique. Le Japon avait adopté une idéologie suprématiste qui en faisait le centre du monde et l'autorisait

---

1. Fortifications sillonnant les frontières françaises et devant protéger la France de l'Italie et de l'Allemagne. Elles tirent leur nom d'André Maginot (1877-1932), homme politique qui en avait permis la construction dans les années 1920.

à envahir le reste de l'Asie. Allié brièvement à l'Allemagne et à l'Italie, il constituait le troisième acteur de ce que l'on a appelé les forces de l'Axe. En lui déclarant la guerre en 1942, les Américains deviennent automatiquement les adversaires d'Hitler et de Mussolini.

Attaquée par les Allemands en 1941, l'URSS avait également rejoint le camp des Alliés, devenant aux côtés de l'Empire britannique et des États-Unis l'un des principaux adversaires du fascisme. En 1943, l'écrasante défaite allemande de Stalingrad[1] marque un tournant décisif dans la Seconde Guerre mondiale. Un an plus tard, le débarquement de Normandie[2], considéré encore aujourd'hui comme le plus grand débarquement de l'histoire, permet de libérer la France après plusieurs semaines de lutte acharnée contre l'armée allemande.

LA FIN DE LA GUERRE

De victoire en victoire, les Alliés parviennent finalement à refouler l'armée nazie. Lorsqu'ils prennent Berlin, Hitler se donne la mort dans le bunker qui lui servait de quartier général (30 avril 1945). Le 8 mai 1945, l'armistice est signé, mettant fin à la guerre en Europe. Elle se poursuit toutefois dans le Pacifique jusqu'au 2 septembre de la même année, date à laquelle l'armée japonaise baisse les armes après que les Américains ont lâché deux bombes atomiques sur les villes d'Hiroshima et de Nagasaki.

LE BILAN DE LA SECONDE GUERRE MONDIALE

La seconde grande guerre a fait 62 millions de victimes. La plupart ne furent pas des soldats, mais des civils tués par les bombardements incessants ou dans les camps de travail russes et les camps de concentration allemands. Plus de cinq millions de Juifs ont trouvé la mort aux mains des nazis. En France, les méfaits de l'Occupation provoquent des sentiments extrêmes : la colère, la honte, la soif de justice et de vengeance entraînent la chasse aux collaborateurs. Pétain est

---

1. Stalingrad : nom donné à une ville de l'URSS en l'honneur de Joseph Staline (1879-1953), dirigeant de l'Union soviétique de 1920 à sa mort. Elle a, en 1961, pris le nom de Volgograd.
2. Normandie : région de l'ouest de la France.

condamné à la prison à perpétuité, Brasillach[1] est fusillé, Céline[2] est exilé, des femmes collaboratrices sont publiquement humiliées, forcées à défiler dans les rues une croix gammée peinte sur leur crâne tondu. Le temps est aux règlements de comptes. Il faudra bien des années encore à la France pour oublier.

L'URSS et les États-Unis sortent grands gagnants de ce terrible conflit. Alliées pendant la guerre malgré leur incompatible idéologie, les deux nouvelles superpuissances reprennent leur position respective : c'est le début de la guerre froide, une rivalité diplomatique et technologique qui plonge la population mondiale dans la crainte d'une véritable apocalypse nucléaire. L'Organisation des Nations Unies (ONU), fondée en 1945 en remplacement de l'incompétente Société des Nations, aura fort à faire pour tempérer cette joute houleuse qui durera plus de 40 ans.

Au bout du compte, la fin de la guerre suscite aussi bien l'urgence de vivre chez les survivants qu'une profonde remise en question des valeurs d'avant-guerre. On s'interroge entre autres sur la place et les responsabilités de l'être humain dans cet univers qui, depuis l'explosion de la bombe atomique, semble beaucoup plus petit et vulnérable. Sur le plan religieux, la foi de plusieurs est ébranlée devant l'hécatombe causée par la guerre. Où était Dieu, pendant tout ce temps ? Pas surprenant, dans ce contexte, que l'existentialisme de Jean-Paul Sartre en interpelle plusieurs, surtout parmi les jeunes qui cherchent à donner un sens à leur existence[3]. Pour Boris Vian, la fin de la guerre demeure associée à la mort de son père, assassiné de façon absurde par de jeunes inconnus.

Les premières années d'après-guerre (1944-1946)

Après la libération de Paris en août 1944, le général de Gaulle est aux yeux de plusieurs le candidat idéal pour gouverner la France.

---

1. Robert Brasillach (1909-1945) : écrivain, journaliste et critique français antisémite ayant collaboré avec l'ennemi pendant la guerre.
2. Louis-Ferdinand Céline (1894-1961) : écrivain français antisémite, auteur du célèbre roman *Voyage au bout de la nuit* (1932).
3. Voir p. 189-194.

Héros et symbole de la France libre, qui mieux que lui pourrait aider le pays à se remettre sur les rails? En tant que président du gouvernement provisoire, il innove dès 1945 en accordant le droit de vote aux femmes. Il ne pourra cependant faire beaucoup plus. L'entente veut que le pouvoir soit réparti équitablement entre les représentants des trois partis dominants: le Parti communiste, le Parti socialiste et le Mouvement républicain populaire. Or, de Gaulle est essentiellement un homme de droite qui se méfie des communistes. Il reste aussi très attaché aux hommes qui l'ont personnellement accompagné dans son combat contre les Allemands. En accordant la plupart des dossiers à ses plus fidèles collaborateurs (qui n'appartiennent à aucun des partis cités), il provoque de nombreux remous qui mènent finalement à sa démission, le 20 janvier 1946. La même année, la population approuve par référendum une nouvelle constitution, celle de la IVe République.

La IVe République (1946-1958)

Le plus grand mérite de la IVe République aura été de mener à bien la reconstruction de la France et la relance de son économie. Malgré un gouvernement extrêmement divisé et plutôt instable sous la présidence de Vincent Auriol (1884-1966), le pays renaît de ses cendres aussi rapidement que ses voisins. Cette étonnante résurrection est due entre autres au plan Marshall, approuvé en 1948 par le président américain Harry Truman (1884-1972). Ce plan voulait aider à la reconstruction de l'Europe en accordant aux pays du Vieux Continent un crédit à l'importation de produits américains. Il évitait du même coup aux États-Unis la récession tant redoutée à la fin de la guerre. Commence alors une période de l'histoire appelée les Trente Glorieuses (1945-1975), puisque, pendant plus de 30 ans, la majorité des pays développés et membres de l'OECE (puis de l'OCDE)[1] profiteront d'une reprise économique sans précédent.

---

1. De 1948 à 1960, l'Organisation européenne de coopération économique (OECE) a joué un rôle majeur dans l'application du plan Marshall. L'Organisation de coopération et de développement économique (OCDE), qui lui a succédé, compte aujourd'hui parmi ses membres la plupart des pays démocratiques du monde.

La reconstruction de la France ne se fait toutefois pas sans sacrifices de la part des Français. Non seulement le rationnement[1] se poursuit jusqu'en 1949, mais plus de cinq millions d'habitants sont temporairement logés dans de simples baraquements en attendant que leur habitation soit reconstruite.

À partir de 1953, la société de consommation est encouragée et le secteur privé, particulièrement valorisé. Boris Vian chantera cette conversion au mode de vie américain dans la *Complainte du progrès*[2]. L'influence du géant capitaliste étasunien se fait grandement sentir, au grand déplaisir du Parti communiste français, mais aussi du général de Gaulle, qui voit dans l'adhésion de la France à l'OTAN[3] une nouvelle preuve de son asservissement aux États-Unis.

La guerre d'Indochine (1946-1954)

Après la Seconde Guerre mondiale, ce qui restait des vastes empires coloniaux se désagrège peu à peu sous l'effet d'un important vent de nationalisme. L'Inde, colonie anglaise, acquiert son indépendance en 1947. En Indochine (nom donné à la colonie française d'Asie), Hô Chi Minh, un politicien vietnamien formé en France, déclare l'indépendance de son peuple en 1945. Le bombardement du port de Haiphong par l'armée française en décembre 1946 marque le début de la « sale guerre », comme l'appellera l'opinion publique française.

Soutenus par les Américains à partir de 1950, les militaires français tentent pendant plus de huit ans de préserver la colonie asiatique. Aidés de leur côté par la Chine communiste, les Vietnamiens obtiennent gain de cause en 1954. Après sa capitulation, la France procède à la décolonisation du territoire et rappelle ses ressortissants.

Au cours de cette période, marquée par la fin d'une guerre et le début d'une autre, Boris Vian écrit *Le Déserteur*, une chanson farouchement antimilitariste qui provoquera le scandale et sera reprise par bon nombre d'artistes français et internationaux.

---

1. Rationnement : système de contrôle des prix et de la distribution des biens essentiels en période de pénurie.
2. Les chansons *Complainte du progrès*, *Le Déserteur* et *La Java des bombes atomiques* sont reproduites aux pages 296 à 298.
3. L'Organisation du traité de l'Atlantique Nord (OTAN), regroupement politico-militaire de divers pays du monde occidental (dont les États-Unis), avait, au départ, pour but de protéger l'Europe du géant soviétique.

La guerre d'Algérie (1954-1962)

Élu président de la République en décembre 1953 en remplacement de Vincent Auriol, René Coty (1882-1962) n'aura pas la tâche facile. Peu de temps après son élection, la guerre d'indépendance nationale est déclenchée en Algérie à la suite des attentats du Front de libération nationale (FLN). Cette nouvelle guerre d'indépendance qui suit immédiatement celle de l'Indochine a sans doute été encouragée par la défaite de l'armée française au Viêtnam. Plus concrètement, elle est provoquée par la difficile cohabitation des pieds-noirs (les Européens habitant en Algérie) et de la population arabe, qui peine à faire reconnaître ses droits.

Si la France consent à la décolonisation du Maroc et de la Tunisie en 1956, il lui faudra encore six ans pour procéder à celle de l'Algérie. Cette réticence à accepter l'indépendance des Algériens est liée au fait qu'aux yeux de l'État et de la population l'Algérie est beaucoup plus qu'une colonie : découpée en trois départements, elle fait en théorie pleinement partie de la France.

Avec les années, la guerre s'envenime et exige des efforts militaires de plus en plus importants. L'opinion publique se montre moins convaincue de la légitimité des ambitions de la France. En 1956, Jean-Paul Sartre et l'équipe des *Temps modernes* [1] protestent contre l'idée d'une Algérie française et condamnent la torture, couramment utilisée pour démanteler le réseau terroriste du FLN.

Deux ans plus tard, alors que la IVe République semble engagée dans un cul-de-sac, le général de Gaulle est appelé à former un nouveau gouvernement afin de trouver une solution à l'épineux problème algérien. Dernier président du Conseil de la IVe République, de Gaulle devient président de la Ve République le 4 octobre 1958. Le 18 mars 1962, la signature des accords d'Évian confirme l'indépendance de l'Algérie.

Sous la IVe République, la vie artistique de Boris Vian commence, mais se termine moins d'un an après l'instauration de la Ve République alors qu'il s'éteint à l'âge de 39 ans.

---

1. Revue littéraire, politique et philosophique fondée en 1945 par Jean-Paul Sartre et Simone de Beauvoir.

La Ve République et mai 68

Dès 1958, de Gaulle met en œuvre ce qu'il souhaite depuis la fin de la guerre : doter la France d'une nouvelle constitution accordant plus de pouvoir à l'exécutif, accroître son indépendance économique vis-à-vis de l'influence grandissante des Américains et renouer les relations politiques avec le reste de l'Europe.

Après avoir échappé en 1962 à un attentat de l'Organisation de l'armée secrète (OAS), un regroupement terroriste favorable au maintien de l'Algérie française qui n'acceptait pas les accords d'Évian, de Gaulle doit affronter les jeunes du *baby-boom* qui, au mois de mai 1968, occupent la Sorbonne, université renommée de Paris, afin de protester contre le capitalisme, l'impérialisme et le gaullisme [1]. En effet, l'autoritarisme et le conservatisme du général sont bien loin de plaire à une jeunesse vivant à l'ère des Beatles et du *peace and love* ! À cette manifestation sans précédent vient s'ajouter la grève générale la plus importante de l'histoire de la Ve République. La France entière est paralysée. Les manifestants de la Sorbonne, qui jouissent de l'appui des partis politiques de gauche et des syndicats, rêvent tout haut d'une révolution qui transformerait de fond en comble l'organisation de la société. Pendant plusieurs semaines, la crise se poursuit, donnant lieu à toutes sortes de manifestations lyriques et politiques. Partout dans Paris, des graffitis prônent le changement, dénoncent le capitalisme, proclament la mort de Dieu et célèbrent l'émancipation des mœurs.

De Gaulle, qui semble dépassé par les évènements, réplique le 30 mai en annonçant la dissolution de l'Assemblée nationale. Cette mesure cherchant à mettre un frein à la frénésie générale est bien accueillie par la majorité des Français, qui s'est peu à peu désolidarisée des *baby-boomers* contestataires. Le pays reprend le travail, mais de Gaulle cède bientôt sa place à son ministre Georges Pompidou (1911-1974) qui, en aidant à gérer la crise, avait considérablement

---

1. Doctrine politique du général de Gaulle, qui voyait dans le passé monarchique de la France une période de grand rayonnement. Le gaullisme affirmait que la France démocratique devait se doter d'un chef et d'un exécutif forts afin de ne pas être affaiblie par des querelles intérieures.

gagné en popularité. En juin 1969, Pompidou devient donc le deuxième président de la Ve République.

Boudé de son vivant par un public peu préparé à une œuvre aussi personnelle, iconoclaste et contestataire, Boris Vian devient l'un des auteurs phares de la jeunesse de mai 68, ces *baby-boomers* qui, un peu à la manière de Colin et de Chloé, célèbrent la vie et l'innocence de l'enfance. Cette génération aidera à faire de Vian l'un des auteurs français les plus lus encore aujourd'hui et un artiste culte de la jeunesse… de tout temps.

LE PAYSAGE ARTISTIQUE

De la 'pataphysique au Nouveau Roman

La mort d'Émile Zola [1] en 1902 marque la fin du réalisme en tant que courant artistique majeur. Le réalisme, qui avait pour but de décrire la réalité avec objectivité, semble avoir fait son temps. On lui reproche son supposé manque de profondeur, ses interminables descriptions et ses prétentions scientifiques.

Tributaires du symbolisme [2], les romanciers du début du XXe siècle s'adonnent à une littérature intimiste où l'exploration formelle se conjugue à une méditation sur le monde des sensations — *À la recherche du temps perdu* de Marcel Proust (1871-1922) —, à une réflexion sur la vie — *Les Nourritures terrestres* d'André Gide (1869-1951) — ou sur l'identité féminine — la série des *Claudine* de Colette (1873-1954).

D'autres, plus avant-gardistes, annoncent par leurs œuvres éclatées le dadaïsme et le surréalisme. C'est le cas d'Alfred Jarry, qui semble faire un pied de nez aux réalistes en inventant une manière nouvelle et fantaisiste d'aborder les grandes questions de l'univers : la 'pataphysique [3].

---

1. Émile Zola (1840-1902) : romancier naturaliste, écrivain et journaliste français, auteur des *Rougon-Macquart* (1871-1893).
2. Courant de la fin du XIXe siècle qui, en réaction au réalisme, insistait sur l'importance de transcender la réalité matérielle par l'évocation d'une réalité suprasensible ou métaphysique.
3. Jarry déclare écrire 'pataphysique avec une apostrophe afin d'éviter tout éventuel calembour (possiblement « pas ta physique » ou « patate physique »).

La 'pataphysique

Selon Alfred Jarry (1873-1907), la 'pataphysique est la science des solutions imaginaires ou encore, étymologiquement parlant, ce qui se surajoute à la métaphysique. Derrière ces étranges définitions se cache un exercice qui cherche à expliquer le monde d'une manière inventive et fantaisiste, en tenant un discours à la fois absurdement rigoureux et rigoureusement absurde.

Le terme 'pataphysique figure pour la première fois en 1893, dans la pièce de théâtre *Guignol,* puis dans le roman *Gestes et Opinions du docteur Faustroll, pataphysicien* (1898, publié en 1911). Dans cette dernière œuvre, Jarry crée un personnage de savant né et mort à 63 ans qui, de son « éthernité », s'adresse télépathiquement à Lord Kelvin [1] afin de lui enseigner des vérités 'pataphysiques. C'est ainsi, par exemple, que Faustroll déclare avoir calculé la surface de Dieu ou découvert que le soleil est un globe froid et homogène.

Influencé par le symbolisme, Jarry jette sur le monde un éclairage nouveau en mettant la science au service de son imagination débridée. En bousculant les règles de la logique, en refusant les vérités toutes faites ou l'idée même de « vérité », en rejetant la sacro-sainte objectivité scientifique, l'auteur d'*Ubu Roi* (1896) s'oppose à un monde qui se laisse progressivement aveugler et étouffer par la raison. Cinquante ans plus tard, des écrivains fascinés par l'univers et la démarche de Jarry reprendront le flambeau.

En l'honneur du cinquantenaire de la rédaction de *Gestes et Opinions du docteur Faustroll,* le Dr Sandomir [2] fonde en 1948 le Collège de 'Pataphysique, sorte de société secrète dont les membres poursuivent les travaux entrepris par Jarry. On y crée un nouveau calendrier (l'année 'pataphysique commence le 8 septembre, date de naissance d'Alfred Jarry, et le 13 de chaque mois est toujours un vendredi), des titres honorifiques reflétant le caractère libertaire du Collège et une institution, l'Ordre de la grande gidouille, inventée par Jarry lui-même dans son *Almanach illustré du père Ubu* (1899).

---

1. William Thomson, dit Lord Kelvin (1824-1907) : physicien britannique, spécialiste de la thermodynamique.
2. Pseudonyme d'Emmanuel Peillet (1914-1973), professeur de lettres et de philosophie.

On l'aura compris, les membres du Collège de 'Pataphysique, dont la devise est de ne rien prendre au sérieux, ne tentent pas de créer un nouveau courant, mais de se dérider un peu dans un monde qui en a bien besoin. L'Oulipo[1], qui se fera connaître dans les années 1960, est une sous-commission du Collège de 'Pataphysique. Raymond Queneau, Eugène Ionesco, Jacques Prévert[2], parmi tant d'autres, en font partie et Boris Vian y est admis en 1952. C'est d'ailleurs là qu'il trouvera tout l'encouragement et le soutien que lui refusaient obstinément Gallimard, son premier éditeur, les lecteurs et la critique.

LE DADAÏSME

Déçu par les valeurs de l'Occident, convaincu que révolution artistique et révolution sociale sont étroitement liées, un jeune Roumain du nom de Tristan Tzara (1896-1963) fonde le dadaïsme à Zurich, en Suisse, en 1916.

Le mouvement dada, profondément nihiliste, entend faire table rase du passé tant sur le plan littéraire que plastique. Son nom même, qui signifie « cheval » en langage enfantin, traduit la volonté de débarrasser l'art de ses règles contraignantes et de son intellectualisme trop marqué. Les dadaïstes cherchent à revenir à une forme d'expression plus primitive et plus viscérale. Ils élaborent à cet effet une esthétique centrée sur l'usage d'onomatopées et de mots aux sonorités déformées, le rejet de la logique traditionnelle et l'introduction du hasard dans la création, le tout dans le but de protester contre les horreurs de la guerre et la laideur de la civilisation européenne. Fini l'académisme, seules comptent désormais l'impulsion créatrice et l'improvisation brute et brutale. Les premiers spectacles offerts par les dadaïstes sont éloquents à cet effet : vêtus de déguisements conçus pour l'occasion, Tzara et compagnie mêlent indifféremment danses,

---

1. L'Ouvroir de littérature potentielle (Oulipo) est un regroupement d'écrivains et de mathématiciens ayant à cœur de faire de la littérature un jeu en inventant et en expérimentant de nouvelles contraintes formelles. Georges Perec (1936-1982), par exemple, publie en 1969 le roman *La Disparition*, qui ne contient pas une seule fois la lettre « e ».
2. Raymond Queneau (1903-1976) : romancier, poète, dramaturge et mathématicien français ; Eugène Ionesco (1909-1994) : auteur dramatique et écrivain français ; Jacques Prévert (1900-1977) : poète et scénariste français.

poèmes et chansons dans un tour de piste qui n'est pas sans rappeler l'aspect tribal de certaines cérémonies africaines.

En 1920, Tzara rejoint Francis Picabia [1] à Paris et dirige la revue *Dada,* qui impose ses idées provocatrices et son esthétique révolutionnaire. Il gagne l'appui et la collaboration des jeunes poètes français André Breton (1896-1966), Paul Éluard (1895-1952), Philippe Soupault (1897-1990) et Benjamin Péret (1899-1959), mais cette association ne durera pas. Breton, en particulier, reproche à Tzara de se complaire dans le nihilisme et de ne rien offrir en guise de substitut au monde qu'il s'acharne à détruire. C'est ainsi qu'en 1924 il rompt avec le mouvement dada et crée le surréalisme.

LE SURRÉALISME

Les surréalistes, comme les dadaïstes, s'opposent de façon radicale aux valeurs bourgeoises du monde occidental, mais Breton, inspiré par les recherches de Sigmund Freud [2], fait du rêve et de l'inconscient les assises de son mouvement. Par le truchement de l'écriture automatique, exercice consistant pour le poète à jeter impulsivement sur papier ce qui traverse son esprit « en l'absence de tout contrôle exercé par la raison, en dehors de toute préoccupation esthétique et morale [3] », Breton entend à la fois libérer la poésie, briser les tabous et investiguer sur le champ mystérieux de l'inconscient. À cet instrument fascinant de connaissance du monde s'ajoute le goût de l'étrange, du fantastique et de l'humour noir. La publication du *Manifeste du surréalisme* en 1924 contribue à imposer cette nouvelle esthétique qui remportera un vif succès non seulement en littérature, mais également en peinture auprès d'artistes tels que Joan Miró (1893-1983), René Magritte (1898-1967) et Salvador Dalí (1904-1989).

À partir de la fin des années 1920, l'adhésion des membres du surréalisme au Parti communiste, la crise économique et la montée du fascisme poussent Breton à mettre son courant au service de la

---

1. L'un des pionniers de l'art abstrait au XXᵉ siècle, peintre et écrivain français (1879-1953) particulièrement intéressé par la représentation des états d'âme de l'artiste et la transposition picturale des impressions nuancées par la mémoire.
2. Psychiatre autrichien (1856-1939), père de la psychanalyse, dont les premiers ouvrages étaient depuis peu disponibles en français.
3. André Breton, « Manifeste du surréalisme », dans *Poètes surréalistes* de Marc Savoie, p. 88.

révolution sociale et politique en marche. Cet engagement, discuté et défini plus amplement dans le *Second Manifeste du surréalisme* (1929), provoque des dissensions au sein du mouvement.

Au lendemain de la Seconde Guerre mondiale, Breton poursuit la démarche entamée au cours des années 1920 et 1930, mais la popularité du surréalisme en France n'est déjà plus ce qu'elle était. L'existentialisme de Jean-Paul Sartre et de Simone de Beauvoir occupe désormais le haut du pavé, et André Breton, qui ne s'est pas assagi, semble aller de discorde en discorde. Malgré tout, le surréalisme continuera d'exercer une influence certaine sur le monde artistique européen et américain jusque dans les années 1960, décennie au cours de laquelle Breton trouve la mort (1966). La fin officielle du mouvement est annoncée dans le journal français *Le Monde* en 1969.

Bien qu'il y ait certains points communs entre l'esthétique de *L'Écume des jours* et celle du dadaïsme ou du surréalisme, Vian ne s'est jamais ouvertement réclamé de ces courants. Ce lien de parenté, qui semble unir son œuvre à celle des artistes qui s'en réclament, se trouve en fait dans l'influence qu'Alfred Jarry a exercée sur eux.

L'EXISTENTIALISME

L'existentialisme est un courant philosophique et littéraire reposant sur l'idée que l'existence est fondamentalement absurde et qu'il revient à chacun de lui donner un sens. Selon Jean-Paul Sartre, personnalité dominante du courant, l'existence précède l'essence. Autrement dit, toute forme de déterminisme est antagoniste à la pensée existentialiste. L'être humain naît et meurt sans but aucun. Il lui appartient donc de trouver ce qui lui donne le courage de vivre afin de combattre la nausée provoquée par cette prise de conscience. En agissant en fonction de ses choix, il se définit aux yeux des autres et, par le fait même, à ses propres yeux.

Bien que l'existentialisme soit essentiellement associé au Paris des années 1940 et 1950, les fondements de la pensée existentialiste naissent en Allemagne sous la plume de Jaspers et de Heidegger [1],

---

1. Karl Jaspers (1883-1969) et Martin Heidegger (1889-1976) sont deux philosophes allemands dont l'œuvre explore les notions d'existence et de liberté individuelle.

Jean-Paul Sartre dans un décor pour
Morts sans sépulture (1947).

eux-mêmes inspirés par des philosophes du XIXᵉ siècle tels que Nietzsche et Kierkegaard[1]. Sartre, que l'on a parfois accusé d'être davantage « importateur » qu'« inventeur », doit également beaucoup à la phénoménologie, science de l'étude des phénomènes proposée par le philosophe allemand Edmund Husserl (1859-1938). Le roman *La Nausée* (1938), l'essai *L'Être et le Néant* (1943) et la pièce de théâtre *Huis clos* (1944) rendent compte de ces influences, tout comme *L'existentialisme est un humanisme* (1946), bref compte rendu d'une célèbre conférence donnée à Paris, le 29 octobre 1945.

Cette conférence qui a confirmé la popularité de Sartre est fort bien parodiée par Boris Vian dans *L'Écume des jours*. À cette occasion, en effet, le philosophe a eu droit au traitement habituellement réservé aux vedettes de cinéma ou de variétés : bousculades, guichets et sièges brisés, euphorie collective, etc. Ainsi, l'existentialisme devient du jour au lendemain une mode, une façon de vivre associées au quartier que Sartre et ses proches fréquentent quotidiennement : Saint-Germain-des-Prés. L'arrivée de Boris Vian et de Juliette Gréco[2] dans le cercle de Sartre, l'ouverture de clubs comme le Tabou, où Vian joue de la trompette et invite des orchestres de jazz à se produire sur scène, le scandale provoqué par la publication de *J'irai cracher sur vos tombes*[3] et l'envie des jeunes de célébrer la fin de la guerre transforment ce vieux quartier habitué à la tranquillité en une véritable foire aux touristes et aux festivités nocturnes. On y danse, on y boit, on y chante, on y vient habillé selon la « mode existentialiste » (veston et col roulé noirs, ou chemise portée par-dessus le pantalon), on y discute du sort de l'humanité en fumant des cigarettes américaines et, surtout, on espère y rencontrer le « pape » de l'existentialisme, qui brille souvent par son absence ! Les nuits de Saint-Germain-des-Prés sont si courues que Hollywood leur rendra hommage dans la comédie musicale *Funny Face* (1957) mettant en vedette Fred Astaire et Audrey Hepburn.

---

1. Friedrich Nietzsche (1844-1900) : philosophe allemand ; Søren Aabye Kierkegaard (1813-1855) : philosophe danois.
2. Chanteuse et actrice française née en 1927, qui devint la coqueluche de la jeunesse parisienne dans les années 1950.
3. Roman noir de Vernon Sullivan (pseudonyme de Boris Vian) paru en 1946. Voir p. 209-211.

Devant le Tabou (1947).
Robert Doisneau (1912-1994).

Un discours convaincant

L'existentialisme est un humanisme est un ouvrage de vulgarisation conçu par l'auteur de *La Nausée* afin d'expliquer les fondements de sa philosophie et de répondre aux critiques que lui adressaient chrétiens, marxistes et communistes. Puisque l'être humain est « condamné à être libre » et qu'il est impensable de prédire de quoi sera fait l'avenir, Sartre rejette l'idée selon laquelle l'Histoire aurait un sens. Les lendemains qui chantent, si chers aux communistes, le principe positiviste voulant que l'humanité tende naturellement vers le progrès, sont balayés du revers de la main par le confrère d'Albert Camus, de Maurice Merleau-Ponty et de Gabriel Marcel[1].

Il est assez facile de comprendre pourquoi un tel discours en convaincra plus d'un. D'une part, des évènements aussi troublants que les deux guerres mondiales, l'Holocauste et l'explosion de la bombe atomique semblent davantage montrer que l'être humain fait son propre destin que défendre l'idée de marche vers le progrès. D'autre part, cette liberté intrinsèque à laquelle nous sommes condamnés ne permet pas uniquement d'expliquer les horreurs du passé, elle rend aussi l'être humain responsable de l'avenir, en lui accordant le pouvoir de changer pour le mieux sa condition. Enfin, elle ancre solidement l'individu dans le présent, chaque moment fournissant l'occasion de se définir par ses choix et ses actes. Nul doute qu'une telle philosophie avait de quoi séduire toute une génération au lendemain de la Libération.

Ajoutons que l'existentialisme osait aborder de front les thèmes de l'aliénation, de l'angoisse, de la peur et de la solitude, tous des sentiments qu'éprouvaient intensément la plupart des Français pendant et, encore, après la guerre.

Courant pessimiste selon certains (puisqu'il affirme l'absurdité de l'existence), nihiliste selon d'autres (puisque l'être humain est libre, il

---

1. Même s'il rejetait l'étiquette d'« existentialiste », le philosophe et écrivain français Albert Camus (1913-1960) est, aux côtés de Sartre et de Beauvoir, la troisième personnalité la plus connue de l'existentialisme. Prix Nobel de littérature en 1957, auteur des romans *L'Étranger* (1942) et *La Peste* (1947), il a participé à la revue *Les Temps modernes*, lancée en 1945 par Sartre, avant de se brouiller avec ce dernier en 1952. Maurice Merleau-Ponty (1908-1961) et Gabriel Marcel (1889-1973) sont deux philosophes existentialistes français ; le premier est spécialisé dans l'étude de la phénoménologie, le second est le fondateur de l'existentialisme chrétien.

n'existe ni morale ni vérités auxquelles il est forcé de se soumettre aveuglément), l'existentialisme demeure néanmoins l'un des courants les plus connus et les plus importants des années 1950, en France comme à l'étranger.

Sur le plan littéraire, on reproche aux existentialistes leurs romans et leurs pièces de théâtre à thèse ainsi que leur peu d'intérêt pour l'expérimentation formelle. Les romans de Sartre, de Camus et de Beauvoir sont en effet de facture toute réaliste, et leur théâtre tend souvent vers l'académisme. C'est d'ailleurs ce qui les sépare d'un écrivain comme Boris Vian, dont le souci d'innovation est évident. Cela les sépare aussi, en tant que dramaturges, de Beckett et d'Ionesco, qui, au cours des années 1950, bousculent les règles de la dramaturgie française.

Le théâtre de l'absurde

Parallèlement à l'existentialisme naît un nouveau courant dont les principaux auteurs sont essentiellement des hommes de théâtre. Eugène Ionesco et Samuel Beckett (1906-1989) se font remarquer en présentant à un public à la fois décontenancé et ravi des pièces dont le seul véritable point commun avec celles de Sartre et de Camus est d'avoir pour thème l'absurdité de l'existence. Comédies grinçantes, drames échevelés et loufoques aux titres évocateurs — *La Cantatrice chauve* (1950) et *Rhinocéros* (1959) d'Ionesco ; *En attendant Godot* (1952) et *Fin de partie* (1957) de Beckett —, les chefs-d'œuvre du théâtre de l'absurde montrent bien le profond désarroi de la société d'après-guerre qui, malgré la fin du cauchemar et la reprise économique, demeure en profonde remise en question.

Si, pour les existentialistes, le constat de l'absurdité du monde est le point de départ d'une réflexion philosophique constructive (ce constat débouchant sur les notions de responsabilité et d'engagement), il est une fin en soi pour les dramaturges de l'absurde, leurs œuvres se contentant d'exprimer l'aspect foncièrement dérisoire de l'existence. Dans *En attendant Godot* de Beckett, par exemple, les protagonistes se bornent à attendre l'arrivée d'une aide providentielle… qui ne vient jamais.

Également, au contraire de Camus ou de Sartre qui faisaient discourir leurs personnages de manière rationnelle à l'intérieur de pièces respectueuses de la grande tradition du théâtre français, les dramaturges de l'absurde écrivent des œuvres éclatées aux personnages souvent peu loquaces et au discours désarticulé. Silences, bégaiements, balbutiements, platitudes, coq-à-l'âne sont autant de moyens utilisés par Ionesco et Beckett pour rendre compte d'un monde de plus en plus coupé de lui-même, prisonnier du conformisme moral et de la superficialité qu'entraîne l'adhésion à la société de consommation.

Durant cette période, Boris Vian s'essaie au théâtre à quelques reprises, mais il n'est pas considéré comme un dramaturge de l'absurde, bien qu'il partage avec ces auteurs un goût pour la parodie et l'humour noir.

LE NOUVEAU ROMAN

Autre grand courant des années 1950, le Nouveau Roman tente de réinventer le genre romanesque. Alain Robbe-Grillet (1922-2008) est le chef de file de ce courant qui, en rejetant les notions d'intrigue et de psychologie des personnages ainsi qu'en remettant en question les principes traditionnels de la narration, fait du roman le véhicule du malaise existentiel de l'individu, étouffé parmi les objets d'un quotidien sans but. Si *Les Gommes* (1953), premier roman de Robbe-Grillet, donnent déjà le ton, c'est *La Jalousie*, parue en 1957, qui conduira un critique à inventer l'expression « Nouveau Roman » (péjorative, sous sa plume), bientôt récupérée par Robbe-Grillet pour définir l'aventure littéraire des Éditions de Minuit, maison phare du courant.

Critiques de la société de consommation, passionnés par l'expérimentation formelle, les nouveaux romanciers, dont Alain Robbe-Grillet[1], Michel Butor, Marguerite Duras et Nathalie Sarraute, rendront désuets le roman d'inspiration réaliste. L'Oulipo, inspiré par la 'pataphysique, contribuera également à faire de l'écriture romanesque « l'aventure d'une écriture plutôt que l'écriture d'une aventure[2] ».

---

1. Robbe-Grillet était un admirateur de Vian et il tentera de donner un second souffle à son roman *L'Automne à Pékin* en le republiant aux Éditions de Minuit en 1955.
2. Jean Ricardou, *Pour une théorie du Nouveau Roman*, p. 32.

Les influences d'un éclectique

Présenter l'œuvre de Boris Vian est toujours une tâche ardue, Dieu merci ! Ardue parce qu'il est impossible de lui coller une étiquette (ni dadaïste ou surréaliste, ni entièrement 'pataphysique ou existentialiste, l'œuvre de Vian est unique), et Dieu merci ! parce que c'est ce qui en fait la richesse et la valeur.

Si, comme on l'a bien vu, on ne peut parler d'appartenance à un courant précis, on peut s'étendre sur les influences littéraires (et autres) qui ont concouru à la création de *L'Écume des jours*. À celle d'Alfred Jarry, créateur de la 'pataphysique et d'une œuvre iconoclaste à l'humour décapant, on peut ajouter celle de la littérature anglo-saxonne que Vian dévore dès sa jeunesse et, plus particulièrement, celle de l'humour anglais.

LA LITTÉRATURE ANGLO-SAXONNE

Grâce à la bibliothèque de son père, Boris Vian s'initie très tôt à la littérature anglaise. Il dévore les romans d'aventures de Rudyard Kipling et de Daniel Defoe[1], ainsi que les œuvres de deux écrivains comiques : P. G. Wodehouse (1881-1975) et Jerome K. Jerome (1859-1927). Leurs livres lui révèlent les charmes inusités de l'humour britannique, noir et pince-sans-rire, caractérisé par le *nonsense*, c'est-à-dire l'art de développer des raisonnements ineptes et farfelus sous une apparence logique et rigoureuse.

Vian semble se souvenir tout particulièrement de la série des Jeeves et Wooster quand il écrit *L'Écume des jours*. Ces romans et nouvelles de P. G. Wodehouse décrivent les mésaventures d'un jeune aristocrate un peu gauche appelé Wooster et de son élégant et rusé domestique Jeeves, deux personnages qui ne sont pas sans rappeler le tandem Colin-Nicolas. Vian s'était d'ailleurs déjà essayé à créer un duo de personnages semblables à Jeeves et Wooster dans *Trouble dans les andains,* un premier court roman écrit en 1942-1943.

---

1. Rudyard Kipling (1865-1936) : auteur du *Livre de la jungle* (1894) ; Daniel Defoe (1660-1731) : auteur de *Robinson Crusoé* (1719).

Le ton, le style absurde et décapant de *L'Écume des jours*, la personnalité colorée et raffinée de Nicolas, de même que la gaucherie et la naïveté de Colin, doivent beaucoup à ces œuvres d'outre-Manche qui avaient profondément marqué leur auteur dans sa jeunesse et continuaient à le séduire, même après la guerre.

LE JAZZ

Une autre influence majeure dans l'œuvre de Vian est celle du jazz. D'origine américaine, le jazz naît au début du XXᵉ siècle dans La Nouvelle-Orléans, en Louisiane, d'un croisement entre le blues [1], le ragtime [2] et la musique européenne. Le premier enregistrement date de 1917, soit trois ans avant la naissance de Boris Vian. Ce disque 78 tours de l'Original Dixieland Jazz Band, un quintette blanc dirigé par le trompettiste Nick La Rocca (1889-1961), s'avère assez médiocre, mais connaît malgré tout un succès immédiat. Il a le mérite d'avoir ouvert les portes aux premiers grands jazzmen du siècle : Sidney Bechet, Louis Armstrong et Duke Ellington. La Rocca a également inspiré de nombreux Blancs à se lancer dans l'aventure, notamment le jeune cornettiste américain d'origine belge Bix Beiderbecke, l'une des idoles de Boris Vian.

Les deux styles qu'affectionne particulièrement Vian sont le jazz New Orleans, qui prend naissance dans le quartier mal famé de Storyville, et le swing, jazz festif qui s'empare des années 1930 alors que deviennent à la mode les big bands et les salles de danse. Vian s'intéressera également au be-bop, au cool et au hard bop des années 1950, mais ces formes plus complexes, voire intellectuelles de jazz lui plaisent moins.

On le sait, les références au jazz abondent dans *L'Écume des jours* : le prénom Chloé, le nom des rues, les pièces jouées au pianocktail et bien d'autres éléments encore renvoient à cet univers musical. Boris Vian qualifiait d'ailleurs son roman de « roman-jazz ». Et pour cause !

---

1. Blues : forme musicale et vocale d'origine afro-américaine exprimant la tristesse et la douleur de vivre.
2. Ragtime : genre musical généralement interprété au piano et caractérisé par un rythme syncopé et dynamique.

BORIS VIAN À LA TROMPETTE VERS 1946.
ARCHIVES FOND'ACTION BORIS VIAN.

Il y a en effet plus que ces simples clins d'œil. Tout comme les jazzmen improvisent autour d'une ligne mélodique souvent bien connue et relativement brève et simple, Boris Vian «improvise» une œuvre complexe et lyrique à partir d'un thème éprouvé et accrocheur : un jeune homme aime une jeune fille victime de la maladie.

Difficile aussi de ne pas établir de parallèle entre l'urgence avec laquelle Vian écrit son roman et celle de l'instrumentiste emporté par son solo : tous deux « prisonniers » du moment, s'abandonnant à leur inspiration, ne déposant leur instrument qu'au terme de leur performance. Le jazz, parce que basé sur l'improvisation, exige une inventivité constante et une grande rapidité d'exécution, deux qualités innées chez Boris Vian, mais que la pratique de la trompette et l'improvisation au sein de différents orchestres avaient certainement dû renforcer.

LE CONTE

Boris Vian aime les contes : ceux de Perrault, des frères Grimm et d'Andersen[1], mais aussi ceux de la comtesse de Ségur[2], dont il apprécie également le roman *Les Malheurs de Sophie* (1858). De ces récits qui meublent sa jeunesse, Vian retient bien sûr le recours au merveilleux, qu'il intégrera dans son œuvre (souris et chat qui parlent, appartements qui rapetissent et changent de forme, etc.), mais également le sempiternel « ils vécurent heureux et eurent beaucoup d'enfants ». En effet, le mariage dans ces contes mène toujours à un inconcevable bonheur. Vian, que cette fin convenue fait sourciller, s'en souviendra au moment d'écrire *L'Écume des jours*. Dans ce roman qui commence comme un véritable conte de fées, le mariage n'est plus la fin heureuse, mais le début du malheur. En répondant de manière cruelle à la question que se posent tous les enfants (« qu'advient-il des héros après la fin du conte ? »), Vian offre au lecteur une véritable parodie du conte de fées traditionnel.

---

1. Charles Perrault (1628-1703) : écrivain français ; Jacob (1785-1863) et Wilhelm (1786-1859) Grimm : écrivains allemands ; Hans Christian Andersen (1805-1875) : écrivain danois.
2. Sophie Rostopchine, comtesse de Ségur (1799-1874) : auteure des *Nouveaux Contes de fées* (1856).

Il faut noter qu'il s'était essayé au conte merveilleux dès 1942. Son *Conte de fées à l'usage des moyennes personnes,* écrit pour divertir sa femme Michelle pendant sa grossesse et qui ne sera publié qu'à titre posthume, montre déjà sa fascination pour ce genre intemporel qu'il aime tant déconstruire.

LA VRAIE VIE DU MENTEUR
Les Fauvettes

Boris Vian naît le 10 mars 1920. Ses parents sont Paul Vian, fils d'un bronzier ayant fait fortune à la fin du XIXᵉ siècle, et Yvonne Woldemar-Ramenez, fille d'un riche industriel. À sa naissance, Boris a déjà un frère, Lélio, né deux ans plus tôt. Ils seront bientôt suivis d'Alain, né en 1921, et de Ninon, née en 1924.

La famille s'installe dans une ravissante villa au nom charmant, *Les Fauvettes,* que Paul Vian vient d'acheter à Ville-d'Avray, bourgade située non loin de Paris et de Versailles. L'endroit idyllique est célèbre pour ses étangs, qui font partie du patrimoine historique depuis que les a immortalisés le peintre paysagiste Camille Corot (1796-1875). Les voisins sont des gens comme il faut, cultivés et aimables, en particulier leur voisin immédiat, un certain Jean Rostand [1]. Les enfants rendront souvent visite au célèbre homme de science, fascinés par ses histoires et son érudition.

C'est dans cet environnement enchanteur que Boris et ses frères et sœur grandissent. À la présence réconfortante de leurs parents et de la tante Alice, résidente permanente des *Fauvettes,* s'ajoutent celles du jardinier italien, du chauffeur qui aime jouer au football avec eux, du coiffeur à domicile et de l'institutrice privée.

Paul Vian, qui exerce la reposante « profession » de rentier, est un amoureux de la vie. Passionné de mécanique automobile, passe-temps auquel il initiera le jeune Boris, il est également propriétaire d'un avion et d'une bibliothèque remplie de romans anglais qu'il s'amuse à traduire. Entre deux soirées exigeant le port du smoking, il recherche

---

1. L'écrivain, biologiste et historien des sciences français Jean Rostand (1894-1977) est le fils d'Edmond Rostand (1868-1918), dramaturge, auteur de *Cyrano de Bergerac* (1897).

activement la nouveauté (sports nautiques, naturisme, littérature contemporaine, etc.) en compagnie de sa femme, une virtuose de la harpe douée aussi pour le chant et le piano. Son seul véritable défaut est son peu de sens des affaires, domaine au sujet duquel il préfère s'en remettre à un ami et conseiller, qui lui fait acheter des actions à la Bourse.

Toujours prêt à encourager ses enfants à s'amuser, Paul Vian est le père idéal. Son épouse, plus autoritaire, est une maman gâteau qui n'aime pas voir sa progéniture s'éloigner du nid familial. Elle se montre particulièrement anxieuse au sujet de Boris, dont elle a choisi le prénom [1], qui souffre d'une insuffisance aortique. Les médecins sont formels : Boris doit se ménager et ne poursuivre aucune activité trop exigeante pour son cœur malade. Affolée, sa mère le couve trop, lui sert de l'eau bouillie, l'oblige à porter un gilet de laine, peu importe la saison. Boris Vian lui en voudra beaucoup de l'avoir surprotégé au point de lui faire peur. Même le surplus de gâteries que lui vaut son état de santé finit par l'exaspérer.

À la découverte du jazz

En 1929, la crise économique frappe les Vian. Paul voit sa fortune s'envoler en fumée avec l'effondrement de la Bourse de Wall Street, et toute la famille doit songer à réduire son train de vie. Le chauffeur reçoit son congé. On se résigne à louer la villa *Les Fauvettes* et à habiter la maison du gardien. Les petits contrats de traduction que le père décroche ne suffisent pas à assurer la subsistance de sa famille. À une époque où les emplois se font rares, il devra se contenter d'un poste de représentant pour une firme de produits homéopathiques.

Par bonheur, les locataires de la villa *Les Fauvettes* se révèlent charmants. Il s'agit de la famille Menuhin, dont le fils Yehudi est un jeune prodige du violon. Avec lui, Boris peut jouer aux échecs et discuter de littérature. Et puis, il reste encore aux Vian une seconde propriété, le chalet en bois de Norvège de Landemer, en Normandie. Ils y séjourneront souvent au cours des années 1930. À ce sujet, Vian écrira

---

1. Elle a baptisé son fils en hommage au célèbre opéra russe *Boris Godounov* (1869-1972) du compositeur Modest Petrovitch Moussorgski (1839-1881).

plus tard dans son journal intime : « Un chouette merveilleux pays. Mais pas une copine. Pas un flirt[1]. »

Car les garçons ont grandi et commencent à s'intéresser aux filles, au grand désarroi de la mère Pouche (surnom donné par Boris Vian à sa mère) qui redoute les conséquences de la puberté. À Ville-d'Avray, elle tente encore de les limiter au jardin et à la salle de jeu, mais elle ne peut assurer une garde à vue permanente. Profitant d'un moment d'inattention, les garçons se défilent pour aller flirter en ville.

Boris Vian s'est aussi découvert une passion pour le jazz et la trompette. À 17 ans, il adhère au Hot Club de France, une association de jazz amateur dont le président d'honneur n'est nul autre que Louis Armstrong. Il s'y fait de nombreux amis, parmi lesquels se trouvent quelques musiciens amateurs. Avec eux, ainsi qu'avec ses frères — Alain à la batterie, Lélio à la guitare —, il forme son premier orchestre : l'Accord Jazz. Ses parents, bien qu'inquiets de voir leur fils au cœur déficient souffler dans sa « trompinette[2] », l'encouragent du mieux qu'ils peuvent.

Dans la salle de jeu de Ville-d'Avray, Boris et ses amis répètent. Les voisins se plaignent du bruit, surtout quand les membres de l'Accord Jazz organisent des surprises-parties. Malgré sa timidité, le jeune trompettiste se révèle l'hôte idéal de ces soirées à peine arrosées où l'on danse le fox-trot et le swing en échangeant avec les filles quelques baisers plutôt chastes. Élevés dans la peur des maladies vénériennes par la mère Pouche, les frères Vian ne sont pas des plus délurés. Boris Vian jugera plus tard bien sévèrement l'adolescent gauche et craintif qu'il était.

Entre mécanique et dandysme

À la même époque, il crée avec ses amis une société secrète, le Cercle Legateux, au sein de laquelle il peut donner libre cours à son imagination. Ils se trouvent des surnoms : Bison Ravi[3] pour Boris Vian, Nana Viali pour son frère Alain et Monprince pour François, le fils de

---

1. Journal intime (1951-1953) de Boris Vian, cité par Philippe Boggio dans *Boris Vian*, p. 15.

2. C'est ainsi que Vian appelait affectueusement son instrument.

3. Anagramme de Boris Vian (tout comme Nana Viali pour Alain Vian). L'écrivain emploiera fréquemment ce surnom comme pseudonyme au cours de sa carrière.

Jean Rostand. Ils inventent un langage codé, d'inspiration surréaliste. Ils créent leur propre monnaie, le doublezon, ainsi que des rites de passage farfelus, comme celui de manger un kilo de pâtes à moitié cuites. Bref, ils parviennent à s'amuser à une période de l'histoire pourtant bien maussade. Le père de Boris Vian est ravi. Son fils lui ressemble tant. Grand et mince, raisonneur et curieux de tout, passionné de mécanique automobile et de menuiserie, dandy au sens de l'humour plein d'ironie, il a aussi la même propension que lui à afficher un air d'insouciance en tout temps, malgré des inquiétudes bien réelles.

Comment oublier en effet qu'à cette époque la médecine demeure encore bien impuissante devant les maladies cardiaques? En son for intérieur, Vian est déjà convaincu qu'il ne dépassera pas les 40 ans. Il tourne tout cela à la blague, mais la peur de la mort, la colère, la frustration vis-à-vis de sa condition et des limites de la médecine ne le quittent pas. Elles le poussent déjà à mordre dans la vie avec une intensité rare… et épuisante.

Après avoir hésité quelque temps entre deux voies, les mathématiques ou les lettres, Vian choisit de se détourner de la littérature, passion trop peu originale dans cette maison où tout le monde aime lire et écrire. Il deviendra ingénieur. En compagnie de François Rostand, il entre au lycée Condorcet, à Paris, afin d'entamer des études préparatoires à son admission à l'École centrale des arts et manufactures, spécialisée dans la formation des ingénieurs. Deux ans plus tard, il parvient à obtenir de sa mère la permission de partir en vacances avec un ami. Dix jours loin de Ville-d'Avray! Dix jours de liberté en compagnie d'un copain, mais surtout de Monette, une jeune fille avec qui il s'est récemment fiancé.

Quelques semaines plus tard, la guerre éclate.

À l'ombre de la guerre

En 1940, quand l'armée française s'engage dans «la drôle de guerre[1]», Boris Vian a 20 ans. Dispensé du service militaire en

---

1. Surnom donné à la période allant de la déclaration de guerre des Alliés à l'Allemagne à la suite de son invasion de la Pologne (septembre 1939), jusqu'à l'occupation de la France par les nazis (mai 1940). Pendant cette période, peu de tirs ont été échangés et les armées alliées devaient tromper l'ennui dans les divers retranchements.

raison de sa santé déficiente, il poursuit ses études à Angoulême, en Charente, dans l'ouest de la France, où l'École centrale a provisoirement emménagé.

Loin de Ville-d'Avray, Vian finit par s'ennuyer. Il échange avec sa mère de nombreuses lettres dans lesquelles il s'efforce de la rassurer. Il lui raconte avec humour sa vie d'étudiant et ses amours avec Monette. Il lui parle de sa logeuse, Mme Truffandier, qu'il a affectueusement surnommée «la mère Truffe-Truffe». Il évoque le nom de ses meilleurs amis et raconte leur passion commune pour Alfred Jarry et *Ubu Roi*. Il décrit également l'ambiance un peu chaotique qui règne à l'École centrale. Craignant d'être bientôt mobilisés, beaucoup de garçons redoutent le pire et ne parviennent pas à se concentrer. Les classes sont parfois à moitié vides. Pour se défouler et oublier, on fait la fête. Vian est toujours partant.

Même si Angoulême fait partie de la zone occupée[1], la guerre y retentit avec moins d'intensité qu'à Paris ou que dans le nord de la France en général. Vian traverse ainsi les années 1940 à 1945 un peu à l'abri du cauchemar, à l'ombre de cette guerre qui n'en finit plus. Son tempérament y est également pour beaucoup. Élevé par un père antimilitariste et anticlérical, il manifeste bien peu d'intérêt pour la politique et le patriotisme. Rapidement, il prédit la défaite de l'armée française. La ligne Maginot lui semble si peu efficace! Même lorsque la guerre finit par atteindre Angoulême (beaucoup de réfugiés en provenance de Belgique s'y installent en attendant de pouvoir gagner l'Angleterre), il se sent moins concerné par la situation de la France que par la santé de ses parents, restés à Ville-d'Avray. Bien des années plus tard, il se reprochera cette attitude de grand bourgeois.

Les beaux jours d'un zazou

Boris Vian doit à la guerre deux rencontres importantes: celle de Michelle Léglise d'abord, et celle de Jacques Loustalot, dit le Major.

En 1940, Vian passe ses vacances avec sa famille à Capbreton, port et lieu de plaisance au sud-ouest de la France. Son frère Alain y tombe amoureux de Michelle Léglise, une ravissante jeune femme aux

---

1. Pendant l'Occupation, la France a été divisée en une zone occupée par les Allemands et une zone libre.

cheveux blonds qui fait également battre le cœur de Boris. Par respect pour son frère, mais aussi pour Monette, sa fiancée, il n'en souffle pas mot. De retour à Ville-d'Avray, les frères Vian organisent une nouvelle surprise-partie. Michelle Léglise, bien entendu, est invitée. Ce soir-là, c'est avec Boris qu'elle choisit de danser.

Fille d'un inventeur qui sera bientôt arrêté par la Gestapo[1], Michelle Léglise a le même âge que Boris Vian et, surtout, le même goût pour la littérature et l'humour anglais. Elle se montre par ailleurs sensible à la nature romantique du jeune homme, moins pressé que son frère Alain. Le rapprochement semble inévitable. Un an plus tard, ils se marient sur un coup de tête, comme beaucoup d'autres jeunes qui ont vécu la Seconde Guerre mondiale. À l'omniprésence de la mort, on oppose la beauté de l'amour et… des enfants. Quelques semaines après son mariage, Michelle apprend en effet qu'elle est enceinte. Elle accouchera de Patrick en 1942, puis de Carole, en 1948.

Jacques Loustalot est un cousin éloigné de Michelle Léglise. À 15 ans, il en paraît déjà 20. Excentrique, étonnamment cultivé, boute-en-train combinant un goût prononcé pour l'alcool à celui des acrobaties suicidaires, il se présente toujours comme étant « Le Major, de retour des Indes[2] ». Devenu borgne à la suite d'un accident, il s'amuse à choquer la galerie en retirant son œil de vitre, puis en faisant mine de l'avaler ou en le plongeant parmi les glaçons de son verre déjà vide. Derrière cette attitude bouffonne et dadaïste se cache une terrible colère à l'égard de son père, un haut diplomate qui ne le comprend pas. Bref, le Major semble tout droit sorti d'un roman de… Boris Vian. Et pour cause ! Il sera l'une des principales sources d'inspiration de Vian lorsque le jeune ingénieur écrira ses premiers textes de fiction. En attendant, il a fait du jeune couple de véritables parents adoptifs et, malgré une tendance à disparaître sans préavis pour de longues semaines, voire de longs mois, il restera jusqu'à sa mort l'un des meilleurs amis de Boris Vian.

Les nouveaux mariés savent attirer les regards. De surprise-partie en surprise-partie, Vian exploite son indéniable talent d'hôte et

---

1. Les services secrets nazis.
2. En référence à l'univers romanesque de Rudyard Kipling, dont les récits se déroulent souvent en Inde à l'époque coloniale.

d'animateur aux côtés de sa femme, qui fait bien des envieux à Ville-d'Avray. S'ils n'ont pas carrément adopté la mode des zazous, ces jeunes qui portent des vêtements américains aux couleurs chatoyantes et scandalisent les tenants du régime de Vichy, ils ont néanmoins leur attitude et leurs goûts : même sens de la fête, même désinvolture, même passion pour le swing et l'Amérique d'Hemingway et de Faulkner[1].

En 1942, Vian termine ses études à l'École centrale. Il n'en est pas fâché. Son enthousiasme pour la carrière d'ingénieur s'est passablement éteint au fil des ans et au contact de ses professeurs, beaucoup trop conservateurs. Il doit maintenant se trouver un emploi afin de subvenir aux besoins de sa femme et de son fils, mais aussi afin d'aider sa famille, à Ville-d'Avray. Il choisit l'Association française de normalisation (AFNOR), formée en 1926 dans le but d'uniformiser les produits de consommation proposés aux Français. Sa première tâche (digne de celles qu'aura à accomplir Colin dans *L'Écume des jours*) consiste à trouver la bouteille idéale parmi des milliers de modèles.

Il fait également la connaissance du compositeur et chef d'orchestre Claude Abadie (né en 1920), un ancien étudiant de polytechnique qui croit comme lui que le swing a progressivement « blanchi » le jazz. De jam en jam, ils fondent un orchestre et participent à de nombreux concours afin de faire des adeptes du « vrai » jazz, celui des Noirs américains. Ils ne parviendront jamais à la célébrité, mais se feront suffisamment apprécier pour faire la première partie des plus grands musiciens de l'Occupation. Heureusement que Boris a la musique pour lui faire oublier la monotonie de son existence professionnelle à l'AFNOR !

L'écriture le sauve également de l'ennui. Il a déjà rédigé quelques poèmes — intégrés plus tard au recueil *Cent Sonnets* (posthume, 1987) — lorsqu'à la demande de Michelle Léglise il s'essaie au merveilleux avec le *Conte de fées à l'usage des moyennes personnes* (1942), récit d'une loufoque quête du Graal. Ce sera ensuite *Trouble dans les andains* (1942-1943), nouvelle quête du Graal dont les protagonistes ne sont nuls autres que le Major et Boris Vian lui-même. Enfin, il se lance

---

1. William Faulkner (1897-1962) : romancier américain.

dans la rédaction d'un roman plus personnel, *Vercoquin et le Plancton*, récit zazou par excellence qui fait revivre les surprises-parties de Ville-d'Avray et dans lequel le Major tient encore la vedette.

La fin de l'innocence

Dans la nuit du 22 au 23 novembre 1944, Paul Vian est assassiné dans sa maison, à Ville-d'Avray. Aujourd'hui encore, on ne sait qui a tiré la balle de colt 45 qui est allée se loger dans le ventre du père de Boris. Probablement s'agissait-il de jeunes cambrioleurs prêts à tout pour échapper au rationnement de l'après-guerre. Surpris, paniqués à la vue de Paul Vian, mais aussi de la tante Alice, qui avait tenté de les assommer, les voyous ont tiré avant de déguerpir. Boris Vian perd non seulement son père, mais, avec lui, ce qui lui restait de son enfance. Le chalet de Landemer ayant été détruit par les Allemands, voilà que l'on se résigne à vendre la villa *Les Fauvettes*. Des beaux jours de Ville-d'Avray, il ne reste plus que des souvenirs. Vian découvre aussi que le testament de son père le fait chef de famille, une responsabilité dont il se serait bien passé.

En compensation, il reçoit avant la fin de l'année une bonne nouvelle : *Vercoquin et le Plancton* sera publié par la prestigieuse maison d'édition Gallimard. Il doit sa bonne fortune à Jean Rostand, qui a lu le manuscrit et l'a jugé suffisamment intéressant pour le remettre à Raymond Queneau, directeur de collection chez Gallimard. Queneau, malgré la différence d'âge qui les sépare, comprend parfaitement l'univers du jeune ingénieur, tout comme Vian s'entend à merveille avec le futur auteur du célèbre roman *Zazie dans le métro* (1959). Les deux hommes tisseront au fil des ans une solide amitié.

Jugeant que *Vercoquin et le Plancton*, malgré ses mérites, est une œuvre de jeunesse, Vian s'attaque à la rédaction d'un récit plus ambitieux et maîtrisé : *L'Écume des jours*. Ce roman, il l'écrit aussi en prévision du prix de la Pléiade, décerné chaque année par Gallimard. Puisque *Vercoquin et le Plancton* a déjà été accepté par la réputée maison d'édition, il ne peut le soumettre aux membres du jury. Et comme ses œuvres précédentes lui semblent indignes de toute considération, il s'impose d'en rédiger une toute nouvelle.

Un roman qui fait des vagues

Écrite de mars à mai 1946 [1], *L'Écume des jours* semble de prime abord destinée à valoir à son auteur un vif succès. La fantaisie déconcertante qui faisait le charme de *Vercoquin et le Plancton* ou de *Trouble dans les andains* y est encore présente, mais plus contenue, et l'humour cède sa place au drame existentiel des jeunes protagonistes, exposés comme son auteur au monde adulte et à la mort. Michelle Léglise, qui se charge de dactylographier les manuscrits de son mari, avouera avoir pleuré en travaillant sur *L'Écume des jours*. Elle savait que Vian, secoué par la mort de son père, mais également par la fin des jours de fête et le poids de la vie adulte, y enterrait sa propre innocence.

Grâce à *L'Écume des jours,* Boris Vian espère aussi se rapprocher du plus célèbre des écrivains de l'heure, Jean-Paul Sartre. Fin stratège, il se refuse à jouer le jeu de l'admirateur transi. Au lieu de tracer un portrait élogieux de l'auteur de *La Nausée*, il en fait plutôt la caricature. Cette approche originale lui vaut d'abord l'appui de Simone de Beauvoir, la compagne de Sartre, puis celui du chef de l'existentialisme lui-même, qui l'introduit dans son cercle d'amis et le fait chroniqueur des *Temps modernes*. Vian, dont l'humour tranche avec la plume plutôt austère des Merleau-Ponty, Beauvoir et Camus, y tiendra brièvement sa chronique du Menteur (nom qu'il a lui-même choisi), dans laquelle il annonce de fausses nouvelles, comme celle de l'anoblissement de la chanteuse Édith Piaf (1915-1963) par le pape. Dans un autre numéro, il critique la présentation médiocre de la revue, suggérant de remédier à la situation en créant des pages de couverture odorantes (odeur de pain brûlé, de vomi, etc.). Sartre, qui souhaitait apporter un peu de légèreté à sa revue, est d'abord ravi par les textes de Vian, mais déchante bien vite devant le mécontentement de Camus et de Merleau-Ponty, qui n'entendent pas à rire. Vian va trop loin, et il le sait. Il se retire donc gracieusement, de lui-même, après une cinquième et ultime chronique.

Après avoir touché ses proches, *L'Écume des jours* séduit les membres du jury du prix de la Pléiade. Queneau est emballé (il écrira

---

1. Les notes préparatoires à l'écriture de *L'Écume des jours* remontent à décembre 1945, mais le roman fut bel et bien écrit en moins de trois mois.

plus tard qu'il s'agit du «plus poignant des romans d'amour contemporains»), Sartre a promis son vote et Jean Paulhan (1884-1968) assure Vian de sa victoire.

C'était sans compter André Malraux (1901-1976), dont la voix influente est au service de *Terre du temps,* un recueil de poésies de l'abbé Jean Grosjean (1912-2006). Marcel Arland (1899-1986), qui n'aime pas *L'Écume des jours,* n'est pas long à convaincre et se charge de persuader d'autres membres du jury (dont Paulhan et Camus) de voter en faveur du poète catholique. Encore sous l'impression qu'il a la victoire en poche, Vian apprend soudainement que le prix est décerné à son rival. Furieux, profondément meurtri, se sentant trahi par Paulhan et Arland, il règle ses comptes dans un nouveau roman, *L'Automne à Pékin* (1947), dans lequel l'abbé Petitjean, Ursus de Janpolent et l'abominable Arland (que Vian qualifie chaque fois de «beau salaud») sont de féroces caricatures de trois des principaux acteurs ayant participé à sa déconvenue.

Cette colère et cette amertume, Vian les doit à sa grande sensibilité, mais également à son envie de faire vite. Toujours pressé par son cœur malade, il espérait remporter le prix afin d'accéder plus rapidement à la notoriété et de pouvoir mieux faire vivre sa femme, son fils et le reste de sa famille. Queneau et ses amis auront beau essayer de calmer le jeu, le mal est fait.

Boris Vian contre Vernon Sullivan

Au même moment, une nouvelle opportunité s'offre à lui. Jean d'Halluin, un jeune éditeur à la recherche du succès, l'approche pour traduire des romans noirs américains. À cette époque, l'atmosphère glauque de ces récits mettant en vedette l'autre Amérique, celle des laissés-pour-compte de la démocratie, des rebelles, des inadaptés sociaux et des petits criminels, fascine les Français. Emballé et flairant la bonne affaire, Vian propose d'aller plus loin : au lieu d'une traduction, pourquoi pas un pastiche ? Il se chargera lui-même d'écrire le roman et se fera passer pour le traducteur.

Rédigé en un temps record au cours des vacances d'été, *J'irai cracher sur vos tombes* paraît la même année que *L'Écume des jours.* Les deux romans connaîtront toutefois un destin bien différent : alors que le second est en grande partie ignoré de la critique et des lecteurs, le premier, supposément écrit par l'Américain Vernon Sullivan et traduit par Boris Vian, remporte un succès de scandale inespéré.

Vian y raconte l'histoire sulfureuse d'un jeune octavon vengeant le tort que son frère a subi aux mains des Blancs en séduisant, puis en violant et en tuant de jeunes *bobby-soxers*[1]. Désireux de créer un roman noir aussi convaincant que possible, il y a inséré le même mélange de violence et de sexualité, mais en dépassant les limites permises par la censure de l'époque. À cela s'ajoute le mystère Vernon Sullivan, écrivain américain que l'on soupçonne bientôt de n'être nul autre que le Menteur des *Temps modernes* lui-même.

Vian, qui refuse d'abord de confirmer les soupçons des journalistes, est amusé par l'impact obtenu par sa supercherie littéraire. Le livre se vend plutôt bien, assez pour que son auteur tente désormais de vivre de sa plume. Mais l'affaire tourne au cauchemar lorsque *J'irai cracher sur vos tombes* lui vaut une poursuite en justice pour outrage aux bonnes mœurs. On le traite même d'assassin quand un exemplaire de son roman est retrouvé sur le lit d'un étrangleur qui vient de tuer sa femme. Il se défend dans les journaux, s'attire la sympathie des défenseurs de la liberté d'expression, mais acquiert malgré tout une réputation de mauvais garçon des lettres qui l'embarrasse plus qu'elle ne lui plaît.

Il écrit trois autres romans sous le pseudonyme de Vernon Sullivan afin d'exploiter le filon de *J'irai cracher sur vos tombes*, mais, ce faisant, tue la carrière de Boris Vian, le jeune écrivain sensible et touchant de *L'Écume des jours*. On ne s'intéresse désormais à lui qu'en tant qu'objet de scandale et prince du Tabou, le club nouvellement aménagé dans le sous-sol d'un café de Saint-Germain-des-Prés où il joue de la trompette jusqu'aux petites heures du matin. Héros d'une jeunesse superficielle avide d'émotions fortes et de divertissement, écrivain en manque de considération, paria de la bonne société parisienne des années 1950, pourchassé par des journalistes à potins uniquement désireux de créer l'évènement, Vian est devenu en moins d'un an une vedette et… un écrivain maudit.

---

1. Expression anglaise désignant les adolescentes de l'Amérique des années 1940-1950, éprises de Frank Sinatra ou d'une autre idole de la jeunesse.

Les trois autres grands romans signés de son nom, *L'Automne à Pékin* (1947), *L'Herbe rouge* (1950) et *L'Arrache-cœur* (1953), sont tous refusés par Gallimard. Se sentant rejeté et incompris, Vian se porte lui-même le coup de grâce en refusant d'aller cogner à la porte des grandes maisons d'édition concurrentes. Il abandonne ses œuvres les plus personnelles aux mains de petits éditeurs sans visibilité médiatique, incapables de leur attirer l'attention qu'elles méritent. Personne — ou presque — ne parlera de *L'Arrache-cœur,* superbe roman sur l'amour étouffant qu'une mère voue à sa progéniture. Le livre demeure sur les tablettes des quelques librairies où l'on peut le trouver. Ce sera le dernier roman de l'auteur.

Peu porté à rester sur un échec, Boris Vian s'emballe désormais pour d'autres carrières : le théâtre, le journalisme, le cinéma et la chanson, même si jamais il ne parviendra de son vivant à se faire reconnaître et apprécier d'une France qui l'a jugé et condamné prématurément.

Les mille et une vies de Boris Vian

À la fin des années 1940, alors que Vernon Sullivan obtient le succès avec *J'irai cracher sur vos tombes,* éclipsant au passage la carrière de l'auteur de *L'Écume des jours,* ce dernier a pour mince consolation d'être sacré prophète de Saint-Germain-des-Prés. Tout comme Juliette Gréco, Boris Vian et sa «trompinette» sont le symbole de ce quartier autrefois tranquille de Paris, devenu maintenant l'endroit le plus couru de la capitale. Non seulement Vian se produit au Tabou (1947-1948), puis au Club Saint-Germain (1948-1949), mais il y accueille fréquemment ses idoles de jazz, de Duke Ellington à Dizzy Gillespie, en passant par Rex Stewart et Miles Davis[1]. Il les présente à Sartre, à Beauvoir, à Merleau-Ponty et à Camus, mettant tout son talent d'hôte et d'animateur au service de ces rencontres au sommet. Si Vian s'est fait une sale réputation avec la publication de *J'irai cracher sur vos tombes,* tous ceux qui le fréquentent peuvent attester bien au contraire de son extrême gentillesse et de sa séduisante réserve.

Après la mort du Major en 1948, Vian délaisse quelque peu les clubs enfumés de Saint-Germain-des-Prés pour se lancer dans le

---

1. John Birks «Dizzy» Gillespie (1917-1993) : trompettiste américain ; Rex Stewart (1907-1967) : cornettiste américain ; Miles Davis (1926-1991) : compositeur et trompettiste américain.

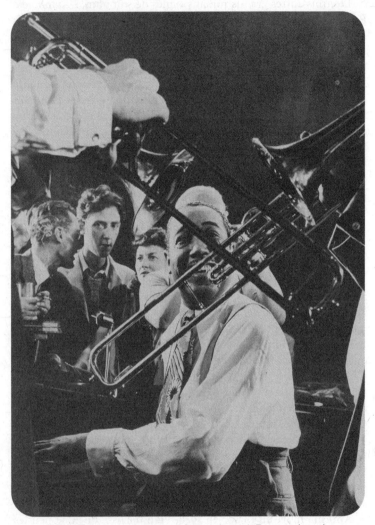

Duke Ellington en représentation à Berlin (1944).

théâtre. *L'Équarrissage pour tous,* sa première pièce, est une comédie grinçante profondément antimilitariste. Incapable de la faire présenter sur scène avant 1950 faute de budget et d'intérêt, il se tourne entre-temps vers une pièce de commande que ses amis lui déconseillent d'écrire : une adaptation théâtrale de *J'irai cracher sur vos tombes.* Vian, malheureusement, n'est pas assez riche pour se permettre de refuser et se lance sans grand enthousiasme dans ce projet qui sera un lamentable fiasco.

Deux ans plus tard, la critique massacre également *L'Équarrissage pour tous,* pourtant bien accueillie par le public le soir de la première. Vian, que les applaudissements sans réserve des spectateurs avaient laissé croire à un vrai succès, reçoit un nouveau direct au cœur. On lui reproche de tourner la guerre en dérision, on insinue qu'il n'est pas un véritable écrivain, puisqu'il joue de la trompette et signe des romans noirs, on rappelle à ce sujet l'impardonnable vulgarité de *J'irai cracher sur vos tombes,* bref, on procède à un implacable lynchage public. À la suite de cette déconvenue, les élans dramaturgiques de Vian se font plus rares et les quelques pièces qui en résultent — *Les Bâtisseurs d'empire ou Le Schmürz* (1959), *Le Goûter des généraux* (1965) — ne seront pas jouées de son vivant.

Les années 1950 commencent également pour Boris Vian avec une rupture : son mariage avec Michelle Léglise est un échec. Les deux anciens amoureux de Capbreton et de Ville-d'Avray choisissent le divorce. Trop d'infidélités et de cachotteries de part et d'autre (il avait eu de nombreuses aventures, elle allait devenir la maîtresse de Jean-Paul Sartre), trop de colère réprimée et d'inconfortables silences pesant sur leur quotidien conduisent à l'inévitable décision.

Heureusement pour lui, son célibat ne dure qu'un temps. La même année, il rencontre une jeune danseuse de ballet d'origine suisse nommée Ursula Kübler. De huit ans sa cadette, elle est la fille d'un intellectuel aux multiples talents : peintre, illustrateur et journaliste. Dotée d'un fort caractère et d'un esprit indépendant et sportif, elle deviendra rapidement beaucoup plus que la simple remplaçante de Michelle : Ursula Kübler sera le grand amour de Boris Vian en cette décennie qui s'annonce bien tourmentée.

BORIS VIAN AVEC SA FEMME URSULA KÜBLER (1956).

Ce n'est pourtant pas le coup de foudre. Kübler est en tournée avec la troupe du chorégraphe et danseur Roland Petit (né en 1924) afin de se remettre d'une peine d'amour. Vian, de son côté, vient de se séparer de Léglise et est si miné par ses échecs personnels et professionnels qu'il pense parfois au suicide. Ils apprendront à s'aimer au fil du temps et grâce à de menus plaisirs, comme celui d'une balade en voiture dans la Brasier [1] 1911 décapotable que Boris a achetée sur un coup de tête pour oublier ses nombreux problèmes, y compris ses problèmes… financiers.

En effet, non seulement il fait face à son imminent procès pour *J'irai cracher sur vos tombes,* mais il est également poursuivi par le fisc pour avoir omis de payer ses impôts pendant de nombreuses années, situation qui n'est évidemment pas sans rappeler celle de Chick, l'ingénieur de *L'Écume des jours.*

Tout au long des années 1950, Boris se débat pour régler ces dettes qui minent son existence. Il partage ainsi son temps entre des projets qui lui tiennent à cœur, mais qui lui rapportent peu (il écrit par exemple de nombreux scénarios de films qui ne seront jamais tournés), des œuvres de commande dont il s'acquitte avec grâce (dès la fin des années 1940, il entreprend la rédaction d'un guide touristique de Saint-Germain-des-Prés [2] ; en 1953 il signe le livret d'un opéra à succès, *Le Chevalier de neige*) et des emplois de traducteur pour Gallimard, de journaliste pigiste pour la revue *Constellation* et de directeur artistique pour la maison de disques Fontana.

Installé avec Ursula dans un petit appartement qui lui donne accès à la terrasse du Moulin Rouge, il a pour voisin le poète Jacques Prévert, qui se plaint souvent du volume auquel Vian écoute ses disques de jazz, mais qui respecte et apprécie malgré tout l'auteur de *L'Écume des jours.* Il faut dire que les deux hommes ont beaucoup de points en commun : individualistes, touche-à-tout de talent à l'attitude anarchiste, membres du Collège de 'Pataphysique, ils semblent faits pour s'entendre.

Depuis son entrée en 1952 dans le cercle très mystérieux et privé des 'pataphysiciens, Vian a temporairement retrouvé le sourire. Il y

---

1. Entreprise automobile française fondée en 1902. Elle fit faillite en 1930.
2. *Manuel de Saint-Germain-des-Prés* (posthume, 1974).

partage avec Prévert, Queneau et Ionesco son admiration pour Jarry et son goût pour l'humour décapant, fantaisiste et irrévérencieux. Il fonde en parallèle le Club des savanturiers, dont l'objectif est de faire connaître un genre littéraire encore méconnu des Français à cette époque : la science-fiction.

En 1954, son incursion dans le monde de la chanson ne sera toutefois pas si rose.

Boris Vian, chansonnier

Au fil des années 1950, la multiplication des boîtes à chansons et la popularité grandissante du disque vinyle attirent rapidement l'attention de Vian, toujours à la recherche de nouveaux défis artistiques et de nouvelles sources de revenus. Son imagination débordante, sa rapidité à tourner des vers, son sens de l'humour et ses talents de musicien semblent le prédestiner à explorer ce genre mineur dont on fait grand cas dans les journaux. Son objectif est simple : écrire pour les interprètes de l'heure, vendre ses chansons aux Gréco, Piaf et Montand[1] qui enchantent les auditeurs. Aidé par des compositeurs de talent qui l'aident à mettre ses textes en musique, Vian enchaîne chanson après chanson avec une frénésie et un enthousiasme peu communs : *Le Petit Commerce, Complainte du progrès, J'suis snob, On n'est pas là pour se faire engueuler, La Java des bombes atomiques*[2], autant de titres devenus aujourd'hui des classiques, mais qui, à l'époque, trouvent difficilement preneur. En désespoir de cause, il se laisse convaincre par Jacques Canetti (1909-1997), homme de spectacle et propriétaire d'une petite maison de disques, de les chanter lui-même. C'est ainsi qu'après avoir suivi des cours d'interprétation, il fait ses difficiles débuts aux Trois-Baudets, salle de concert parisienne fondée par Canetti en 1947, devant une foule pour le moins mystifiée.

Pâle, croulant sous la nervosité, Boris découvre qu'il est beaucoup plus difficile pour lui d'affronter les projecteurs en tant que chanteur que comme trompettiste. Sa voix est tremblante, cassée, et il doit rapidement se résoudre à psalmodier ses textes plutôt qu'à les chanter. L'envie de fuir dans les coulisses n'est pas loin, mais ce n'est pas son

---

1. Ivo Livi, dit Yves Montand (1921-1991).
2. Voir note 2, p. 182.

genre. Il persiste, devant une foule qui ne comprend pas, ne rit guère à ses textes pourtant si drôles et décapants, et se moque de sa raideur derrière le micro. Quelques spectateurs avant-gardistes et éclairés sont néanmoins chavirés par l'expérience, dont un certain Serge Gainsbourg[1], profondément touché par la qualité des chansons et l'originalité « involontaire » de la prestation de Boris.

Malgré la réception bien froide du public, Canetti encourage Vian à se lancer dans une tournée et à enregistrer quelques titres, dont des parodies de rock-and-roll (un genre musical de plus en plus populaire et qu'il n'aime pas) et *Le Déserteur,* une chanson libertaire écrite en 1954 alors que la France est encore dans la tourmente de la guerre d'Indochine. Cette chanson, déjà interprétée sur la scène parisienne par Mouloudji[2], Vian l'incorpore à son répertoire sans se douter de la réaction qu'elle provoquera à l'extérieur de Paris.

À nouveau, Boris Vian fait scandale. De ville en ville, le public provincial, beaucoup plus conservateur, hue et insulte le chanteur débutant chaque fois qu'il entame *Le Déserteur,* chanson jugée insultante pour les anciens combattants de la Seconde Guerre mondiale et les rescapés de la guerre d'Indochine. Des vétérans finissent même par le suivre dans sa tournée pour le simple plaisir de nuire à sa performance. On le menace, on monte sur scène pour s'en prendre physiquement à lui, mais Vian refuse de lâcher prise. Il encaisse les menaces, la pression populaire, les insultes et les moqueries avec un courage et une détermination qui laissent ses musiciens pantois, et ses proches très inquiets. Même Jacques Canetti se reproche d'avoir persuadé l'ancien ingénieur au cœur malade de s'exposer à un tel stress. Les médecins le supplient de renoncer à sa tournée, mais Vian, malgré son épuisement et sa lassitude, ne bronchera pas avant d'avoir donné son dernier spectacle.

La réalisation d'une prédiction

Parallèlement à ses activités de chansonnier, Vian a accepté de collaborer à un projet d'adaptation pour le cinéma de *J'irai cracher sur vos tombes.* Ses proches le mettent en garde : le président de la

---

1. Serge Gainsbourg (1928-1991) : auteur-compositeur-interprète et cinéaste français.
2. Marcel Mouloudji (1922-1994) : chanteur-compositeur, romancier et acteur français.

Couverture de l'édition de 1948 du roman écrit
par Boris Vian sous un pseudonyme.

République vient de l'amnistier[1], pourquoi ne pas reléguer aux oubliettes, une fois pour toutes, ce malheureux roman qui a tant empoisonné son existence ? Mais Vian, qui peut difficilement laisser passer une nouvelle chance de se faire connaître en tant que scénariste, est également séduit par l'idée qu'on lui soumet : celle d'une adaptation très libre. Il s'incline donc devant la possibilité de revoir pour le mieux son scandaleux roman.

C'était mal connaître le milieu du cinéma. Passant sans arrêt d'une maison de production à l'autre, l'adaptation de *J'irai cracher sur vos tombes* connaît de nombreux problèmes. On lui avait parlé d'une adaptation libre, voilà que devant l'appât du gain les nouveaux producteurs préfèrent s'en tenir à l'intrigue originale et conserver le titre, deux décisions qui mettent Vian hors de lui.

Lié par contrat, il n'a en théorie pas le choix de rendre les armes. On lui réclame un scénario complet. Lorsqu'il tarde à livrer la marchandise, on engage à son insu un autre scénariste. Quand il découvre enfin la triste vérité, Vian jure de se venger. Ils veulent un scénario ? Il leur en remettra un… de plus de 200 pages, truffé de descriptions loufoques et anti-cinématographiques et dans lequel il tue sans pitié ses personnages.

Toute cette affaire, combinée à la fatigue qu'a entraînée sa difficile tournée de chansonnier, a passablement miné sa santé. On s'inquiète pour lui. De la pâleur du cardiaque, il est passé à celle du mort-vivant. Il n'a plus le moral, comme l'attestent ses derniers poèmes, et ne sait pas prendre soin de lui. Il continue à écrire des chansons avec son ami le chanteur Henri Salvador (1917-2008), qui tente en vain de le convaincre de se reposer[2]. Bon joueur comme à son habitude, mais également emporté par la curiosité de voir ce que l'on a fait de son roman, il décide contre l'avis de certains de ses amis d'assister à la projection privée de *J'irai cracher sur vos tombes,* le 23 juin 1959. Sa femme Ursula est encore au lit. Vian l'embrasse et quitte l'appartement de la cité Véron[3] afin de passer au travers de ce qui lui semble

---

1. Vian est d'abord condamné en 1950 à payer une amende de 100 000 francs, puis gracié en 1953.
2. Vian a écrit plus de 484 chansons en moins de 5 ans.
3. Impasse privée dans le quartier de Montmartre, à Paris.

constituer une véritable corvée. Il a également oublié (ou omis ?) de prendre ses médicaments.

Dans la salle de projection, les lumières s'éteignent peu à peu alors qu'un titre envahit l'écran : « *J'irai cracher sur vos tombes*, d'après le roman de Vernon Sullivan. » C'est tout ce que verra Boris Vian de l'adaptation ratée de son récit. Son cœur a cessé de battre avant même la fin du générique.

« Je ne dépasserai pas les quarante ans », avait-il prédit jadis, alors que tant d'espoirs lui semblaient encore permis. De toutes les prédictions qu'il a faites à son sujet, c'est celle-là qui, tristement, s'est avérée la plus juste.

Plus de 10 ans passeront avant que l'on ne le redécouvre et que l'on n'apprécie à leur juste mesure ses chefs-d'œuvre. Cette résurrection méritée et durable, il la doit en grande partie au roman *L'Écume des jours*, célébré d'abord par la génération de mai 68, ainsi qu'à la chanson *Le Déserteur*, véritable hymne à la liberté et à la paix. De l'ingénieur à la « trompinette » à l'auteur scandaleux de *J'irai cracher sur vos tombes*, Boris Vian aura vécu une vie riche en rebondissements et en accomplissements de toutes sortes.

Dommage qu'il n'ait jamais eu l'occasion d'en récolter les honneurs.

L'ŒUVRE EXPLIQUÉE

La genèse de *L'Écume des jours*

Lorsque Boris Vian entreprend la rédaction de *L'Écume des jours*, il a quitté l'AFNOR[1] pour l'Office professionnel des industries et commerces du papier et du carton. Il y est entré grâce à un ami qui y travaille déjà, Claude Léon. Les deux hommes passent la journée assis l'un en face de l'autre, Léon en charge des questions touchant à la chimie, Vian responsable de tout ce qui relève de la physique. À cet emploi qui l'ennuie s'ajoutent les responsabilités familiales, les rendez-vous amicaux et professionnels, les répétitions avec ses copains musiciens ainsi que de nombreux concerts.

---

1. Voir p. 206.

Ses proches apprennent qu'il écrit un nouveau roman au titre mystérieux, *L'Écume des jours,* mais ils n'en savent pas plus. Vian n'en parle pas. Rédigé à la vitesse de l'éclair entre mars et mai 1946, le roman raconte de manière personnelle le désenchantement provoqué par la guerre et le début de la vie adulte. Le mariage précipité avec Michelle Léglise, la destruction du chalet de Landemer par les Allemands, l'assassinat de son père, la vente de la villa *Les Fauvettes,* l'angoisse constante par rapport à son cœur fragile ont transformé le jeune étudiant insouciant de 1939 en un homme au regard inquiet.

Comment Boris Vian est-il parvenu à écrire un roman si maîtrisé en moins de trois mois, malgré un emploi du temps aussi chargé ? Il écrit comme il vit : intensément et rapidement. Il souhaite aussi remettre son manuscrit à temps pour le prix de la Pléiade, décerné chaque année par Gallimard à un jeune talent. Le prix consiste en une somme d'argent fort appréciable et, bien entendu, en la publication de l'œuvre couronnée [1]. Pas question de laisser passer une telle occasion ! Enfin, il souhaite se rapprocher le plus vite possible de Sartre, qu'il admire et dont la philosophie lui semble compatible avec sa propre vision du monde.

L'Écume des jours est donc l'œuvre d'un jeune homme de 26 ans encore plein d'espoir au sujet de ses chances de réussite dans le milieu littéraire d'après-guerre. Poussé à la fois par l'ambition de se faire connaître et le désir d'exorciser une période difficile de son existence, Boris Vian accouchera de ce que plusieurs considèrent encore aujourd'hui comme son chef-d'œuvre.

La réception critique

À sa sortie, en 1947, *L'Écume des jours* passe pratiquement inaperçue. Vian n'a pas gagné le prix de la Pléiade, ce qui n'aide pas à promouvoir son roman, et le succès de scandale de *J'irai cracher sur vos tombes* éclipse la touchante histoire de Colin et Chloé. Malgré l'enthousiasme de Raymond Queneau, qui qualifie *L'Écume des jours* de « plus poignant des romans d'amour contemporains », le livre ne se vend pas. Tiré à 4400 exemplaires par Gallimard, il reste 1200 invendus en 1962 lorsque

---

1. Voir p. 208-209.

l'éditeur Jean-Jacques Pauvert rachète pour une bouchée de pain les droits du roman à Gallimard. Réédité en 1963 dans la collection de poche 10/18, il est alors redécouvert et célébré par la génération des *baby-boomers*.

Depuis, le plus célèbre des romans de Boris Vian a fait couler beaucoup d'encre. Reconnu comme une œuvre majeure du XXᵉ siècle, devenu un livre culte des jeunes de 15 à 25 ans, enseigné dans presque toutes les écoles françaises, il est, aux côtés du *Petit Prince* d'Antoine de Saint-Exupéry (1900-1944), l'un des titres les plus vendus et les plus appréciés de la francophonie.

Le genre

On reconnaît dans le roman *L'Écume des jours* l'influence du conte merveilleux. Les animaux parlants [1], la métamorphose de l'appartement de Colin, le nénuphar qui tue, les carreaux qui repoussent aux fenêtres et bien d'autres éléments fantaisistes appartiennent tous à l'univers du conte, puisqu'ils nous sont présentés comme des faits dont on ne peut douter [2]. On peut ajouter à cela la simplicité psychologique des personnages ainsi que le flou spatiotemporel de la narration. Difficile, en effet, de situer avec précision l'époque et le lieu où se déroule le récit. On croira avoir reconnu la ville de Paris en période d'après-guerre (ou, d'un point de vue littéraire, l'époque existentialiste), mais Vian nous le confirme rarement. Après tout, Jean-Sol Partre n'est pas Jean-Paul Sartre, tout comme *Le Vomi* n'est pas *La Nausée*. Il n'y a pas non plus de rue Sidney-Bechet à Paris et le bâtiment où se trouve la patinoire n'a que l'allure de la piscine-patinoire Molitor [3]. Enfin, la Ville lumière n'est mentionnée qu'une seule fois, assez furtivement d'ailleurs [4].

Le roman retient aussi du conte merveilleux le thème du mariage, qu'il parodie en le présentant non pas comme une fin heureuse, mais comme le début du malheur. Séparant le récit en deux parties plus ou

---

1. Les animaux qui parlent peuvent aussi suggérer l'influence de la bande dessinée et du dessin animé.
2. À noter que tous ces éléments peuvent également être rattachés à la 'pataphysique ou, possiblement, au surréalisme.
3. Voir l. 312.
4. Voir l. 1200.

moins égales, l'union de Colin et Chloé symbolise l'amorce du cauchemar que peut être la vie adulte. Dès lors, les éléments enchanteurs du conte sont mis au service d'un récit de plus en plus… désenchanté.

Par ailleurs, certains aspects de *L'Écume des jours* évoquent divers genres romanesques. Le pianocktail, les glaces interchangeables de la voiture, par exemple, appartiennent au roman de science-fiction, puisqu'ils sont le fruit d'une spéculation technologique. Le récit des amours de Colin et de Chick contribue de son côté à faire de *L'Écume des jours* un roman sentimental, tout comme la caricature du conte merveilleux et de l'existentialisme en fait un roman parodique.

Malgré toutes ces considérations, il est impossible de catégoriser précisément l'œuvre de Vian au-delà de sa simple appartenance au genre romanesque. Peut-être que l'étiquette qui lui sied le mieux demeure celle de « roman-jazz », étiquette soulignant bien le caractère unique et insaisissable de l'œuvre (qu'est-ce qu'un roman-jazz, après tout ?), mais aussi la liberté d'invention que s'est accordée Boris Vian. Loin de nous l'idée d'affirmer ici que Vian « improvise » son roman comme les jazzmen improvisent leurs solos. Les notes préparatoires à l'écriture de *L'Écume des jours,* assez précises, attestent le contraire. Cependant, tout comme la plupart des jazzmen, Vian se met peu de barrières, ni celles du conte ou de tout autre genre, ni celles de la 'pataphysique ou de l'existentialisme. À partir d'une « mélodie » bien connue — un jeune homme tombe amoureux d'une jeune fille qui succombe à la maladie —, il se contente de créer un monde singulier dont chaque mot résonne comme une note nouvelle à l'oreille du lecteur.

Le titre

Comme tout titre poétique, *L'Écume des jours* demeure sujet à interprétation. Jamais Vian ne s'est clairement expliqué au sujet de ce choix pour le moins intrigant.

Le mot « écume » renvoie d'abord à la mousse formée par l'agitation d'un liquide. On pense à l'écume des vagues qui se brisent sur le rivage, cette image appelant l'idée de répétition et de finalité. La vague se brise, l'eau se retire, laissant place à une autre vague qui se brise à son tour. Dans cet esprit, *L'Écume des jours* renverrait à la monotonie de l'existence et à ce qui en subsiste : un peu d'écume sur la grève.

Un passage du roman pointe vers une autre interprétation. Lorsque Chloé, souffrante, demande à Colin de mettre de la musique, nos deux amoureux se rappellent avec nostalgie leur rencontre et évoquent les bons souvenirs qui les unissent. Vian écrit alors : « À l'endroit où les fleuves se jettent dans la mer, il se forme une barre difficile à franchir, et de grands remous écumeux où dansent les épaves. Entre la nuit du dehors et la lumière de la lampe, les souvenirs refluaient de l'obscurité, se heurtaient à la clarté et, tantôt immergés, tantôt apparents, montraient leur ventre blanc et leur dos argenté » (l. 2565-2569). À la lumière de ce passage, on pourrait proposer que *L'Écume des jours* désignerait le moment où s'effectue la difficile transition entre une étape de la vie et la suivante : qu'il s'agisse du passage de l'enfance à la vie adulte ou, plus littéralement ici, de l'acceptation de la maladie (et de la mort).

D'une autre manière, le mot « écume » évoque une certaine superficialité. L'écume, après tout, est un amas de bulles dont la blancheur nous empêche de voir ce qui se déroule sous la surface de l'eau. Ainsi, le titre pourrait renvoyer à l'impuissance de l'être humain devant une existence qui le dépasse.

Par extension, l'écume désigne aussi la bave produite par une violente colère (d'où l'expression « écumer de colère »). Cette image permet d'interpréter le titre du roman de Vian comme une évocation de la tempête de l'existence, de la colère ou de la rage des jours qui emportent tout sur leur passage.

Enfin, difficile de ne pas voir dans le choix du mot « écume » un lien avec le nénuphar qui pousse sur le poumon droit de Chloé, dont le prénom est également lié à l'univers des étangs et des marais[1]. Le titre serait donc évocateur de la maladie incurable dont la jeune fille est victime ainsi que de l'atmosphère brumeuse et trouble des bayous de la Louisiane, berceau de la musique jazz.

Peu importe celle que l'on privilégiera, chacune de ces interprétations semble annoncer les évènements dramatiques et le ton plus grave de la seconde partie du roman. Sur ce plan, *L'Écume des jours* est donc un titre parfait pour mettre l'accent sur le caractère désenchanté de l'œuvre plutôt que sur son humour et sa fantaisie.

---

1. Voir note 1, p. 233.

La structure

L'Écume des jours est un roman divisé en 68 chapitres. La plupart de ces chapitres sont étonnamment brefs, si brefs en fait que le lecteur se demandera souvent ce qui a pu conduire l'auteur à cette division pour le moins originale. On trouve la réponse dans l'œuvre d'Alfred Jarry, l'une des influences littéraires majeures de Boris Vian. Son roman *Gestes et Opinions du docteur Faustroll, pataphysicien*, par exemple, est lui aussi conçu de cette façon. On remarquera à cet égard que Vian, comme Jarry, semble obéir ici aux règles de la dramaturgie plus qu'à celles du roman, la division en chapitres s'effectuant selon les principes qui régissent la création d'une scène au théâtre : un changement de lieu, de temps ou l'arrivée d'un nouveau personnage conduisent naturellement à l'ouverture d'un nouveau chapitre. On peut probablement s'expliquer de cette manière aussi le recours fréquent au dialogue, procédé narratif privilégié des dramaturges.

Les personnages

Les protagonistes de *L'Écume des jours* sont d'abord et avant tout des archétypes. Colin est le jeune premier, Chick est l'acolyte monomane, Nicolas, le dandy libertin, Alise, l'amoureuse éplorée et Chloé, la jeune fille tendre et fragile. Les qualifier de coquilles vides, comme l'ont fait certains commentateurs, est peut-être exagéré. Après tout, *L'Écume des jours* ne relève pas du roman réaliste, où la complexité des portraits physique et psychologique est de mise, mais plutôt du conte, de la bande dessinée, du cinéma et du roman populaire américains, où les personnages sont dépeints à grands traits et de manière colorée. Les fiches signalétiques suivantes témoignent bien de ces influences.

COLIN [1]

22 ANS • CÉLIBATAIRE • ÉPOUSERA CHLOÉ

PHYSIQUE
- grand, mince, jambes longues, tête ronde, oreilles petites, nez droit, teint doré, cheveux blonds;
- ressemble à l'acteur américain Robert Hutton (1920-1994), qui joue le rôle de Slim dans le film *Hollywood Canteen*.

PERSONNALITÉ
- parle doucement aux filles et joyeusement aux garçons;
- est presque toujours de bonne humeur, le reste du temps, il dort;
- si gentil que l'on voit ses pensées, bleues et mauves, s'agiter dans les veines de ses mains;
- considère le travail comme une absurdité.

PASSIONS
- le jazz et l'alcool représentés par le pianocktail;
- la littérature et la gastronomie.

LIEU DE RÉSIDENCE
- un grand appartement à Paris.

VIE PROFESSIONNELLE
- rentier d'abord;
- le manque d'argent l'obligera à occuper divers emplois.

AMBITIONS
- tomber amoureux;
- sauver Chloé.

CHLOÉ

ÂGE INCONNU • CÉLIBATAIRE • ÉPOUSERA COLIN

PHYSIQUE
- lèvres rouges, cheveux bruns, frisés et brillants; yeux bleus; peau fraîche, jolies dents, teint de fruit; peau claire d'ambre, cou gracieux, poignets délicats;
- l'air heureux;
- se parfume à l'essence d'orchidée bidistillée.

PERSONNALITÉ
- semble plus délurée que Colin sur le plan sexuel;
- ignorante de bien des réalités du monde adulte, dont la réalité du travail;
- douce;
- n'a jamais fait le mal, ni en pensée, ni en action, selon Colin.

PASSION
- aime Colin.

LIEU DE RÉSIDENCE
- Paris.

VIE PROFESSIONNELLE
- n'a pas de métier;
- n'a pas besoin de travailler pour vivre;
- ne sait pas ce qu'est le travail.

AMBITION
- être heureuse auprès de Colin.

---

1. Voir l. 56. Plus loin dans le roman, Colin déclarera avoir 21 ans (l. 3663). S'agit-il d'une erreur de Vian? Colin se montre-t-il coquet? Difficile à dire.

CHICK

22 ANS • CÉLIBATAIRE • COMPAGNON D'ALISE

PHYSIQUE
- a une petite moustache noire.

PERSONNALITÉ
- orgueilleux et fétichiste;
- irresponsable sur les plans amoureux et financier.

PASSIONS
- la littérature;
- obsédé par les livres et la personne de Jean-Sol Partre.

LIEU DE RÉSIDENCE
- un appartement tout près de celui de Colin.

VIE PROFESSIONNELLE
- ingénieur payé moins que ses ouvriers;
- emprunte de l'argent à son oncle tous les huit jours.

AMBITION
- acquérir toutes les éditions des œuvres de Partre et tout ce qui lui a appartenu.

ALISE

18 ANS • CÉLIBATAIRE • COMPAGNE DE CHICK ET NIÈCE DE NICOLAS

PHYSIQUE
- yeux bleus, cheveux frisés et clairs, peau fraîche et dorée, bras et mollets ronds; taille fine, buste bien dessiné, dos appétissant.

PERSONNALITÉ
- gentille, mais prête à tout (même à tuer) pour sauver Chick de son obsession pour Partre.

PASSIONS
- aime l'œuvre de Partre, mais n'en fait pas une obsession;
- voudrait recevoir plus d'attention et d'amour de la part de Chick.

LIEU DE RÉSIDENCE
- Paris.

VIE PROFESSIONNELLE
- pas de profession.

AMBITIONS
- sauver Chick de son obsession pour Partre;
- vivre heureuse à ses côtés.

NICOLAS [1]

29 ANS • CÉLIBATAIRE • ONCLE D'ALISE

PHYSIQUE
• assez large.

PERSONNALITÉ
• distingué, cultivé, raffiné ;
• un brin hautain ;
• excentrique ;
• toujours de bon conseil ;
• dandy et hédoniste.

PASSIONS
• disciple du cuisinier et pâtissier Jules Gouffé (1807-1877) ;
• les jolies filles et la plupart des plaisirs de la vie ;
• a un faible pour Isis Ponteauzanne.

LIEU DE RÉSIDENCE
• l'appartement de Colin.

VIE PROFESSIONNELLE
• cuisinier de Colin et, par la suite, des Ponteauzanne.

AMBITIONS
• bien faire son travail ;
• profiter de l'existence.

ISIS PONTEAUZANNE

18 ANS • CÉLIBATAIRE

PHYSIQUE
• jolie ;
• cheveux châtains et frisés.

PERSONNALITÉ
• sympathique ;
• attentionnée ;
• sensible.

PASSIONS
• Dupont, son caniche ;
• surtout Nicolas dont elle ne se sent malheureusement pas à la hauteur.

LIEU DE RÉSIDENCE
• Paris.

VIE PROFESSIONNELLE
• on ne lui connaît pas de profession.

AMBITION
• se marier avec Nicolas.

---

1. Nicolas a 29 ans au début du roman, mais vieillit prématurément au fur et à mesure que la condition de Chloé se dégrade. Ainsi, on apprend qu'il a 35 ans à la ligne 3303, puis 7 ans de plus à la ligne 3596.

En observant ces fiches de plus près, on remarque d'abord que Vian, malgré l'aspect rudimentaire de ses portraits, prend soin de distinguer physiquement les deux couples pivots de son roman, ne serait-ce que par la couleur des cheveux. Colin est blond tandis que Chick semble avoir les cheveux noirs. Inversement, Chloé est une brunette et les cheveux d'Alise sont clairs. On ne peut s'empêcher de noter à cet égard que les deux personnages par qui le malheur arrive [1] ont la chevelure foncée, alors que leurs conjoints respectifs ont les cheveux pâles. Vian recourt ici au stéréotype associant la blondeur à la fraîcheur et à l'innocence. Peut-être veut-il également renforcer l'idée que Colin et Alise semblent faits l'un pour l'autre. N'oublions pas que Colin est d'abord attiré par Alise et que cette attirance, bien que contenue, renaît occasionnellement de ses cendres dans le roman. Enfin, on peut noter que Chloé, avec son cou gracieux et ses poignets délicats, a l'air plus fragile qu'Alise, dont les mollets et les bras sont ronds et la poitrine, bien dessinée.

Il existe aussi de nombreux points communs entre les différents personnages de *L'Écume des jours*. Aucun d'entre eux ne semble attiré par le travail, hormis peut-être Nicolas — mais être chef cuisinier est un métier bien ludique à côté de celui de Chick ; on a d'ailleurs presque l'impression qu'il s'agit d'un passe-temps. De plus, tous les personnages sont physiquement attirants, en particulier les jeunes filles, qui sentent bon, ont toutes les cheveux frisés et ne paraissent avoir aucune autre ambition que celle de se faire belles pour leur homme. Nous sommes bien dans l'univers machiste d'après-guerre (et dans celui de Boris Vian), où les jolies femmes sont un peu comme des objets de luxe. Enfin, tous les personnages sont gentils et bienveillants, Chick étant peut-être à certains égards l'exception qui confirme la règle. Cette gentillesse, cette pureté de cœur, cette naïveté, pourrait-on dire, rappellent celles que l'on associe généralement aux enfants. Et en effet, bien plus que des adultes responsables, les personnages de *L'Écume des jours* sont de grands enfants. Le mariage de Colin et Chloé peut d'ailleurs être associé à l'entrée dans ce monde adulte que l'auteur ne semble guère apprécier.

---

1. Chick néglige Alise, et Chloé, bien qu'elle ne soit pas responsable de son état de santé, cause la perte de Colin.

Enfin, ce que ces fiches signalétiques ne relèvent pas, mais que l'on ne peut garder sous silence, est que Boris Vian caractérise ses personnages tant par leur habillement que par leurs traits ou leur personnalité. Il s'agit moins de physiognomonie[1] que d'une fascination de dandy pour les tenues élégantes, fantaisistes et excentriques. Rappelons à ce sujet que Vian avait l'âge et les inclinations des zazous, ces jeunes dandys de la Seconde Guerre mondiale qui avaient adopté et adapté à leur manière la mode vestimentaire américaine. Le premier roman de Boris Vian, *Vercoquin et le Plancton,* qui raconte l'époque des élégantes surprises-parties de Ville-d'Avray, est le roman zazou par excellence. Il est donc peu surprenant de trouver des traces de cette influence dans *L'Écume des jours,* écrite peu de temps après.

Dès le début du roman, on remarque cette fascination : « [Colin] glissa ses pieds dans des sandales de cuir de roussette et revêtit un élégant costume d'intérieur. Son pantalon était de velours à côtes vert d'eau très profonde et son veston de calmande noisette » (l. 43-45). Lorsque Colin voit Alise pour la première fois, ce sont les vêtements jaunes et blancs de cette dernière qui semblent d'abord attirer son attention (l. 387-391). De même, l'un des plus grands accomplissements d'Isis, en 18 ans d'âge, est d'avoir un *sweat-shirt* blanc et une jupe jaune (les mêmes couleurs que les vêtements d'Alise), un foulard vert acide, des chaussures blanches et jaunes et des lunettes de soleil. À la fête de Dupont, la jeune Ponteauzanne a troqué son costume de *bobby-soxer* pour une tenue plus fantaisiste : « C'était une petite robe toute simple de lainage vert amande avec de gros boutons de céramique dorée et une grille en fer forgé formant l'empiècement du dos » (l. 823-825). De même, le soutien-gorge de cellophane et la culotte de satin de Chloé, les robes couleur d'eau d'Alise et d'Isis, les fleurs distinctives que portent les trois jeunes filles au mariage, le costume de chauffeur en cuir de porc et la casquette assortie de Nicolas sont autant de preuves de la fascination de Vian pour les vêtements et les accessoires. C'est qu'il y a un esthète en lui. N'écrit-il pas dans son avant-propos : « Il y a seulement deux choses : c'est l'amour, de toutes

---

1. Art de déduire la personnalité de quelqu'un par l'étude de son apparence physique (ses traits, sa constitution, mais également son habillement), pratiqué par de nombreux maîtres du réalisme, à commencer par l'écrivain Honoré de Balzac (1799-1850).

les façons, avec des jolies filles, et la musique de La Nouvelle-Orléans ou de Duke Ellington. Le reste devrait disparaître, car le reste est laid [...] » (l. 5-7) ? Sous sa plume, les vêtements colorés, sensuels, élégants, originaux, aux étoffes agréables pour l'œil et la main, participent non seulement de la beauté des femmes, mais aussi de celle du monde, aux côtés des beaux objets, de l'amour et du jazz.

Tout comme leur créateur, les personnages de Vian recherchent la beauté à tout prix, ignorants du reste ou préférant l'ignorer. Pourquoi s'intéresser à ce qui est laid quand on peut tout aussi bien se tourner vers le beau ? De même que les enfants ne s'intéressent qu'au jeu et trouvent refuge dans leur imaginaire, Colin et ses proches évoluent dans un univers parallèle où la laideur (c'est-à-dire tout ce qui est antagoniste au plaisir et à la beauté) est naturellement exclue. Semblablement au jeune Boris Vian de la crise économique, ils ne sont guère préparés à perdre les privilèges du paradis terrestre dans lequel ils sont nés et dont ils seront bientôt chassés.

Les thèmes

Les thèmes abordés dans *L'Écume des jours* rejoignent les préoccupations dont Vian nous fait part dans son avant-propos. L'amour et la musique, associés à la beauté, sont en effet les thèmes centraux du roman. Le travail, la police, l'armée, la religion, la médecine, la maladie et la mort, tous liés au monde adulte (et donc à la laideur), sont d'autres thèmes abordés par le romancier. Enfin, Vian parodie également l'existentialisme ou, pour être plus juste, tourne à la caricature le phénomène de mode qu'était devenu le courant de Jean-Paul Sartre et de Simone de Beauvoir. L'analyse de tous ces thèmes nous permettra de mieux comprendre à quel point *L'Écume des jours,* sous ses dehors fantaisistes, reflète bien la vision assez critique qu'avait Boris Vian de son époque et de la nature humaine.

L'AMOUR, DE TOUTES LES FAÇONS

L'amour est sans conteste le thème central de *L'Écume des jours.* Dès le début du récit, Colin ne souhaite rien de plus qu'être amoureux. Ce désir semble si urgent que l'on a l'impression que le jeune homme est prêt à s'engager avec la première fille venue, pourvu qu'elle soit jolie. Son empressement, que l'on peut en partie mettre sur le compte d'un enthousiasme juvénile, s'explique aussi par le fait qu'il combat une forte attirance pour Alise, la nouvelle compagne de son meilleur ami : « "Je verrai Alise demain !" C'était une pensée à éviter. Alise appartenait à Chick de plein droit » (l. 493-494).

Même une fois lié à Chloé, il ne parviendra pas à refouler complètement cette attirance, comme le suggère bien le CHAPITRE LIII, au cours duquel Alise s'offre à lui. Toutefois, il ne faut pas croire qu'en raison de cet incident l'amour de Colin pour Chloé manque de sincérité ou de profondeur. Cela serait contredire la fin du roman et relèverait d'une vision trop judéo-chrétienne de l'œuvre de Vian, où l'amour ne connaît pas de loi. N'oublions pas qu'à ce point du récit Colin et Alise sont bien meurtris par la vie. Chick a délaissé sa compagne pour s'abandonner à son obsession pour Partre, et Colin vit dans l'ombre de la mort depuis que Chloé lutte contre la maladie. Les deux jeunes gens trouveront donc un réconfort inattendu dans l'aveu d'une attirance réciproque. Jamais l'auteur ne juge ses personnages. Bien au contraire, il fait de ce rapprochement sensuel un moment de grâce qui ne peut que toucher le lecteur émotionnellement impliqué dans le récit.

L'amour, comme Vian l'indique dans son avant-propos, est toujours synonyme de beauté, qu'il soit légitime ou non, sensuel ou désincarné, superficiel ou absolu. C'est lui qui donne à Colin la force de faire face au monde du travail et l'espoir de sauver Chloé, c'est lui qui pousse Alise à vouloir guérir Chick de son obsession, c'est lui qui rapproche Nicolas d'Isis, et c'est encore lui qui accule Colin au suicide après que Chloé a succombé au nénuphar.

« [...] l'amour, de toutes les façons, avec des jolies filles [...] » (l. 5-6). Cette affirmation, que l'on pourrait aisément imaginer sortie de la bouche d'un adolescent, est celle d'un homme qui persiste à refuser les nuances, les compromis, les obligations et les jugements moraux du monde adulte. L'érotisme, si présent dans son roman (on n'a qu'à penser aux attouchements de Chloé, d'Alise et d'Isis avant le mariage [1] ou à l'évocation d'une partie à trois [2]), n'est ainsi qu'une

---

1. CHAPITRE XIX.
2. CHAPITRE XXX.

ultime variation sur le thème de l'amour. Ce qui est condamnable, pour Vian, c'est la mascarade du mariage, qui symbolise le début du « devoir conjugal », l'endoctrinement de l'amour, la légitimation d'un sentiment qui n'a pas à être légitimé, puisqu'il l'est en soi… de toutes les façons.

LA MUSIQUE

Comme l'amour, la musique est synonyme de beauté, mais une précision s'impose : la musique, pour Vian, c'est le jazz, et rien que le jazz. Celui de La Nouvelle-Orléans, comme il l'écrit si bien, et celui de Duke Ellington, le génial interprète de *Chloe (Song of the Swamp)*. Ainsi, lorsque Colin rencontre Chloé à l'anniversaire de Dupont, il ne peut s'empêcher de demander à la jeune fille si elle est arrangée par le célèbre jazzman (l. 847). Cette question a déjà valeur de déclaration d'amour, car, comme le pianocktail combine deux de ses plaisirs (la musique et l'alcool), Chloé est à la fois femme et musique. Elle ne peut donc être à ses yeux que l'incarnation de la beauté.

De plus, la question est loin d'être ridicule, car on découvrira au fil des pages que la jeune fille semble bel et bien avoir été arrangée par Ellington. Inspirée d'une chanson populaire, *Chloe (Song of the Swamp[1])* est une pièce instrumentale qui évoque l'atmosphère mélancolique et sensuelle des bayous de la Louisiane. Le nénuphar, le parfum de Chloé à l'essence d'orchidée, sa douceur et son extrême fragilité sont autant de trouvailles qui paraissent provenir d'une écoute répétée et inspirée de l'enregistrement du Duke. Peut-être Boris Vian connaissait-il également les paroles de la chanson, complainte d'un homme prêt à s'enfoncer dans les marécages louisianais pour retrouver celle qu'il aime. À leur lecture, on ne peut s'empêcher de faire le lien avec le sort de Colin à la fin du récit.

Outre la référence directe à la pièce d'Ellington, les allusions à la musique dans le roman sont nombreuses. En premier lieu, le Paris de Boris Vian rend hommage au jazz, puisque ses principales artères portent le nom de musiciens réputés : l'avenue Louis-Armstrong, les rues Sidney-Bechet et Jimmy-Noone (l. 129, l. 2414 et l. 3401) n'existent en effet que dans l'univers utopique de *L'Écume des jours*. On

---

1. *Song of The Swamp* : « Chanson du marais ».

remarque également dans la rue Jimmy-Noone la présence d'une « enseigne [...] peinte à l'imitation du Mahogany Hall de Lulu White » (l. 3401-3402).

Comme son créateur, Colin se passionne pour la musique des Noirs américains. Inventeur du pianocktail, il déclare avoir « obtenu à partir de la *Black and Tan Fantasy* un mélange vraiment ahurissant » (l. 205-206). Il semble en outre avoir communiqué sa passion à Chick, car celui-ci souhaite essayer le pianocktail en jouant *Loveless Love*, une pièce de blues dont le titre évoque à son insu sa relation avec Alise. C'est encore du blues que l'on entend au mariage de Colin et Chloé, puisque l'Ouverture et le Cérémonial ont été écrits sur des thèmes classiques appartenant à ce genre musical. En plus, Colin a demandé à ce que l'on joue sa pièce favorite, *Chloe*, pour l'Engagement, un choix qui reflète ses goûts musicaux, mais qui, comme celui du blues, annonce de manière prémonitoire les épreuves à venir.

Enfin, la musique paraît exercer une influence directe sur la forme de l'appartement de Colin, et donc sur l'atmosphère déprimante qui y règne. On n'a qu'à penser à ce passage où le jeu du saxophoniste Johnny Hodges arrondit les coins de la chambre de Colin (l. 2586-2587) et à la solution proposée par Mangemanche — faire jouer *Slap Happy* d'Ellington — afin de rendre à la pièce devenue sphérique son apparence d'origine (l. 2756-2757). Le médecin se trompe, toutefois. Ce n'est pas la musique elle-même qui agit sur la forme de l'appartement, mais l'état d'âme des personnages, dont elle est le reflet.

Intimement liée à la musique, la danse joue un rôle important dans le roman. Les embryons de poulet du surtout de Nicolas semblent danser le ballet, Colin veut apprendre le biglemoi, Nicolas est aussi bon danseur que cuisinier et Colin parvient à se rapprocher physiquement de Chloé alors qu'Alise et Chick s'apprêtent à danser le biglemoi sur un rythme de boogie-woogie :

> « — Vous n'allez pas danser le biglemoi là-dessus ! dit, horrifié, Colin à Chick et Alise.
> — Pourquoi pas ?... demanda Chick.
> — Ne regardez pas ça ! dit-il à Chloé.
> Il l'enlaça et elle cacha ses yeux près du col de la veste beige de Colin.

Il inclina légèrement la tête et l'embrassa entre l'oreille et l'épaule. Elle frémit, mais ne retira pas sa tête » (l. 922-928).

Ce passage reflète la joie de vivre et l'innocence qui devaient régner dans les salles de bal des années 1940 et 1950, alors que le swing conquérait le cœur des Parisiens et que l'on découvrait les rythmes annonciateurs du rock-and-roll. À cet égard, il est à noter que toutes les danses qui reposent sur des rythmes s'éloignant de ceux du jazz sont ridiculisées par le narrateur (la polka, l. 2414-2417) ou considérées comme des fautes de goût (le boogie-woogie, l. 565-567) par les personnages qui, comme Boris Vian, demeurent fidèles à leurs premières amours : le jazz de La Nouvelle-Orléans ou de Duke Ellington.

LA CRITIQUE DES INSTITUTIONS

La religion

« [… Tout] le reste est laid […] » (l. 7), écrit Vian à propos de ce qui n'est pas lié à l'amour et à la musique, et c'est bien l'impression que l'on ressent d'une lecture un tant soit peu attentive du roman. On y trouve entre autres une féroce critique des institutions, à commencer par l'institution religieuse, dominée par ses prêtres obnubilés par l'argent, ses employés pervers et un Jésus complètement désintéressé par le sort de l'humanité :

« […] il y avait Jésus sur sa croix, il avait l'air de s'ennuyer et Colin lui demanda :
— Pourquoi est-ce que Chloé est morte ?
— Je n'ai aucune responsabilité là-dedans, dit Jésus. Si nous parlions d'autre chose.
— Qui est-ce que cela regarde ?… demanda Colin.
[…]
— Ce n'est pas moi, en tout cas, dit Jésus » (l. 5155-5163).

Rappelons brièvement les faits : c'est l'enterrement de Chloé, et Colin cherche un peu de réconfort auprès du Christ somnolant sur sa croix. La scène, drôle et dure à la fois, ne laisse planer aucun doute : si

Dieu existe, il ne se soucie pas de ses enfants. Cette vision pour le moins existentialiste du sort de l'humanité avait fait le bonheur de Simone de Beauvoir et l'avait convaincue de faire lire *L'Écume des jours* à Jean-Paul Sartre.

À côté de ce dialogue aux accents philosophiques figure une caricature burlesque et sans pitié des représentants de Dieu sur Terre. Dès le mariage de Colin et Chloé, le ton est donné : le Religieux est un escroc (il a volé l'orchestre), le Chuiche est un pédophile, et les garçons d'honneur sont des pédérastes. De plus, Colin doit subir les foudres du Religieux, puisqu'il n'a pu payer à Chloé qu'un enterrement de pauvre. Après que les porteurs ont jeté le cercueil par la fenêtre de son appartement, le Religieux et ses assistants se comportent comme des monstres, tournant la cérémonie en une hideuse bouffonnerie : « [...] le Religieux sautait d'un pied sur l'autre et soufflait dans un tube [...] » (l. 5191-5192), tout cela à la vue du pauvre Colin, finalement hué par le Chuiche et le Bedon. Farouchement anticlérical, Boris Vian se plaît à ridiculiser et à ternir une institution qui, il faut bien le dire, s'est fait beaucoup d'ennemis au fil des siècles. Associée à l'ordre établi, à la droite et à la censure généralisée (à commencer par celle de la sexualité), l'Église pouvait difficilement trouver grâce aux yeux d'un libertaire comme lui !

Les forces de l'ordre

La police et l'armée sont aussi dans la mire de l'auteur de *L'Écume des jours*. Les agents d'armes, que Vian baptise tous du nom de Douglas afin de montrer leur peu d'individualité, ne cherchent qu'à provoquer Chick afin de l'abattre froidement :

> « — Dites donc, dit le sénéchal, pourquoi est-ce que vous ne vous servez pas de votre tue-fliques ? Vous savez très bien que le papier porte : Violation de domicile.
>
> — Lâchez ça, rugit Chick de nouveau, et il leva son tue-fliques, mais l'acier s'abaissa sans claquer.
>
> — J'appuie, chef ? demanda à nouveau l'agent d'armes.
>
> [...]
>
> — Appuyez, Douglas, dit le sénéchal en reculant.

Le corps de Chick s'abattit aux pieds des agents d'armes; tous les deux avaient tiré» (l. 4900-4910).

Les policiers ne tuent pas Chick parce qu'il n'a pas payé ses impôts, ce qui serait déjà répugnant en soi, mais parce qu'il a réagi (suivant leur demande!) à leur intrusion illégale dans sa demeure. Plus dérisoire encore, cette intrusion est sanctionnée par l'État, car elle faisait partie intégrante de la mission des agents d'armes. Féroce caricature des forces de l'ordre et dénonciation en règle de l'abus de pouvoir, l'intervention policière chez Chick est l'un des passages de *L'Écume des jours* qui pavent la voie à la révolution culturelle des années 1960.

La même chose peut être dite des CHAPITRES LI et LII, où Colin accepte de travailler pour le compte de l'armée en faisant pousser des armes avec la chaleur de son corps. Ce métier pour le moins surréaliste semble avoir pour origine l'interprétation littérale de l'expression «être de la chair à canon», qui veut dire être destiné à se faire tuer à la guerre. Le problème est que les armes produites par Colin s'avèrent inutilisables, leur canon ayant une forme évasée ou étant couronné d'une rose blanche. Double de Vian, Colin est un pacifiste de nature. Les fleurs d'acier poussent malgré sa bonne volonté; les canons s'évasent malgré lui. N'oublions pas le portrait qu'en dresse l'auteur dès les premières pages du roman: «Il était presque toujours de bonne humeur, le reste du temps il dormait» (l. 35-36). Colin, ange aux cheveux blonds, amoureux de Chloé et du jazz, est trop pur, trop innocent pour servir l'institution militaire.

Le monde du travail

Cette candeur lui fait jeter un regard critique sur le monde du travail. Pourquoi l'être humain s'acharne-t-il à faire comme Sisyphe[1]? Pourquoi recommence-t-il sans arrêt les mêmes tâches ingrates alors qu'il pourrait se concentrer sur la fabrication de machines capables de le remplacer une fois pour toutes? Pourquoi travailler quand on pourrait aussi bien s'amuser? Colin, qui est ici le porte-parole de son

---

1. Personnage de la mythologie grecque qui avait été condamné à rouler éternellement une pierre au sommet d'une montagne, d'où elle retombait aussitôt. Albert Camus en a fait le symbole de l'absurdité de la condition humaine, dans un essai sur le suicide, *Le Mythe de Sisyphe* (1942).

créateur, est clair : l'homme n'est pas condamné par les dieux, il se condamne lui-même en refusant de remettre en question une valeur apprise, celle du travail. Bien que ces réflexions soient pour le moins utopistes, elles n'en demeurent pas moins pertinentes, surtout à notre époque, où l'asservissement à la société de consommation est tel que peu de gens semblent déceler l'absurdité du fameux slogan : « Le travail, c'est la liberté ! »

À travers Colin, Vian s'exprime d'ailleurs au sujet de cette société de consommation qui le fait sourciller : « [...] on perd tellement de temps à faire des choses qui s'usent » (l. 1956-1957), déclare le jeune homme à Chloé, que les gens « travaillent pour vivre au lieu de travailler à construire des machines qui les feraient vivre sans travailler » (l. 1952-1953). Rappelons que Boris Vian était ingénieur et que son enthousiasme pour la technologie et les sciences s'accompagnait souvent d'un grand regret vis-à-vis du mauvais usage que l'on en fait. Ce dépit perce ici dans la bouche de Colin.

Ainsi, le travail tout comme la religion, la police et l'armée apparaissent, sous la plume du romancier, comme les produits d'une société incapable de se remettre en question et de vouloir son propre bonheur.

La médecine

La médecine n'est pas laissée pour compte dans *L'Écume des jours*. Les médecins sont incompétents : le premier venu voir Chloé n'arrive pas à trouver la chambre de la patiente et Mangemanche ne peut presque rien contre la maladie de la jeune fille. Le pharmacien, en plus de faire attendre les clients pour son *standing,* ne sait pas à quoi servent les pilules qu'il vend. Les abords du quartier médical ressemblent à un véritable charnier :

> « [...] sous les barreaux coulait de l'alcool mélangé d'éther qui charriait des tampons de coton souillé d'humeurs et de sanies, de sang quelquefois ; de longs filaments de sang à demi coagulé teignaient çà et là le flux volatil, et des lambeaux de chair à demi décomposée passaient lentement, tournant sur eux-mêmes comme des icebergs trop fondus » (l. 3090-3095).

Vian était malheureusement familiarisé avec les hôpitaux et vivait dans la certitude que son cœur déficient lui ferait faux bond avant l'âge de 40 ans. Les médecins lui avaient répété qu'il devait se ménager (ce qu'il n'a pratiquement jamais fait) et, surtout, qu'il était inopérable. Sa caricature du monde de la médecine et du milieu hospitalier dans *L'Écume des jours* n'est peut-être pas aussi contestataire que celle de la police ou de la religion (Mangemanche, après tout, est loin d'être aussi antipathique que le sénéchal ou le Religieux), mais fait malgré tout des professionnels de la santé des oiseaux de bien mauvais augure.

La maladie et la mort

Si la première moitié de *L'Écume des jours* ressemble à un conte de fées, la seconde tient nettement plus du cauchemar. Elle commence avec un toussotement, celui de Chloé à la sortie de son mariage avec Colin : « Ils sortirent tous de l'église en jetant un dernier regard aux fleurs de l'autel et sentirent l'air froid les frapper au visage en arrivant sur le perron. Chloé se mit à tousser et descendit les marches très vite pour entrer dans la voiture chaude » (l. 1761-1764). Cette toux, on le sait, se transforme bientôt en une maladie mortelle. Atteinte d'un nénuphar dans le poumon droit, Chloé dépérit à vue d'œil, son mal affectant moralement et physiquement tout son entourage.

Mais que peut bien symboliser ce mal ? Pourquoi un nénuphar ? Et pourquoi Colin doit-il soigner sa compagne en lui achetant des fleurs ? S'agit-il de combattre le mal (la fleur) par le mal (les fleurs) ? Si tel est le cas, pourquoi les fleurs symbolisent-elles soudainement le mal au lieu du bien et de la beauté ? À ce sujet, Vian ne fournit pas de réponse claire. On peut toutefois penser qu'il s'agit, selon lui, d'une des nombreuses perversions du monde adulte. Depuis son mariage, en effet, Chloé est « exposée » aux différentes facettes du monde « des grands » : consommation du mariage, vie de couple, travail, autant de réalités dont elle soupçonnait à peine l'existence. La vie adulte tue, semble vouloir montrer l'auteur. Elle tue d'abord en valorisant la laideur au détriment de la beauté : au lieu de l'amour, le devoir conjugal ; au lieu du plaisir, le travail ; au lieu de la liberté, les responsabilités ; au lieu du pouvoir de se procurer de beaux objets, le devoir de payer ses impôts. Pire encore, elle transforme la beauté en laideur : les fleurs deviennent des horreurs qui se font peur entre elles. Un nénuphar est une mons-truosité capable de tuer dont on n'ose plus prononcer le nom.

Tous les personnages, malgré leurs bons efforts, se trouvent ulti-mement pris au piège de ce monde « en négatif » qui ne pardonne pas. La maladie et, par conséquent, l'attestation de leur propre mortalité condamnent Colin et ses amis à adhérer bien malgré eux à une société qui se nourrit de la peur et de l'angoisse de ses membres. Nicolas vieillit prématurément ; Colin se tue à l'ouvrage ; Chick se laisse piéger par son obsession pour Partre et entraîne Alise avec lui ; Chloé succombe à la maladie. Même la souris grise à moustaches noires finit par rechercher la mort après que Colin est devenu le fantôme de lui-même… tout cela sous les yeux d'un Christ ennuyé qui s'endort sur sa croix.

La maladie et la mort, dans *L'Écume des jours,* sont les armes les plus puissantes de ce monde adulte qui tue ce qu'il y a de plus impor-tant aux yeux de son auteur : la beauté. Cette lecture n'est évidem-ment pas la seule que l'on puisse faire de *L'Écume des jours,* roman aussi polysémique que son titre, mais elle a l'avantage de miser sur la sincérité de l'avant-propos et d'y voir, au-delà du *nonsense* et de la fantaisie, un véritable cri du cœur.

L'EXISTENTIALISME

Disons-le tout de suite : *L'Écume des jours* n'est ni un véritable roman existentialiste, ni un pied de nez au courant de Jean-Paul Sartre et de Simone de Beauvoir. N'oublions pas que Sartre avait accordé son vote à Boris Vian pour le prix de la Pléiade et que Beauvoir considérait le dialogue entre Colin et Jésus comme étant d'une redoutable efficacité. Difficile d'imaginer des réactions aussi positives si Vian avait tourné l'existentialisme en dérision.

L'Écume des jours contient donc davantage une parodie de la mode existentialiste, ce qui ne pouvait que ravir l'auteur de *La Nausée,* bien embarrassé par le phénomène. Vian semble se moquer d'abord de l'ignorance et de la superficialité des lecteurs. Chick, grand collection-neur de Partre, est plus intéressé par la rareté des livres de son auteur favori que par leur contenu, et plus fasciné par ses accessoires ou ses vêtements que par sa philosophie. Dans son enthousiasme fétichiste, il n'hésite pas à faire de Partre l'équivalent d'un dieu tout-puissant pour qui il est prêt à tout sacrifier, y compris sa relation avec Alise. Or, non seulement Sartre condamne l'idolâtrie, mais il affirme dans *L'existentialisme est un humanisme* que l'individu, ayant pris conscience de sa liberté, doit se montrer responsable des choix qu'il a faits, chacun de ces choix engageant symboliquement l'humanité entière. Ainsi, si l'on choisit de s'abandonner à une obsession auto-destructrice comme le fait Chick, c'est que l'on estime que l'humanité entière devrait suivre notre exemple. On le voit bien, Chick fait fausse route, même s'il s'estime grand spécialiste de Partre.

Alise, de son côté, n'est guère plus éclairée : incapable de guérir Chick de son obsession, elle fait le choix pour le moins douteux de supprimer la source de cette obsession en mettant le feu aux librairies qui vendent du Partre et en tuant le principal intéressé avant qu'il ne publie son encyclopédie de la nausée. Les deux plus fidèles partisans de Partre dans le roman s'avèrent donc les moins aptes à vivre selon les préceptes de l'existentialisme.

Dans le même ordre d'idées, Vian se moque du stéréotype de l'intellectuel bourgeois d'après-guerre, si savamment négligé : « Le public qui se pressait là présentait des aspects bien particuliers. Ce n'étaient que visages fuyants à lunettes, cheveux hérissés, mégots jaunis, renvois de nougats et, pour les femmes, petites nattes miteuses ficelées autour du crâne et canadienne portée à même la peau, avec échappées en forme de tranches de seins sur fond d'ombre » (l. 2130-2134). À leurs choix vestimentaires censés exprimer leur sérieux et leur retenue, Vian oppose leur réaction de midinettes[1] et de partisans de matchs de soccer : « Nombreux étaient les cas d'évanouissement dus à l'exaltation intra-utérine qui s'emparait plus particulièrement du public féminin [...] » (l. 2169-2170) ; « Le public, qui s'était tenu à peu près calme jusqu'ici, commençait à s'énerver et manifestait son admiration pour Partre à grand renfort de cris et d'acclamations chaque fois qu'il disait un mot, ce qui rendait assez difficile la compréhension parfaite du texte » (l. 2205-2208). Ici encore, Vian fait remarquer à quel point la popularité de Sartre a peu à voir avec l'intérêt que l'on accorde à sa pensée. Plus attentif aux journalistes et aux photographes

---

1. Midinettes : jeunes filles urbaines au comportement romanesque et superficiel.

qui se disputent, le public agit comme s'il était à un concert de musique rock et crée une atmosphère incompatible avec l'exigeant discours du philosophe. Il faut dire que Partre lui-même semble se prêter au jeu avec enthousiasme : arrivé à dos d'éléphant, accompagné de tireurs d'élite, il a plus l'air d'un roi en visite que de l'auteur du *Vomi* et du *Paradoxe sur le Dégueulis*.

C'est que Boris Vian, même s'il s'en prend davantage à la mode existentialiste qu'aux existentialistes eux-mêmes, ne peut s'empêcher de se moquer gentiment de Sartre et de son œuvre. Comptant sur le sens de l'humour et de l'autodérision de ce dernier, il recourt à la contrepèterie [1] (Jean-Sol Partre) et invente une série de variations saugrenues sur le titre du plus célèbre roman du philosophe, *La Nausée* (*Le Vomi, Paradoxe sur le Dégueulis, Le Choix Préalable avant le Haut-le-Cœur, Remugle* et *Renvoi de Fleurs*).

On notera également une utilisation volontairement abusive et hors contexte du vocabulaire existentialiste. Citons en particulier les mots « existence », « choix » et « engagement » qui reviennent sous la plume de Vian comme autant de clins d'œil un peu dérisoires à la philosophie de Sartre. Par exemple, lorsque la conférence tourne au désastre, le narrateur écrit que Partre rigole de voir tant de gens engagés dans cette aventure — l'engagement, au sens sartrien, consiste à agir afin de se définir aux yeux des autres et, ainsi, à ses propres yeux ; ce n'est évidemment pas le cas ici. De même, quand Alise cherche à convaincre Partre d'abandonner la publication de son encyclopédie, l'écrivain rétorque : « Vous allez me faire perdre mes moyens d'existence » (l. 4761) — l'expression est synonyme de gagne-pain et n'a aucune portée philosophique. Un peu plus tôt dans le roman, Nicolas rappelle à Colin qu'il devrait cesser de penser à Alise, puisque Chick a fait son choix en premier — Sartre affirme que chaque personne est un choix absolu de soi ; cela n'a évidemment aucun rapport avec le choix d'une femme. Enfin, dans le même ordre d'idées, Partre déclare à Alise que Chick, en décidant d'acheter ses œuvres, a fait son choix. Alise lui répond qu'elle trouve Chick « trop engagé » (l. 4758) — le mot, ici, est un euphémisme pour « obsédé » et entretient donc

---

1. Contrepèterie : procédé humoristique consistant à intervertir les syllabes de mots afin d'en obtenir d'autres, plus comiques.

peu de liens avec l'engagement sartrien. Cet humour bon enfant traverse tout le roman et contribue largement à son effet parodique, nous faisant oublier ou sous-estimer le respect véritable qu'avait Vian pour l'œuvre de Sartre[1].

Il faut en effet se rappeler qu'à certains égards *L'Écume des jours* est bel et bien un roman existentialiste. La maladie et la mort de Chloé — injustifiées et injustifiables —, le dialogue entre Colin et Jésus — qui confirme l'absence de Dieu — mènent droit au constat de l'absurdité de l'existence. En résulte aussi, comme dans *Le Mythe de Sisyphe* de Camus, la tentation du suicide, à laquelle feront bientôt face Colin et la souris grise à moustaches noires.

Là s'arrêtent toutefois les ressemblances. Plus pessimiste que les tenants de l'existentialisme, Vian ne semble voir aucune issue possible. Il n'y a pas de héros absurde[2] dans *L'Écume des jours*. Colin s'abandonne à sa tristesse et à sa colère, et la petite souris grise se met volontairement la tête dans la gueule du chat. Seule note d'espoir au milieu de cette hécatombe : l'amour qui lie peu à peu Nicolas à Isis, deux personnages abandonnés par l'auteur après l'enterrement de Chloé. À cet égard, *L'Écume des jours* se situerait davantage dans la lignée des œuvres du théâtre de l'absurde, où le constat de l'absurdité de l'existence est aussi sans remède.

Parodie de la mode existentialiste, caricature plutôt gentille de Sartre et de son œuvre, récit teinté de l'influence d'un courant au faîte de sa gloire, *L'Écume des jours* est tout cela à la fois, heureux amalgame contribuant à en faire une œuvre inclassable et néanmoins bien de son temps.

La dimension spatiotemporelle

L'ESPACE

Se déroulant dans un Paris plus ou moins imaginaire, *L'Écume des jours* est un roman où la description de l'espace tient un rôle primordial. Colin est rentier, comme l'était le père de Boris Vian avant

---

1. *La Nausée* faisait partie des œuvres que Vian admirait à l'époque où il entreprit la rédaction de *L'Écume des jours*.
2. Le héros absurde, pour Camus, est celui qui choisit de vivre en demeurant conscient de l'absurdité de l'existence.

la crise économique. Toujours de bonne humeur (le reste du temps, il dort !), il possède suffisamment d'argent pour habiter un appartement luxueux sans avoir à travailler. Cet appartement, en plus de traduire son statut social, reflète son état d'esprit. Ainsi, non seulement on apprend que le couloir de la cuisine est « clair, vitré des deux côtés » (l. 66), mais qu'il est éclairé par deux soleils, car Colin aime la lumière. On y trouve « des robinets de laiton soigneusement astiqués un peu partout » (l. 67-68) dont la seule utilité semble être de refléter l'éclat des soleils, produisant ainsi « des effets féeriques » (l. 69). Les souris de la cuisine (on peut se demander ce que font des souris dans un appartement aussi soigneusement astiqué) dansent « au son des chocs des rayons de soleil sur les robinets » (l. 70-71) et courent « après les petites boules que form[ent] les rayons en achevant de se pulvériser sur le sol, comme des jets de mercure jaune » (l. 71-73). On notera ici l'influence du conte merveilleux, mais aussi celle de Jarry.

Comme dans l'univers de Perrault ou des frères Grimm, la description de l'espace a pour but de transporter dans un autre monde, à la fois enchanteur et enchanté. Ces auteurs ne vont toutefois pas jusqu'à réinventer la configuration du cosmos ou à rendre sonore le contact entre les rayons du soleil et les objets qu'ils éclairent. La liberté d'invention que se permet Vian rappelle davantage à cet égard celle de l'auteur d'*Ubu Roi*, dont l'univers poétique a également influencé les surréalistes.

Un peu plus loin, la science-fiction prend le relais : « L'aiguille du four électrique, réglé pour la dinde rôtie, oscillait entre "presque" et "à point". Il allait être temps de la retirer. Nicolas pressa un bouton vert, ce qui déclenchait le palpeur sensitif. Celui-ci pénétra sans rencontrer de résistance, et l'aiguille atteignait "à point" à ce moment. D'un geste rapide, Nicolas coupa le courant du four et mit en marche le chauffe-assiettes » (l. 81-87). Boris Vian, on l'a dit, était ingénieur et se passionnait aussi bien pour les techniques que pour le genre littéraire qui leur rend hommage : la science-fiction. Le pianocktail, les glaces interchangeables de la voiture et tant d'autres éléments encore dans son roman sont le reflet direct de cette influence.

Conte merveilleux, 'pataphysique, science-fiction, toutes ces influences quelque peu hétéroclites sont mises au service d'un même but : inventer un monde parallèle envoûtant, fascinant, parfaitement adapté aux goûts de son auteur et de son double fictionnel : Colin.

Reprenant à sa manière la technique narrative du rétrécissement et de la destruction de l'espace, qui consiste à appuyer la défaite progressive des héros en les faisant évoluer dans des espaces de plus en plus restreints, Vian transforme l'appartement en un véritable cachot au fur et à mesure que le malheur s'abat sur les personnages. Ainsi, lorsque Chloé devient souffrante, Colin voit sa demeure perdre ses angles élégants pour acquérir une forme sphérique (l. 2586-2588), puis son plafond s'abaisser, ses murs se resserrer, jusqu'à ce qu'elle soit pratiquement inhabitable : « On ne pouvait plus entrer dans la salle à manger, le plafond rejoignait presque le plancher auquel il était réuni par des projections mi-végétales mi-minérales, qui se développaient dans l'obscurité humide. La porte du couloir ne s'ouvrait plus, seul subsistait un étroit passage menant de l'entrée à la chambre de Chloé » (l. 5014-5018). L'humidité, qui avec les projections mi-végétales mi-minérales renvoie à l'univers brumeux des étangs et des bayous, aide à achever le portrait d'un lieu aussi maléfique et empoisonné qu'il était au départ féerique et convivial. L'apparence de l'appartement, l'atmosphère qui y règne sont encore une fois le miroir du statut et de l'état d'esprit de notre héros qui, après avoir perdu sa fortune, perdra bientôt Chloé, sa raison de vivre.

On ne s'étonne donc pas qu'après l'enterrement de la jeune femme, l'appartement, tout comme Colin, s'apprête à rendre l'âme : « [...] le plafond rejoignit le plancher et de longs vermicules de matière inerte jaillirent en se tordant lentement par les interstices de la suture. [La souris grise] débloula en toute hâte à travers le couloir obscur de l'entrée dont les murs se rapprochaient l'un de l'autre en flageolant, et parvint à filer sous la porte » (l. 5272-5276). La destruction de l'espace, en plus d'exprimer le désespoir et la défaite de Colin, suggère bien l'avenir qui attend ce dernier : sans maison, sans argent, sans amour, il n'est plus qu'une épave à la dérive dans un monde que Vian a volontairement dépeint comme étant aussi absurde que cruel.

Comment, en effet, ne pas remarquer la violence dont l'univers de *L'Écume des jours* est chargé ? Les patineurs se font malencontreusement violenter ou tuer par les protagonistes (l. 357-376), un homme égorge de petits enfants dans une vitrine de magasin (l. 1121-1122), Partre se réjouit à la vue de l'hécatombe provoquée par l'effondrement du plafond sur le public assistant à sa conférence (l. 2246-2252), les policiers ne cherchent qu'à tirer sur Chick, et ainsi de suite. L'univers du roman est celui du chacun pour soi, de la recherche du bonheur individuel au détriment du bonheur collectif, de la compassion à petite échelle, pour les proches, les amis, les conjoints. Privé de ce qui faisait son bonheur — Chloé, Nicolas, Alise et Chick, mais aussi son appartement, le pianocktail, ses disques de jazz, etc. —, Colin n'est plus qu'un autre de ces visages anonymes à la remorque d'une société qui ne fait pas de quartier. Dans *L'Écume des jours,* les démunis sont rapidement avalés par la vague. Ne subsiste qu'un peu d'écume, seul témoin de leur passage sur terre.

LE TEMPS

Le temps manquait à Boris Vian. Il le savait. Son cœur malade ne lui permettait pas d'espérer vivre bien longtemps. Aussi les trois personnages masculins de *L'Écume des jours* sont-ils à son image : pressés de vivre, emportés par leur désir de savourer l'existence de toutes les manières possibles et balayant du revers de la main ce qui pourrait retarder ou ternir leur bonheur. Colin, dès les premières pages du roman, n'a qu'un but : tomber amoureux. Chick veut tout posséder de Partre en dépit de son manque de fortune. Nicolas est un jouisseur invétéré. Tous trois savourent le moment présent et se moquent bien de la raison, de la morale et de la prudence enseignées par la société à coups de lois, de sermons ou de matraques.

À préciser tout de suite : les protagonistes masculins de *L'Écume des jours,* contrairement à leur créateur, ne sont pas malades ; ils ont simplement hérité de la même urgence de vivre. C'est pourquoi ils apparaissent d'abord comme des enfants gâtés trop impatients, pour qui chaque minute compte, même si chaque minute leur semble durer une heure, et chaque jour, une éternité.

Lorsque Chloé est frappée par la maladie, la perception du temps change dramatiquement. Le temps devient une denrée rare. Il manque aux personnages, comme l'argent, les remèdes, les solutions à leurs différents problèmes. De l'univers juvénile du conte de fées, où le temps semble suspendu, Vian nous fait passer à celui du cauchemar, où il s'écoule plus rapidement qu'il ne le devrait (on n'a qu'à penser au vieillissement prématuré de Nicolas), où, comme la faux de la Mort, il emporte tout sur son passage, sans préavis.

Dans la seconde partie de *L'Écume des jours*, en effet, le temps est destructeur. Il en reste si peu à Chloé dont la maladie progresse rapidement, et si peu à Colin pour gagner de l'argent afin d'acheter des fleurs. Le temps accule les personnages à la faillite, il les condamne au malheur, il contribue à les soumettre aux mille et une contraintes de ce monde adulte qui monopolise l'essentiel de leur énergie et, ironiquement, de leur temps. Pris dans cet étau, ils n'ont aucune chance.

Bien que Vian n'adhère pas à l'esthétique du roman réaliste, son récit a néanmoins l'effet de nous ramener à la réalité la plus crue. C'est probablement là, d'ailleurs, l'un des sens que l'on peut donner à la fameuse phrase de son avant-propos, trop rapidement et superficiellement associée au *nonsense* anglais : « [...] l'histoire est entièrement vraie, puisque je l'ai imaginée d'un bout à l'autre » (l. 9-10). Quoiqu'elle soit le fruit de son imagination, elle n'en demeure pas moins, à bien des égards, l'histoire de sa vie et le fruit d'une perception accrue de la condition humaine, à laquelle personne n'a le choix de se résigner.

Le style

Romancier aux goûts éclectiques, Boris Vian aimait les romans policiers américains, écrits souvent dans une langue assez crue, autant que les contes de Perrault, chefs-d'œuvre du classicisme français. On ne s'étonnera donc pas que, du point de vue stylistique, ses véritables maîtres (Jarry, Rabelais[1] ou Céline) aient été des écrivains n'hésitant pas à se servir des trois niveaux de langue à leur disposition : soutenu (ou littéraire), courant et familier.

Les exemples en ce sens sont assez nombreux dans *L'Écume des jours*. Lorsque Chick, assis sur un divan, aperçoit Colin et Chloé, Vian écrit : « [...] il les attrapa par les jambes et les fit choir à ses côtés. — Alors,

---

1. François Rabelais (v. 1493-1553) : médecin et écrivain français, auteur de *Pantagruel* (1532).

mes agneaux, dit-il, ça gaze?... » (l. 934-935). Le contraste entre le très soutenu verbe « choir » et l'expression argotique « ça gaze » contribue à la tonalité humoristique du passage. On trouve le même procédé dans l'extrait où Colin cherche à se moquer du discours empesé, voire un peu précieux de son cuisinier : « — Je n'ai pas l'avantage de connaître Monsieur Chick, conclut Nicolas, mais s'il ne l'aime pas, je ferai autre chose la prochaine fois, et cela me permettra de situer avec une quasi-certitude l'ordre spatial de ses goûts et dégoûts. — Voui!... dit Colin. » (l. 119-123). En plus d'être produit par le contraste entre la complexité d'une phrase et la simplicité de l'autre, l'effet comique provient de la juxtaposition de deux niveaux de langue antinomiques, celui du cuisinier (littéraire) et celui de Colin (familier). Il est également amusant de constater que l'employé s'exprime généralement beaucoup mieux que l'employeur, surtout en début de roman. Cette caractéristique empruntée à l'univers de Wodehouse s'estompe dans la seconde partie afin de mieux souligner la déchéance de Nicolas, bien éprouvé par le malheur de Colin et de Chloé : « C'est dégueulasse de ta part, dit Nicolas. J'ai l'air de foutre le camp comme un rat » (l. 3609-3610). Encore une fois, c'est le passage d'un niveau de langue à un autre (comparez cette dernière réplique de Nicolas à celle citée plus haut) qui crée l'effet comique escompté.

Du côté du vocabulaire, on notera le recours à un savant cocktail de néologismes, d'anglicismes et de termes usuels, archaïques, rares et techniques. Vian forge de nombreux néologismes, que ce soit pour désigner une invention de son cru (« andouillon », « doublezon », « biglemoi », « pianocktail ») ou à des fins parodiques (« agent d'armes », « Institrut », « députodrome », « sacristoche »), ludiques (« frigiploque ») ou poétiques (« zonzonner »). Des archaïsmes tels que « icelui », « pandour » ou « varlet » (incorporé au néologisme « varlets-nettoyeurs »), des mots rares ou vieillis comme « calmande », « cromorne », « bran », « aubifoin », des anglicismes comme « *smart* », « *hot* », « *houdah* » ainsi que des termes techniques comme « bidistillée », « pince à forcipressure » ou « éther pesant » contribuent eux aussi à faire de *L'Écume des jours* un roman au style éclaté.

N'oublions pas toutefois que Boris Vian peut également faire preuve d'une grande retenue, comme en témoigne ce passage où il décrit à la manière d'un écrivain réaliste le chemin emprunté par les porteurs à l'enterrement de Chloé :

> « Le sentier décrivait des sinuosités bizarres, aux formes désolées, et le sol était poreux et friable. Il s'élargit un peu. Les feuilles des plantes tournaient au gris léger et les nervures ressortaient en or sur leur chair veloutée. Les arbres, longs et flexibles, retombaient en arc d'un bord à l'autre du chemin. À travers la voûte ainsi formée, le jour produisait un halo blanc sans éclat » (l. 5237-5243).

Digne de Guy de Maupassant (1850-1893), cette description poétique et mélancolique du paysage permet de mettre l'accent sur la gravité des évènements, mais également de rendre le retour au burlesque et à la fantaisie encore plus surprenant et… comique :

> « Les porteurs s'arrêtèrent près d'un grand trou. Ils se mirent à balancer le cercueil de Chloé en chantant "À la salade", et ils appuyèrent sur le déclic. Le couvercle s'ouvrit et quelque chose tomba dans le trou avec un grand craquement ; le second porteur s'écroula à moitié étranglé, parce que la courroie ne s'était pas détachée assez vite de son cou » (l. 5254-5259).

On trouve aussi dans *L'Écume des jours* des passages où Vian semble s'adonner à l'écriture automatique des surréalistes. Ainsi, dès la première page du roman, le lecteur est bien surpris d'apprendre que le peigne d'ambre de Colin divise « la masse soyeuse [de ses cheveux] en longs filets orange pareils aux sillons que le gai laboureur trace […] dans de la confiture d'abricots » (l. 18-20), tout comme il risque de rester perplexe devant ce ventre monté sur des roues caoutchoutées qui semble avoir appartenu à Serge, l'ancien cuisinier de Colin (l. 1134-1138). Ces descriptions pour le moins délirantes, qui précèdent ou suivent la plupart du temps des passages plus réalistes — « Colin terminait sa toilette. Il s'était enveloppé, au sortir du bain, d'une ample serviette de tissu bouclé dont seuls ses jambes et son torse dépassaient » (l. 14-16) —, donnent l'occasion à Vian de quitter l'univers du conte merveilleux ou de la 'pataphysique pour aller vers un monde poétique encore plus fou et troublant.

Enfin, comment ne pas mentionner le ton souvent naïf emprunté par Vian, un peu comme celui employé dans la littérature pour enfants, soit dans le but de souligner la naïveté de ses personnages — « Le nom de Colin lui convenait à peu près. Il parlait doucement aux filles et joyeusement aux garçons » (l. 33-35) —, soit à des fins ironiques ou parodiques — « Devant Colin, accroché à la paroi, on voyait Jésus sur une grande croix noire. Il paraissait heureux d'avoir été invité et regardait tout cela avec intérêt » (l. 1724-1726). L'usage de phrases courtes et de mots simples pour tenir des propos en apparence anodins et bon enfant constituent l'une des caractéristiques essentielles du style de *L'Écume des jours*.

LES PROCÉDÉS HUMORISTIQUES

Outre les différents niveaux de langue, le ton naïf et le vocabulaire coloré, Vian a recours à d'autres procédés humoristiques.

Le *nonsense*, emprunté à l'humour anglais, consiste à imaginer des absurdités — l'édition du *Vomi* de Partre en « peau de néant » (l. 4510 et l. 4578-4579) est un bon exemple, mais il en existe des centaines d'autres, comme le « porto musqué » (l. 541) ou le Religieux qui joue de la grosse caisse à l'église pendant que le Chuiche bat la mesure avec des maracas (l. 1637-1639). Le *nonsense* peut également exprimer un raisonnement absurde en lui donnant l'apparence du discours logique et rationnel : « Le principe du biglemoi, dit Nicolas, que Monsieur connaît sans doute, repose sur la production d'interférences par deux sources animées d'un mouvement oscillatoire rigoureusement synchrone » (l. 581-583).

Les jeux de mots sont évidemment très présents dans *L'Écume des jours*, qu'il s'agisse d'un jeu sur le double sens d'un mot — comme ce « plateau hercynien » qui sert à transporter des petits gâteaux (l. 893) — ou de l'interprétation littérale d'une expression imagée — le « pourboire » qui sert « pour manger » (l. 325-326). On trouve également des contrepèteries — « Jean-Sol Partre », « vergé Saintorix » (l. 4595) —, des mots ou des expressions modifiées — « bonnes à presque tout faire» (l. 718), «pédérastes d'honneur» (l. 1323, l. 1367 et l. 1374-1375) —, des mots-valises — «pianocktail», «Institrut», «biglemoi» —, des calembours — «chaussures de serpent teint» (l. 3056-3057), «baise-bol» (l. 4723) — et une anagramme — «Don Evany Marqué» (l. 4723).

Les jeux grammaticaux, procédé consistant à jouer avec les règles de la syntaxe, permettent à Boris Vian de produire des effets humoristiques intéressants, que ce soit pour souligner le malaise ou le délire des personnages — «C'est bien fait. Je, tu, suis, est-il bête» (l. 729-730) — ou simplement à des fins ludiques — «Qu'est, dis-je, ce que Nicolas va faire pour ce soir?» (l. 508), «Dites-moi, Nicolas, aurai-je, sur le nez, demain, un bouton?» (l. 554-555).

BORIS VIAN.
JEAN WEBER — D. R.

PLONGÉE
DANS L'ŒUVRE

QUESTIONS SUR L'ŒUVRE

AVANT-PROPOS

Compréhension
1. D'après Boris Vian, quel est l'essentiel ? Pourquoi ?
2. Quelles sont les deux seules « choses » pour l'auteur ?
   Que devrait-il advenir du reste ? Pourquoi ?
3. Pourquoi, selon les dires de l'auteur, l'histoire qu'il s'apprête à raconter est-elle entièrement vraie ?

Écriture
1. Le *nonsense* consiste à se servir du discours scientifique ou technique pour exprimer une absurdité. Donnez-en un exemple tiré de l'avant-propos.

CHAPITRE I

Compréhension
1. Qui Colin invite-t-il à dîner tous les lundis ?
2. Par qui le repas est-il préparé ?
3. Qui est Gouffé ?
4. Colin donne-t-il l'impression d'être riche ?
   Justifiez votre réponse.
5. Quel âge ont Colin et Chick ?
6. Quelle est la profession de Chick ?
7. Quel est l'auteur favori de Chick ?
8. Quel lien de parenté la jeune fille dont parle Chick a-t-elle avec Nicolas ?
9. À quelle invention de son cru Colin introduit-il Chick ?
   À quoi cette invention sert-elle ? Expliquez-en brièvement le fonctionnement.

Écriture
1. Relevez un néologisme entre les pages 10 et 12.
2. Quelle contrepèterie trouve-t-on dans ce chapitre ?

CHAPITRE II

Compréhension

1. D'où vient l'anguille qui a servi à faire le pâté ?
2. Qui est le nouvel amour de Chick ? Où a-t-il fait sa connaissance ?
3. Quel point commun y a-t-il entre Chick et sa nouvelle flamme ?
4. Comment la première rencontre de Chick avec la jeune fille s'est-elle terminée ?
5. Quelle invitation Chick lance-t-il à Colin ?

Écriture

1. Quel est le procédé narratif dominant dans ce chapitre ?
2. Les points de suspension servent-ils tous à marquer l'hésitation des personnages ? Justifiez votre réponse.
3. Quel rôle la description joue-t-elle dans ce chapitre ?

CHAPITRE III

Compréhension

1. Où Colin se rend-il ? Dans quel but ?
2. Que permet la lame bifide des patins de Colin ?
3. Que provoque Colin en s'élançant vers Chick et Alise ?
4. Qu'est-ce que l'« hymne de Molitor » (l. 375) ?
5. Par quoi Colin est-il soulevé à quelques mètres du sol ?
6. Pourquoi le préposé passe-t-il des disques religieux ?

Écriture

1. Quelle image absurde Vian crée-t-il à partir du nom d'une figure de patinage artistique ?
2. Montrez comment l'auteur s'y prend pour suggérer que Colin est attiré par Alise.

CHAPITRE IV

Compréhension

1. Qui est Isis ?
2. À quel évènement Isis convie-t-elle Colin et ses amis ?
3. Qui est Dupont ?

Écriture

1. En quoi le portrait physique d'Isis est-il humoristique ?

CHAPITRE V

Compréhension

1. Qu'est-ce qui, selon Colin, lui garantirait de ne pas avoir de bouton sur le nez le lendemain ? Pourquoi cela le préoccupe-t-il ?
2. Que sent l'orchidée bleue et rose cueillie par Colin ?
3. Pourquoi Colin s'interdit-il de penser à Alise ?
4. Pourquoi Colin est-il si troublé à la pensée de ce que va préparer Nicolas ?
5. Quel âge a Nicolas ?
6. Pourquoi les boutiques des fleuristes n'ont-elles jamais de rideau de fer ?

Écriture

1. Relevez un exemple de jeu grammatical entre les lignes 495 et 513. Que dit-il à propos de Colin ?
2. L'ellipse est une technique narrative consistant à exécuter un saut dans le temps, aussi bref soit-il. Montrez comment Vian se sert de l'ellipse afin de nous laisser deviner certaines pensées de Colin.

CHAPITRE VI

Compréhension

1. Pourquoi Nicolas s'adresse-t-il à Colin à la troisième personne ?
2. Que compte préparer Nicolas pour le repas ?
3. Quelle question concernant son apparence physique semble encore préoccuper Colin ?
4. Quelle danse Colin veut-il apprendre ?
5. Qu'est-ce qui, selon Nicolas, constituerait une faute de goût ?
6. Quelle pièce musicale Nicolas conseille-t-il à Colin de faire jouer pour la leçon de danse ?

Écriture

1. Relevez un exemple de jeu grammatical entre les lignes 524 et 541.
2. Montrez en quoi la recette de Nicolas relève du *nonsense* (humour absurde).

CHAPITRE VII

Compréhension

1. Que tente d'expliquer Nicolas à Colin ?
2. Quelle pièce musicale Colin choisit-il finalement ?

Écriture

1. Montrez que le discours pseudo-scientifique apparemment très complexe de Nicolas exprime en fait une réalité toute simple.
2. Que veut dire Vian lorsqu'il écrit que Colin regarde Nicolas « entrer en vibration » (l. 600) ?

CHAPITRE VIII

Compréhension

1. Quel est l'avantage de danser le biglemoi sur un air lent ?
2. Pourquoi Colin rougit-il lorsque Nicolas lui décrit ce qui arrive lorsque l'on danse le biglemoi sur un air rapide ?
3. Quel personnage a appris le biglemoi à Nicolas ?
4. Quel personnage est membre de l'Institrut ?
5. Pourquoi Colin demande-t-il à Nicolas quel âge a sa nièce ?

Écriture

1. Pourrait-on affirmer que la discussion entre Nicolas et Colin porte davantage sur la sexualité que sur la danse ? Justifiez votre point de vue.

CHAPITRE IX

Compréhension

1. De quel club privé Nicolas est-il membre ?

2. Quel est le thème de la réunion à laquelle Nicolas doit assister?
3. Quel type d'âme sœur Colin souhaite-t-il rencontrer?
4. Pourquoi Nicolas dit-il à Colin qu'il a tort de penser à Alise?
5. Pourquoi, selon Nicolas, Chick ne veut-il pas venir déjeuner chez Colin avec Alise?
6. Que promet de faire Colin s'il ne rencontre pas l'âme sœur?

Écriture

1. Quelle est l'originalité de la narration au tout début du chapitre, soit entre les lignes 632 et 640?
2. Expliquez l'expression « gens de maison » (l. 653-654).

CHAPITRE X

Compréhension

1. Avec qui Colin discute-t-il dans la salle de bains? Où se trouve son interlocuteur, plus précisément?
2. Qui Colin évite-t-il de nommer au cours de la conversation? Pourquoi?
3. Qu'arrive-t-il à Colin en descendant l'escalier?
4. Qui Colin ne veut-il pas voir une fois rendu dehors? Pourquoi?
5. Pourquoi Colin se met-il à pleurer après avoir dépassé la fille qui était devant lui?
6. Chez qui Colin se rend-il?

Écriture

1. Repérez deux métaphores à connotation sexuelle entre les lignes 705 et 744. Que disent ces métaphores au sujet de Colin?
2. Quel signe de ponctuation Vian utilise-t-il pour suggérer les hésitations et l'autocensure de Colin? Justifiez votre réponse à l'aide de deux ou trois exemples.
3. Repérez un jeu grammatical. Expliquez-le.

CHAPITRE XI

Compréhension

1. Qui est la jeune fille à la robe dont l'empiècement du dos est en fer forgé?

2. À qui Colin demande-t-il si elle est arrangée par Duke Ellington ? Expliquez pourquoi il pose cette question.

3. Quel livre Chick montre-t-il à Colin ?

4. Selon lui, quelle stupidité Colin a-t-il dit à Chloé ?

5. Pourquoi Colin ne veut-il pas que Chloé voie Chick et Alise danser le biglemoi ?

6. Où Alise insiste-t-elle pour s'asseoir ? Pourquoi, selon vous ?

7. Qui a mis *Chloé,* arrangé par Duke Ellington ? Que dit alors Colin à Chloé ?

Écriture

1. Montrez comment la description de la robe d'Isis et le dialogue qui la suit sont liés à la notion d'interdit.

2. Que veut dire l'auteur par « centre de sudation » (l. 830-831) ?

3. Faites ressortir l'aspect surréaliste de l'habitation où se trouve Colin.

4. Expliquez comment Vian s'y prend pour suggérer que Chloé est plus délurée que Colin.

CHAPITRE XII

Compréhension

1. De qui Chick a-t-il absolument besoin ? Pourquoi ?

2. Quels problèmes Colin voit-il à ce que Chick collectionne les œuvres de Partre ?

3. Quel fantasme entretient Colin au sujet de Chloé ?

4. Pourquoi, selon Chick, Nicolas n'a-t-il jamais voulu revoir une jeune fille ? Décrivez le contexte.

5. Expliquez dans vos propres mots ce que Nicolas conseille à Colin.

6. Que trouvent Chick et Colin dans le gâteau servi par Nicolas ?

Écriture

1. Il y a beaucoup de sous-entendus à caractère sexuel dans les dialogues de *L'Écume des jours.* Repérez un de ces sous-entendus dans ce chapitre.

2. Décelez et décrivez l'influence du conte merveilleux entre les lignes 1009 et 1059.

CHAPITRE XIII

Compréhension

1. Où Colin attend-il Chloé ?
2. Comment Colin parvient-il à se faire mal en saluant Chloé ?
   Que confirme cet incident au sujet du jeune homme ?
3. Par quoi Colin et Chloé sont-ils rapidement enveloppés ?
4. Qu'est-ce que « *l'Antipode du Révérend Charles* » (l. 1111) ?
5. Que montre la vitrine de propagande pour l'Assistance
   publique ?
6. Qu'est-ce que des « Pigeons-de-Rechange » (l. 1160) ?
7. Qu'est-ce qui attend Colin et Chloé à l'autre extrémité
   du souterrain ?

Écriture

1. Quelle trouvaille fantaisiste de Vian révèle de manière
   métaphorique l'amour unissant Colin et Chloé ?
   Expliquez comment.
2. Donnez deux exemples de *nonsense* contenus dans ce chapitre.
3. Faites ressortir le caractère poétique du premier paragraphe.

CHAPITRE XIV

Compréhension

1. Pourquoi Chloé n'a-t-elle pas froid ?
2. Pourquoi Colin rougit-il ?
3. Qu'est-ce qui est beaucoup mieux la seconde fois ?
4. Où Colin met-il sa figure ?

Écriture

1. Comment Vian s'y prend-il pour suggérer la timidité de Colin ?

CHAPITRE XV

Compréhension

1. Quelle grande nouvelle Colin annonce-t-il à Alise et à Chick ?
2. Pourquoi Alise dit-elle que Chick est bête ?
3. Pourquoi Alise et Chick n'ont-ils pas d'argent ?

4. Que trouvent Alise et Chick sous leurs serviettes?
5. Quelle offre généreuse Colin fait-il à Chick? Comment justifie-t-il cette offre?
6. Que propose Colin à Chick et à Nicolas?
7. Quel rôle Colin réserve-t-il aux frères Desmarais?
8. Qu'est-ce qui est signé Nicolas?

Écriture

1. Faites ressortir la richesse du vocabulaire et le caractère fantaisiste de la description du costume de Nicolas (l. 1299-1305).
2. Nicolas emploie-t-il le même niveau de langue au début et à la fin du chapitre? Justifiez votre réponse.

CHAPITRE XVI

Compréhension

1. Où mène la rue dans laquelle court Colin?
2. Résumez dans vos propres mots les propos tenus par Colin à Chloé.
3. Où Colin finit-il par entrer? Qu'y achète-t-il?

Écriture

1. À quel subterfuge narratif Boris Vian a-t-il recours dans ce chapitre?
2. Montrez comment l'auteur fait de ce chapitre une métaphore du passage de l'adolescence à la vie adulte.

CHAPITRE XVII

Compréhension

1. Qui sont Coriolan et Pégase?
2. En quoi Coriolan s'est-il mal conduit, selon Pégase?
3. Pourquoi, selon Pégase, ne peut-on se figurer que Chloé est un garçon?
4. Que prédit Pégase au sujet de son frère?

Écriture

1. En quoi l'humour de ce chapitre paraît-il un peu daté ? Expliquez pourquoi.

CHAPITRE XVIII

Compréhension

1. À quoi le Religieux, le Bedon et le Chuiche sont-ils occupés tout au long de ce chapitre ?
2. Qui viendra pour la Béniction ?
3. Comment a-t-on disposé les microphones devant les chaises de l'orchestre ?
4. Comment le Religieux, le Bedon et le Chuiche retournent-ils du balcon à la nef de l'église ?

Écriture

1. En quoi la description de l'église (l. 1452-1455) contraste-t-elle avec le ton généralement parodique de ce chapitre ?
2. Comment les nombreux néologismes contribuent-ils à l'effet parodique du récit ?

CHAPITRE XIX

Compréhension

1. À qui Chloé demande-t-elle si elle est jolie ?
2. Comment Chloé est-elle vêtue ?
3. À quoi Alise et Isis sont-elles occupées ? Que portent-elles ?
4. Pourquoi Chloé caresse-t-elle Alise ?
5. Que regrette Chloé ?
6. Pourquoi Chloé rit-elle toute seule ?

Écriture

1. Faites ressortir le caractère érotique de ce chapitre.
2. En quoi le début du chapitre rappelle-t-il l'univers du conte merveilleux ?

CHAPITRE XX

Compréhension

1. Avec quel problème d'ordre vestimentaire Colin est-il aux prises?
2. Quel incident fait échapper un gloussement de douleur à Chick?
3. Qu'arrive-t-il finalement à la cravate de Colin?

Écriture

1. Quel juron « existentialiste » Chick laisse-t-il échapper? Expliquez le lien.
2. Du point de vue narratif, en quoi ce chapitre contraste-t-il avec le précédent?

CHAPITRE XXI

Compréhension

1. Qu'aperçoit Chick en se rendant à l'église avec Colin? Que demande-t-il alors à son ami?
2. Pourquoi Colin n'embrasse-t-il pas Chloé lorsqu'il la voit dans sa robe de mariée?
3. Qu'exécutent les 14 Enfants de Foi à l'arrivée de Colin et Chloé?
4. Quel personnage meurt avant le début de la célébration?
5. Quel genre musical l'orchestre adopte-t-il pour l'Ouverture et le Cérémonial?
6. Quelle pièce Colin a-t-il choisie pour l'Engagement?
7. Quel spectateur d'une autre époque semble heureux d'avoir été invité au mariage?
8. Combien la cérémonie coûte-t-elle à Colin?

Écriture

1. « […] Chick se prenait pour une abeille en ruche » (l. 1609-1610). À quelle expression cette image renvoie-t-elle?
2. Repérez la présence d'un archaïsme dans ce chapitre.
3. Faites ressortir le caractère surréaliste de la cérémonie à l'aide de deux passages descriptifs de votre choix.
4. Comment Vian s'y prend-il pour signaler l'incompétence du Religieux?

CHAPITRE XXII

Compréhension

1. Que reçoivent Colin et Chloé dans la sacristoche?
2. Que compte faire le Religieux avec le bénéfice pris sur les 5000 doublezons de Colin?
3. Pourquoi le Religieux a-t-il refusé de payer le cachet du chef d'orchestre?
4. À quelles occasions Pégase pince-t-il la hanche de son frère?
5. Pourquoi Chloé se met-elle à tousser?
6. Pourquoi emmène-t-on les Musiciens dans une voiture cellulaire?

Écriture

1. Comment Vian laisse-t-il entendre que le Bedon et le Chuiche sont des pédophiles?
2. Soulignez le caractère hautement parodique de ce chapitre.

CHAPITRE XXIII

Compréhension

1. Où Colin et Chloé se trouvent-ils précisément?
2. Qui vient avertir les nouveaux mariés que Nicolas les attend?
3. À quoi Nicolas a-t-il convié Colin et Chloé?
4. Pourquoi Nicolas a-t-il mauvaise mine?
5. Quel effet positif le remontant a-t-il sur Nicolas?
6. Pourquoi Chloé pense-t-elle que Nicolas devrait avoir mal au ventre?

Écriture

1. Peut-on qualifier le récit de Nicolas d'érotique (l. 1805-1824)? Justifiez votre réponse.

CHAPITRE XXIV

Compréhension

1. Pourquoi Colin et Chloé regardent-ils le paysage avec un certain malaise?

2. De quel gadget futuriste la voiture est-elle équipée?
3. Pourquoi Nicolas peine-t-il à conduire la voiture?
4. Quelle «bête» étrange Chloé trouve-t-elle bien laide?
   Expliquez de quoi il s'agit.
5. À quel spectacle grandiose mais inquiétant assistent les passagers
   après avoir baissé les glaces de la voiture?
6. Pourquoi les travailleurs ne les aiment-ils pas?

Écriture

1. Faites ressortir le caractère surréaliste du paysage.
2. Que symbolisent les glaces de couleur?
3. En quoi la description des mines de cuivre diffère-t-elle
   de la plupart des descriptions du roman?

CHAPITRE XXV

Compréhension

1. Pourquoi, selon Colin, les ouvriers sont-ils si méprisants?
2. Quelle solution Colin voit-il au problème du travail?
3. À quoi perd-on tant de temps, selon Colin?
4. Pourquoi les travailleurs sont-ils bêtes?
5. Pour quelle raison Chloé veut-elle changer de sujet? Quel
   nouveau sujet de conversation propose-t-elle?
6. Pourquoi Colin se sent-il de nouveau heureux?

Écriture

1. Montrez comment la solution proposée par Chloé pour
   résoudre le paradoxe de l'œuf et de la poule résume bien la
   position de Colin au sujet du travail.
2. Quel est le jeu de mots contenu dans la phrase suivante: «Je t'ai
   déjà dit que je t'aimais bien, en gros et en détail» (l. 1978)?

CHAPITRE XXVI

Compréhension

1. Où Nicolas et ses amis s'arrêtent-ils pour la nuit?
2. Pourquoi Nicolas ressort-il de l'hôtel passablement fripé?
3. Pourquoi Nicolas met-il les nerfs de Colin en bobines?

4. Qu'arrive-t-il à Chloé?

5. Que brise Colin en jetant un de ses souliers à la figure de Nicolas?

Écriture

1. Caractérisez la «bonne route». Selon vous, que symbolisent l'ensemble de ces caractéristiques?

2. Pourquoi Vian écrit-il que Nicolas est «plus exaspérant que jamais» (l. 2006)?

3. En quoi la description du carreau aux lignes 2060 à 2062 annonce-t-elle le thème des fleurs et du nénuphar?

CHAPITRE XXVII

Compréhension

1. Pourquoi le carreau a-t-il empêché Chloé de dormir?

2. Que veut faire Chloé? Et après?

3. Quelle demande de Chloé semble surprendre Colin? Pourquoi?

Écriture

1. À quel procédé narratif Vian a-t-il surtout recours dans ce chapitre?

2. Selon vous, pourquoi Colin ne termine-t-il pas sa pensée à la ligne 2075?

3. Pourquoi l'auteur a-t-il choisi de créer un court chapitre d'à peine 30 lignes au lieu d'intégrer le tout au chapitre précédent ou suivant?

CHAPITRE XXVIII

Compréhension

1. À quel évènement très couru Chick, Alise et Isis assistent-ils?

2. Qui sont les seuls arrivants à avoir de vraies cartes?

3. Qu'a fait Chick afin de pouvoir assister à l'évènement?

4. Qui est la duchesse de Bovouard?

5. À bord de quel «moyen de locomotion» Partre arrive-t-il?

6. Pourquoi les spectateurs s'infiltrant sous les estrades se déshabillent-ils? Quel souvenir cette scène rappelle-t-elle à Alise et Chick?

7. Que contient la grosse caisse noire de Chick? Que compte-t-il en faire?

8. Quelles nouvelles Alise a-t-elle de Chloé?

9. À quel personnage Isis semble-t-elle s'intéresser tout particulièrement?

10. Que compte faire Chick en voyant Partre se préparer à s'en aller?

Écriture

1. Donnez deux exemples de ces «ruses les plus variées» (l. 2094-2095) employées par les gens pour assister à l'évènement.

2. À quel stéréotype la description de la foule (l. 2130-2134) renvoie-t-elle?

3. Pourquoi peut-on qualifier ce chapitre d'hyperbolique?

4. En quoi l'image surréaliste de Partre présentant des échantillons de vomi empaillé est-elle liée à l'œuvre du philosophe?

5. De quel évènement historique Vian fait-il la parodie?

CHAPITRE XXIX

Compréhension

1. Pourquoi la souris grise à moustaches noires a-t-elle l'air ennuyé?

2. Comment Nicolas s'explique-t-il ce changement?

3. Que souhaite faire Chloé?

4. Pourquoi Colin, qui avait retrouvé le sourire, déchante-t-il de nouveau?

5. Qu'est-il arrivé à la souris pour que Nicolas soit obligé de la soigner?

Écriture

1. Expliquez comment ce chapitre entame la lente descente aux enfers de Colin.

CHAPITRE XXX

Compréhension

1. En quelle saison se déroule ce chapitre?

2. Que veut faire Chloé? Pourquoi?

3. Qui, selon Colin, sera contente de revoir Nicolas?
4. Pourquoi Isis rougit-elle jusqu'aux yeux lorsque Nicolas lui demande des nouvelles de ses cousines?
5. De quoi Colin semble-t-il s'inquiéter au sujet de Chick?

Écriture

1. En quoi ce chapitre rappelle-t-il l'intérêt que semble porter Boris Vian aux vêtements?
2. De quelle danse typiquement blanche l'auteur se moque-t-il dans ce chapitre? Expliquez comment.
3. Quelle référence évoque l'intérêt de Vian pour le jazz?
4. Que suggère l'utilisation des points de suspension aux lignes 2441 à 2450?

CHAPITRE XXXI

Compréhension

1. Que font Chick et Colin au début du chapitre?
2. Pourquoi appelle-t-on Colin? Qu'apprend ce dernier?
3. Pourquoi Colin s'en prend-il au garçon?

Écriture

1. En quoi la nouvelle description de la piscine-patinoire Molitor contraste-t-elle avec la précédente (CHAPITRE III)? À quoi peut-on attribuer ce contraste?
2. La violence de ce chapitre est-elle gratuite? Justifiez vos propos.

CHAPITRE XXXII

Compréhension

1. Pourquoi Colin court-il?
2. Qu'advient-il de Chloé pendant ce temps?
3. Que dit Nicolas à Colin à l'arrivée de ce dernier?
4. Comment Chloé réagit-elle à l'arrivée de Colin?

Écriture

1. Comment Boris Vian s'y prend-il pour suggérer que les pensées de Colin s'enchaînent à la même vitesse qu'il court?

CHAPITRE XXXIII

Compréhension

1. Que sent Chloé dans son thorax ?
2. Que suggère Chloé à Colin pour lui faire plaisir ?
3. Quelle est la pièce musicale que choisit Colin ?
4. Quel effet la musique produit-elle sur la chambre ?
5. De quoi Chloé s'inquiète-t-elle à la fin du chapitre ?

Écriture

1. Quel passage du chapitre semble apporter une explication au titre du roman ? Dites pourquoi.

CHAPITRE XXXIV

Compréhension

1. Pourquoi Nicolas a-t-il jugé que le premier médecin avait l'air idiot ?
2. Quel est le nom du second médecin à se présenter chez Colin ?
3. À quoi le médecin attribue-t-il le fait que la chambre est devenue ronde ?
4. Quel diagnostic assez vague le médecin pose-t-il après avoir examiné Chloé ?
5. Pourquoi les appareils du médecin sont-ils en mauvais état ?
6. Que conseille le médecin pour faire en sorte que la chambre reprenne son allure habituelle ?
7. Pourquoi Colin est-il « en proie à une crise de gondolance extrême » (l. 2780-2781) ?

Écriture

1. Résumez dans vos propres mots la caricature que fait Boris Vian des médecins.
2. Chick est si obsédé par Partre qu'il en oublie souvent Alise. Trouvez un passage montrant que Colin, lui, pense avant tout à Chloé. Justifiez votre réponse.

CHAPITRE XXXV

Compréhension

1. Dans quel établissement Colin et Chick entrent-ils?
2. Pourquoi le marchand de remèdes doit-il appeler la maison Gershwin?
3. Que représente la fresque située derrière Chick et Colin?
4. Qu'est-ce qu'un «lapin modifié» (l. 2845)?
5. Selon Colin, que devrait faire Chick avec le reste de ses doublezons?
6. Quelle mauvaise nouvelle Chick annonce-t-il à Colin?
7. Selon le marchand de remèdes, à quoi les pilules qu'achète Colin servent-elles?
8. À la fin du chapitre, pourquoi Colin semble-t-il en vouloir à Chick?

Écriture

1. Un des procédés humoristiques favoris de Boris Vian est l'interprétation littérale d'une expression de la langue française (ex.: l. 3835-3838). Trouvez un exemple de ce procédé dans le chapitre. Justifiez votre réponse.
2. Ce chapitre est sûrement l'un des plus fantaisistes, voire surréalistes du roman. Donnez et commentez quelques exemples allant dans le sens de cette impression.
3. Quelle nouvelle variation sur le titre de *La Nausée* l'auteur invente-t-il dans ce chapitre? Qu'annonce symboliquement ce nouveau titre de Partre?

CHAPITRE XXXVI

Compréhension

1. Que lit Colin à Chloé?
2. Pourquoi Colin interrompt-il sa lecture?
3. Que reproche Chloé aux pilules qu'elle doit prendre?
4. Colin est-il fatigué? Justifiez votre réponse.

Écriture

1. À quel genre le passage que Colin lit à Chloé appartient-il?
2. Quelle comparaison Chloé établit-elle pour expliquer l'effet que la pilule produit sur elle?
3. En quoi ce chapitre contribue-t-il à faire de *L'Écume des jours* un roman sentimental?

CHAPITRE XXXVII

Compréhension

1. Pourquoi Chloé ne tient-elle plus debout?
2. Qu'exige Chloé de Colin?
3. Où Chloé souhaite-t-elle être embrassée?

Écriture

1. Relevez deux comparaisons évoquant la beauté fragile de Chloé.

CHAPITRE XXXVIII

Compréhension

1. Pourquoi Chloé ne veut-elle pas aller chez le médecin en voiture?
2. Quel changement presque imperceptible Chloé croit-elle avoir observé dans l'appartement?
3. Pourquoi Chloé n'aime-t-elle pas les abords du quartier médical?
4. Qu'est-ce qui fait blêmir Colin?
5. À quoi Colin croit-il voir que Mangemanche est un grand spécialiste?
6. Où Mangemanche mène-t-il Chloé?

Écriture

1. Que suggère le choix vestimentaire de Chloé?
2. Montrez comment Vian utilise la technique du contraste afin de renforcer l'impact de sa description du quartier médical.

CHAPITRE XXXIX

Compréhension

1. Pourquoi Colin regarde-t-il à terre, l'air écrasé?
2. Quelle solution potentielle Mangemanche envisage-t-il?
3. Que vient annoncer Carogne?

Écriture

1. Selon vous, pourquoi Boris Vian a-t-il créé une ellipse entre la fin du CHAPITRE XXXVIII et le début du CHAPITRE XXXIX?

CHAPITRE XL

Compréhension

1. Quelle maladresse Colin commet-il dans la voiture?
2. De quoi Chloé souffre-t-elle?
3. À quel moment Chloé a-t-elle le plus mal?
4. Quelles sont les trois recommandations de Mangemanche? Laquelle de ces recommandations semble troubler le plus les personnages?

Écriture

1. Comment Vian s'y prend-il pour nous convaincre du danger que peut représenter une simple fleur?

CHAPITRE XLI

Compréhension

1. Que remarque tout de suite Alise en entrant chez Colin?
2. Qu'a offert Chick à Alise? En quoi s'agit-il d'un cadeau intéressé?
3. Que constate Alise en regardant le passeport de Nicolas?
4. De quoi Chloé est-elle entourée?
5. Que cherche Colin? Pourquoi?
6. Qu'arrive-t-il aux lampes et aux murs?
7. Qui apporte un peu de lumière à Chloé? Comment?
8. Où Chloé s'en va-t-elle?

Écriture

1. Trouvez deux figures de style entre les lignes 3315 et 3321.
2. Quel procédé narratif l'auteur applique-t-il de manière littérale dans ce chapitre?

CHAPITRE XLII

Compréhension

1. Pourquoi Chick trouve-t-il les livres de Partre entre le T et le B?
2. Que repère Chick sur un exemplaire de *La Lettre et le Néon*?
3. Nommez les deux autres objets que le libraire propose à Chick.
4. Quelle «bonne» nouvelle concernant Partre le libraire annonce-t-il à Chick? Comment ce dernier réagit-il?
5. Combien le libraire charge-t-il à Chick pour les trois objets?

Écriture

1. Comment Vian symbolise-t-il le tiraillement intérieur de Chick?
2. Quel nouvel hommage au jazz trouve-t-on dans ce chapitre?
3. Pourquoi l'auteur fait-il dire au libraire : «Un pantalon à Partre !...» (l. 3456) au lieu d'«un pantalon ayant appartenu à Partre»?
4. Repérez la présence d'une phrase dont le niveau de langue est on ne peut plus familier.

CHAPITRE XLIII

Compréhension

1. En quoi l'appartement de Colin a-t-il de nouveau changé?
2. Quelle sorte de soupe Nicolas sert-il?
3. Qui est le nouveau modèle culinaire de Nicolas? Pourquoi?
4. Pour quelle raison Colin trouve-t-il que Mangemanche est un homme capable?
5. Quel genre de travail Colin recherche-t-il?
6. Qu'est-il arrivé à Chick?
7. Dans quel état la souris grise à moustaches noires est-elle? Décrivez-le.
8. Pourquoi Colin ordonne-t-il à Nicolas d'aller travailler pour les Ponteauzanne?

Écriture

1. Quel changement sur le plan de la qualité de l'expression accompagne le rétrécissement de l'appartement et le vieillissement de Nicolas ? Donnez quelques exemples.
2. En quoi l'état dans lequel se trouve la souris est-il le miroir de l'état de Colin ?

CHAPITRE XLIV

Compréhension

1. Quel emploi le directeur et le sous-directeur semblent-ils avoir à offrir à Colin ?
2. À quoi le sous-directeur voit-il que Colin ne peut réparer une chaise ?
3. Pourquoi le directeur et le sous-directeur ne peuvent-ils engager Colin ?
4. Que fait l'huissier à la vue de Colin ?

Écriture

1. En quoi ce chapitre semble-t-il annoncer le théâtre de l'absurde ?
2. Repérez un exemple de contrepèterie.
3. Colin ne s'exprime que très rarement dans un niveau de langue familier. Trouvez une exception dans ce chapitre.

CHAPITRE XLV

Compréhension

1. Quel objet de son appartement Colin se résigne-t-il à vendre ? Pourquoi ?
2. Pourquoi Colin n'aime-t-il pas le travail ?
3. Par quel interprète de génie les pièces jouées par l'antiquaire ont-elles été enregistrées ?
4. Pourquoi Colin revoit-il à la baisse le prix que lui offre l'antiquaire ?
5. À quoi le niveau d'eau sert-il ?

Écriture

1. Comment Boris Vian s'y prend-il pour suggérer que Colin pleure à cause de l'état de santé de Chloé ?
2. Repérez l'expression qui résume le mieux la double utilité du pianocktail.

CHAPITRE XLVI

Compréhension

1. Qu'est-ce qui écrase Nicolas, selon Colin ? Que lui reproche-t-il ?
2. Pourquoi Colin regrette-t-il que la valeur de Nicolas soit à la baisse ?
3. Qu'ordonne Colin à Nicolas ?
4. Pourquoi Colin n'a-t-il plus besoin de se trouver un emploi ?
5. Pourquoi Nicolas reproche-t-il à Colin de l'embêter ?

Écriture

1. Quel passage de ce chapitre pourrait-on qualifier d'épistolaire ?
2. Repérez quelques phrases d'un niveau de langue familier.

CHAPITRE XLVII

Compréhension

1. Pourquoi Mangemanche croit-il que Colin a changé d'appartement ?
2. Pourquoi Chloé rit-elle en voyant l'entrée du professeur ?
3. Qu'est-il arrivé au nénuphar de Chloé ?
4. Quelle réponse Colin fait-il à Mangemanche lorsque celui-ci lui demande ce qu'il fait dans la vie ?

Écriture

1. Mettez en parallèle la description de la chambre avec le nouvel état de santé de Chloé.
2. Quels passages laissent entendre qu'il existe une certaine connivence entre Colin et Mangemanche ?

CHAPITRE XLVIII

Compréhension

1. Que demande Chick au chef du personnel? Pourquoi?
2. Pourquoi Chick fait-il face à son congédiement?
3. Que pourrait peut-être faire le chef de la production plutôt que de renvoyer Chick? Pourquoi ce dernier refuse-t-il?
4. Qu'est-ce que personne n'a le droit de dire, selon le chef de la production?
5. Combien de doublezons Chick reçoit-il avant son départ?
6. Qui Chick croise-t-il en sortant?

Écriture

1. Faites ressortir le caractère cauchemardesque des machines.
2. Quelle expression employée entre les lignes 4147 et 4160 souligne le caractère déshumanisant du travail?
3. À qui le remplaçant de Chick fait-il penser?

CHAPITRE XLIX

Compréhension

1. À quoi Chick consacre-t-il son indemnité de départ?
2. Combien de doublezons lui reste-t-il à la fin du chapitre?

Écriture

1. Dans quel chapitre Chick avait-il pris la décision de passer cette commande? Justifiez votre réponse.
2. En quoi la brièveté de ce chapitre sert-elle son propos?

CHAPITRE L

Compréhension

1. Quel personnage conduit la voiture d'Isis? A-t-il changé? Justifiez votre réponse.
2. Quels changements dans l'appartement de Colin Isis remarque-t-elle?
3. Sur qui Isis trébuche-t-elle en entrant? Que fait-il là?
4. Pourquoi Chloé est-elle encore malade?

5. Que porte Isis qui semble faire du bien à Chloé?
6. Pourquoi Isis ne peut-elle pas épouser Nicolas?
7. Qu'apporte Colin à Chloé?
8. Pourquoi Colin souhaite-t-il qu'Isis revienne le lendemain?

Écriture

1. Montrez comment la description des lieux reflète parfaitement la condition de Colin et Chloé.
2. Quelle est la tonalité dominante de ce chapitre?
3. À quel genre romanesque pourrait-on rattacher ce chapitre?

CHAPITRE LI

Compréhension

1. À quelle annonce Colin répond-il?
2. Que faut-il pour que les canons de fusil poussent régulièrement et sans distorsion?
3. En quoi la tâche de Colin consiste-t-elle?
4. Pourquoi cette tâche est-elle réservée aux hommes?

Écriture

1. En quoi la description des lieux fait-elle penser à un champ de bataille?
2. Quelle réplique de l'embaucheur fait preuve à la fois de misogynie et d'un manque certain d'humanité?
3. Montrez l'influence de la 'pataphysique dans ce chapitre.

CHAPITRE LII

Compréhension

1. Quels problèmes y a-t-il avec les canons des armes que Colin fait pousser?
2. Pourquoi l'homme trouve-t-il inutile d'avoir des cartouches en réserve pour les nouveaux fusils?
3. De quoi la dernière production de Colin a-t-elle l'air?
4. Comment Colin se blesse-t-il à la fin du chapitre?
5. Pourquoi l'homme pousse-t-il Colin vers la porte?

Écriture

1. En quoi le discours tenu par l'homme fait-il ressortir le caractère profondément absurde de l'institution militaire ?
2. Que symbolise la fleur de métal ?

CHAPITRE LIII

Compréhension

1. Pourquoi Colin veut-il se reposer ?
2. Comment Alise justifie-t-elle d'abord sa visite ?
3. Pourquoi Chick ne peut-il plus supporter de garder Alise avec lui ?
4. Pourquoi Alise se déshabille-t-elle devant Colin ?
5. Que se demande Alise au sujet de sa relation avec Colin ?
6. Selon Alise, pourquoi Chick ne viendra-t-il pas la voir chez ses parents ou chez Isis ?

Écriture

1. Que symbolisent le *pick-up* brisé et les disques usés ?
2. Quelle réplique de Colin montre sous un nouvel angle la transformation de l'appartement ? Expliquez comment.
3. Quel passage du chapitre semble révéler la supériorité morale de Colin sur les autres personnages du récit ? Justifiez votre réponse.
4. Quelle remarque du narrateur paraît annoncer la fin d'Alise ?

CHAPITRE LIV

Compréhension

1. Pourquoi Chick souhaite-t-il réparer son *pick-up* ?
2. Comment Chick justifie-t-il le fait d'avoir dépensé tout l'argent prêté par Colin ?
3. À quelles fins Chick souhaite-t-il économiser son argent ?
   · Qu'aurait préféré Alise ?
4. Pourquoi Chick hésite-t-il à ouvrir la porte de son appartement ?
5. Pourquoi Chick met-il deux disques sur son *pick-up* à deux plateaux ?

Écriture

1. Comment les trois premiers paragraphes suggèrent-ils que Chick est totalement dominé par son obsession pour Partre?
2. Montrez comment Chick utilise le discours rationnel afin de se convaincre qu'il n'est pas nécessaire de payer ses impôts.
3. En quoi le chapitre établit-il un parallèle évident entre l'obsession de Chick et une forte dépendance à la drogue?

CHAPITRE LV

Compréhension

1. Quel est le nom générique des hommes du sénéchal?
2. Quelle est la mission spéciale des agents d'armes?
3. En quoi la voiture qui attend les policiers est-elle « spéciale » (l. 4692)?

Écriture

1. Comment l'idée de donner un nom générique aux hommes du sénéchal contribue-t-elle à la parodie des forces policières?
2. Quelle image fantaisiste suggère une comparaison péjorative entre les hommes du sénéchal et des enfants?

CHAPITRE LVI

Compréhension

1. Quelle idée Alise se fait-elle de Colin?
2. Quel parallèle Alise établit-elle entre Colin et Chick?
3. Pourquoi Alise ne peut-elle pas laisser Partre publier son encyclopédie?
4. Où Partre passe-t-il ses journées? Qu'y fait-il? Pourquoi?
5. Quel volume de son encyclopédie Partre est-il en train de rédiger?
6. Pourquoi Partre trouve-t-il embêtante l'idée de retarder de 10 ans la publication de son encyclopédie?
7. Comment Partre excuse-t-il le comportement de Chick?
8. Comment Alise tue-t-elle Jean-Sol Partre? Que fait-elle du 19e volume de l'encyclopédie?

Écriture

1. Quel portrait Vian fait-il de Partre, dans ce chapitre ? Justifiez votre réponse.
2. Repérez la trace de mots ou d'expressions propres à l'existentialisme. Montrez comment Boris Vian utilise ce vocabulaire à des fins humoristiques.

CHAPITRE LVII

Compréhension

1. Combien de librairies Alise a-t-elle déjà incendiées avant d'entrer dans celle dont la vitrine est garnie de volumes brochés ?
2. Comment Alise justifie-t-elle ce qu'elle a fait subir aux libraires ?
3. Pourquoi le libraire ne peut-il pas offrir de reliques de Partre à Alise ?
4. Pourquoi Alise laisse-t-elle tomber son mouchoir ?
5. Pourquoi les larmes ne coulent-elles presque plus sur les joues d'Alise ?
6. Que voit-on au loin, derrière Alise ?
7. D'où Alise voit-elle passer les voitures blanches du Corps des Pompeurs ?

Écriture

1. Montrez comment Alise utilise le discours rationnel aux mêmes fins que Chick (voir le CHAPITRE LIV).
2. Comment Vian s'y prend-il pour montrer le déchirement intérieur d'Alise ?
3. En quoi peut-on reconnaître l'influence du roman noir dans ce chapitre ?

CHAPITRE LVIII

Compréhension

1. Résumez en quelques mots le contenu de ce chapitre.

Écriture

1. Quelle règle théâtrale a vraisemblablement influé sur la décision de ne pas intégrer le contenu de ce chapitre au chapitre suivant ?

CHAPITRE LIX

Compréhension

1. Que peut voir Chick de chez lui ?
2. Quel personnage la photographie d'Alise rappelle-t-elle à Chick ?
3. Quels personnages font soudainement irruption chez Chick ?
   Pourquoi ?
4. Quel objet manque-t-il dans le tiroir ouvert par Chick ?
   Pourquoi ? De quel autre objet Chick s'empare-t-il ?
5. Pourquoi les agents d'armes tirent-ils sur Chick ?
6. Que demande Chick aux agents d'armes tandis qu'il agonise
   à leurs pieds ?
7. Pourquoi le sénéchal trouve-t-il inutile de continuer
   à piétiner les livres de Chick ?

Écriture

1. À quoi la violence de ce chapitre sert-elle ?
2. En quoi les ordres reçus par les agents d'armes paraissent-ils
   profondément injustifiés ?
3. Quel premier réflexe de Chick met encore une fois l'accent sur
   son obsession destructrice pour Partre ?
4. Comment Vian montre-t-il la profonde inutilité du sacrifice
   personnel d'Alise ?

CHAPITRE LX

Compréhension

1. Pour quelles raisons Nicolas désire-t-il retrouver sa nièce ?
2. Quels sont les deux évènements remarqués simultanément par
   Nicolas en arrivant devant chez Chick ?
3. Quel objet Nicolas découvre-t-il à côté du corps du libraire ?
4. Que subsiste-t-il d'Alise ? Pourquoi ? Qu'en fait Nicolas ?
5. Que caresse Nicolas de sa main droite ?

Écriture

1. Quelle image contribue à peindre un portrait touchant et positif
   d'Alise, malgré les crimes qu'elle a commis ? Justifiez votre réponse.
2. Que suggère la dernière phrase du chapitre ?

CHAPITRE LXI

Compréhension

1. Quel est le nouveau métier de Colin? Donnez quelques détails.
2. Pourquoi Colin doit-il respecter l'horaire? Pourquoi peine-t-il à y arriver?
3. Pourquoi Colin se met-il à chanter tout haut?

Écriture

1. Quel passage de ce chapitre contribue à installer une atmosphère plutôt lugubre? Justifiez votre réponse.

CHAPITRE LXII

Compréhension

1. En quoi l'état de l'appartement semble-t-il s'être aggravé?
2. Quels personnages rendent visite à Chloé?
3. Que cache Chloé sous une de ses mains?
4. Qu'a perdu Colin? Pourquoi?
5. Pourquoi Colin effleure-t-il à peine Chloé?
6. Pourquoi Nicolas se met-il à pleurer?

Écriture

1. En quoi la description de l'appartement annonce-t-elle la mort prochaine de Chloé?

CHAPITRE LXIII

Compréhension

1. Quel travail déprimant Colin fait-il?
2. Pourquoi est-il si mal en point?
3. Pourquoi Colin est-il certain que Chloé n'en a plus que pour 24 heures à vivre?

Écriture

1. En quoi le travail fantaisiste imaginé par Boris Vian lui permet-il de renforcer le caractère dramatique du récit?

CHAPITRE LXIV

Compréhension

1. Pourquoi Colin rend-il visite au Religieux ?
2. Pourquoi Colin ne peut-il payer une belle cérémonie à Chloé ?
3. Pourquoi Colin refuse-t-il de déranger Dieu ?
4. Quel genre de cérémonie le Religieux promet-il pour 150 doublezons ?
5. Pourquoi Colin s'excuse-t-il ?
6. Pourquoi le Religieux pousse-t-il Colin ?

Écriture

1. Quelle réplique du Religieux constitue un aveu de sa profonde insensibilité ?
2. En quoi les préoccupations du Religieux vont-elles à l'encontre de sa vocation ?
3. Quelle réplique de Colin insiste sur sa peine profonde ? Justifiez votre réponse.

CHAPITRE LXV

Compréhension

1. Pourquoi les deux porteurs sont-ils couverts de saleté ?
2. Comment Colin s'explique-t-il que la boîte noire dans laquelle repose Chloé soit toute bosselée ?
3. Que demande Colin à Jésus ? Quelle réponse ce dernier lui fait-il ?
4. Pourquoi Jésus s'ennuie-t-il ?
5. Pourquoi Colin ne peut-il plus continuer de dialoguer avec Jésus ? Que fait le Religieux pendant ce temps ?
6. Que font le Chuiche et le Bedon à la sortie de l'église ? Pourquoi ?
7. Pourquoi Colin demeure-t-il impassible devant tant d'outrages ?

Écriture

1. En quoi les réponses de Jésus tendent-elles à faire de *L'Écume des jours* un roman existentialiste ?
2. Quel lien peut-on établir entre le discours du Religieux au chapitre précédent et celui de Jésus dans celui-ci ?
3. Faites ressortir le caractère ridicule de la cérémonie.

CHAPITRE LXVI

Compréhension

1. Pourquoi la route et le camion s'arrêtent-ils?
2. Où le cimetière est-il situé?
3. Pourquoi le porteur fait-il exprès pour secouer et balancer la planche?
4. Comment Chloé est-elle déposée dans la fosse?
5. Que continuent à faire le Chuiche et le Bedon dans ce chapitre?
6. Comment réagissent Colin, Nicolas et Isis à l'enterrement?

Écriture

1. Quel sens peut-on donner à cette étrange formulation: « [...] il vivait en arrière [...] » (l. 5205)?
2. Quelle comparaison d'ordre culinaire trouve-t-on dans ce chapitre?
3. Que pourrait être la chose blanche que Colin croit apercevoir au fond de l'eau?
4. En quoi le réalisme de la description contenue entre les lignes 5227 et 5253 appuie-t-il la nature dramatique du chapitre?

CHAPITRE LXVII

Compréhension

1. Pourquoi la souris grise à moustaches noires fuit-elle l'appartement?
2. Quelle direction prend-elle après avoir atteint le trottoir?

Écriture

1. Que vient souligner le départ de la souris grise à moustaches noires?
2. Justifiez la création d'un si court chapitre.

CHAPITRE LXVIII

Compréhension

1. À quoi le chat n'est-il pas très intéressé?
2. Pourquoi juge-t-il anormal l'envie de se suicider?

3. Quelles nouvelles de Colin la souris grise à moustaches noires nous apporte-t-elle?

4. Que propose le chat à la souris?

5. Pourquoi la souris retire-t-elle rapidement sa tête de la gueule du chat?

6. En quoi la toute dernière phrase du roman suggère-t-elle la mort prochaine de la souris?

Écriture

1. Selon vous, quelle distinction la souris fait-elle entre «être malheureux» et «avoir de la peine»?

2. Quelle réplique amusante de la souris rappelle brièvement le ton plus léger de la première partie du roman? Justifiez votre réponse.

3. En quoi ce dernier chapitre suggère-t-il l'influence de l'existentialisme?

4. À la lueur de ce chapitre, aurait-on raison de croire que Colin n'irait pas jusqu'à se suicider? Justifiez votre réponse.

p. 29-35	**EXTRAIT 1**

Compréhension

1. Quel genre d'escalier Boris Vian décrit-il ici?

2. Que peut observer Colin en montant l'escalier?

3. Pourquoi Colin s'arrête-t-il en montant les marches?

4. Pourquoi Colin regarde-t-il les pieds de l'une des filles?

5. À qui Colin souhaite-t-il bon anniversaire? En quoi se trompe-t-il?

6. Par qui Dupont a-t-il été emmené?

7. Où se trouve le vestiaire des garçons?

8. Que demande Colin à Isis au sujet de sa robe?

9. Que remarque Colin en rejoignant le noyau central du centre de sudation?

10. À quelle fille Colin souhaite-t-il qu'Isis le présente?

11. Que demande Colin à Chloé avant de s'enfuir ? Pourquoi s'enfuit-il ?

12. Que montre Chick à Colin ?

13. Pourquoi Colin souhaite-t-il s'en aller avant même d'avoir dansé ?

14. Quelle invitation Colin trouve-t-il finalement le courage de lancer à Chloé ?

15. Pourquoi se fait-il « un abondant silence » (l. 885) autour de Colin et Chloé ?

16. Quel effet l'arrêt de la musique produit-il sur Colin ?

17. Qu'offre Isis à Colin et Chloé ?

18. Pourquoi Colin tousse-t-il ?

19. Pourquoi Chloé ne se tient-elle plus de rire ?

20. Pourquoi les invités s'arrêtent-ils de danser pour passer à table ?

21. Que propose Chick en faisant un clin d'œil à Colin ? Que propose Alise ?

22. Pourquoi Colin est-il horrifié ?

23. Que fait Colin pour éviter que Chloé voie Alise et Chick danser ?

24. Quel style de biglemoi Alise et Chick dansent-ils ?

25. Que fait Colin au lieu de répondre verbalement à Chick au sujet de la gentillesse de Chloé ?

26. Où Alise souhaite-t-elle s'asseoir ?

27. Quel disque Alise choisit-elle de mettre ?

28. Quel rapprochement Colin fait-il entre le disque choisi par Alise et Chloé ?

29. Pourquoi tous les autres invités reviennent-ils dans la salle ?

Écriture

1. Quelle comparaison nous rappelle l'intérêt de Vian pour l'ingénierie ?

2. En quoi la description des vêtements des filles qui montent l'escalier renforce-t-elle la sensualité de ce passage ?

3. Pourquoi Vian fait-il dire à Colin « naniversaire » (l. 802) plutôt qu'« anniversaire » ?

4. Quelle impression peut-on se faire de l'ambiance qui règne chez Isis à la lecture des lignes 803 à 807 ?

5. En quoi la description du vestiaire des filles est-elle surréaliste ?

6. Quel élément de la robe d'Isis contribue à donner l'impression que la jeune fille est inaccessible?

7. Repérez une comparaison de nature culinaire.

8. Pourquoi le mot « originale » (l. 854) est-il écrit au féminin?

9. Justifiez l'emploi des points de suspension (l. 860-869).

10. La description contenue entre les lignes 879 et 881 peut-elle être qualifiée d'absurde? Justifiez votre réponse.

11. Quels détails contenus entre les lignes 877 et 910 nous donnent l'impression que Chloé est plus délurée que Colin?

12. En quoi la « vraie réalité » (l. 888) ressemble-t-elle à un rêve?

13. À quel genre de jeu de mots Vian s'adonne-t-il entre les lignes 887 et 897?

14. En quoi le comportement de Colin entre les lignes 922 et 929 est-il une bonne illustration de la dynamique qu'il entretiendra avec Chloé jusqu'à la fin du roman?

15. Pourquoi Boris Vian écrit-il: « Le disque passa très vite » (l. 932)? Cette phrase, en apparence anodine, n'annonce-t-elle pas le tournant dramatique du roman?

16. À laquelle de ses idoles Chloé ramène-t-elle Colin? Pourquoi?

Dissertation explicative

1. Cet extrait présente Chloé comme la compagne idéale de Colin. Expliquez pourquoi.

2. Dans cet extrait, le vêtement est synonyme de beauté, de sensualité et d'interdit. Défendez cette affirmation.

3. La lecture de cet extrait confirme que *L'Écume des jours* est à la fois roman parodique, roman sentimental et roman-jazz. Développez cette idée.

p. 63-67   **EXTRAIT 2**

Compréhension

1. Qui sont à bord de la grande voiture blanche?

2. Quels éléments du paysage troublent Colin et Chloé?

3. Pourquoi le raccourci est-il obligatoire ? Pourquoi la route ordinaire est-elle usée ?

4. Pourquoi le cœur de Chloé s'emballe-t-il ?

5. Dans quelles circonstances Chloé a-t-elle peur ?

6. Que propose Colin afin d'enjoliver le paysage ?

7. Que peine à faire Nicolas ?

8. Pourquoi Chloé frissonne-t-elle en se tournant vers la glace à sa droite ?

9. Quelles explications Nicolas donne-t-il à Colin et Chloé au sujet de l'étrange apparition ?

10. Que confond Colin avec le soleil ?

11. Que contiennent les bagages de Chloé et Colin ? Pourquoi ?

12. Combien d'hommes s'agitent autour des feux des mines de cuivre ?

13. Quel travail Chloé qualifie-t-elle de « terrible » ?

14. Pourquoi Chloé a-t-elle la certitude que les travailleurs ne les aiment pas ? Comment Colin justifie-t-il leur attitude ?

15. D'après Colin, pourquoi travaille-t-on ?

16. Selon Chloé, quel genre de travail est-il idiot de faire ?

17. Pourquoi Chloé croit-elle qu'il vaut mieux « commencer par la poule » ?

18. Selon Colin, que devrait-on faire au lieu de travailler pour vivre ?

19. Toujours selon Colin, à quoi perd-on tellement de temps ?

20. Pourquoi ne peut-on blâmer les travailleurs de croire aux vertus du travail ?

21. Pourquoi les travailleurs sont-ils d'accord avec ceux qui tentent de leur faire croire qu'il n'y a rien de mieux que de travailler ?

22. Pourquoi Chloé veut-elle changer de sujet ? Lequel propose-t-elle ?

23. Pourquoi Colin se sent-il de nouveau complètement heureux ?

24. À quel sujet Chloé veut-elle que Colin donne des détails ?

Écriture

1. En quoi le paysage laisse-t-il entrevoir le cours plus dramatique des évènements ?

2. Quelles figures de style repérez-vous entre les lignes 1861 et 1873 ?

3. Boris Vian a toujours cru que les sciences et la technologie devaient avoir pour but d'embellir l'existence. Quel passage du CHAPITRE XXIV reflète parfaitement cette opinion ? À quel genre romanesque peut-on associer ce passage ?

4. Comment Vian s'y prend-il pour faire ressortir le caractère déshumanisant du travail des mineurs ?

5. En quoi la description des mines de cuivre paraît-elle plus réaliste que celles auxquelles nous a habitués l'auteur dans son roman ?

6. En quoi la description des mines de cuivre évoque-t-elle l'image d'un volcan en éruption ?

7. Pourquoi, selon vous, les travailleurs regardent-ils les occupants de la voiture blanche avec « une pitié un peu narquoise » (l. 1927) ?

8. Peut-on qualifier d'utopique la position de Colin au sujet du travail ? Expliquez-vous.

9. Peut-on voir l'influence du dialogue socratique dans le CHAPITRE XXV ? Justifiez votre position.

10. Quel reproche Colin semble-t-il faire à la société de consommation ?

11. En quoi la tournure employée par Colin pour déclarer son amour à Chloé est-elle liée au monde du travail (l. 1978) ?

Dissertation explicative

1. Cet extrait offre une vision peu réjouissante du monde adulte. Expliquez comment.

2. Au monde avilissant du travail, cet extrait oppose l'idéalisme de Colin et de Chloé. Développez cette idée.

3. Prouvez que l'absurdité de l'existence est le thème central de cet extrait.

p. 163-167 **EXTRAIT 3**

Compréhension

1. Que doit annoncer Colin aux gens qu'il va rencontrer ?

2. En quoi le nouveau travail de Colin est-il aussi dur physiquement que psychologiquement ?

3. Quelle seule facette des gens les yeux de Colin semblent-ils voir à présent?

4. Quel accessoire vestimentaire trahit Colin auprès des gens?

5. Quel est le prochain nom figurant sur la liste de Colin?

6. Pourquoi le cœur de Colin se fait-il de plomb?

7. Pourquoi Colin trébuche-t-il?

8. Quel personnage ne croit pas Colin lorsque celui-ci affirme que «Chloé est morte» (l. 5083)?

9. Quel genre de cérémonie Colin désire-t-il?

10. Combien le Religieux exige-t-il de Colin pour une belle cérémonie? Combien ce dernier a-t-il?

11. Pourquoi le Religieux souffle-t-il d'un air dégoûté? Quel reproche adresse-t-il à Colin?

12. Pourquoi le Religieux ne ressent-il plus rien à l'écoute d'une phrase comme «Chloé est morte»?

13. Pourquoi le Religieux hésite-t-il à conseiller à Colin de s'adresser à Dieu?

14. Quelle solution ne veut même pas envisager le Religieux?

15. Pourquoi le Religieux demande-t-il à Colin de lui signer un petit papier?

16. Quel avantage Colin aurait-il s'il acceptait de payer 200 doublezons?

17. Pourquoi le Religieux affirme-t-il que la cérémonie sera vraiment infecte?

18. Quelle raison Colin a-t-il de s'excuser?

19. Pourquoi les deux porteurs saluent-ils Colin en lui tapant sur le ventre?

20. À quoi l'entrée de l'appartement de Colin ressemble-t-elle maintenant?

21. Pourquoi la boîte a-t-elle tant de bosses?

22. Pourquoi Colin se met-il à pleurer? Pourquoi pleure-t-il encore plus fort l'instant d'après?

23. Quel véhicule sert à transporter le cercueil?

24. Pourquoi les participants au cortège funèbre doivent-ils courir?

25. Où le cercueil demeure-t-il pendant la cérémonie?

26. Pourquoi le Religieux tourne-t-il le dos à Colin?

27. Quel air Jésus fait-il sur la croix?

28. À quel évènement Jésus s'est-il bien amusé?

29. Pourquoi Jésus paraît-il gêné?

30. Quelle réponse Jésus a-t-il à offrir à Colin lorsque ce dernier lui demande pourquoi Chloé est morte?

31. À quels signes Colin se rend-il compte que Jésus s'est endormi sur la croix?

32. Comment la cérémonie se termine-t-elle?

33. Qu'enfile le Religieux dans la sacristoche?

34. Pourquoi le Bedon et le Chuiche huent-ils Colin et dansent-ils comme des sauvages autour du camion?

35. Pourquoi Colin est-il résigné?

Écriture

1. En quoi la description du métier fantaisiste de Colin est-elle une nouvelle manière pour Vian de critiquer le monde adulte?

2. Quelle phrase insiste (non sans ironie) sur la seule véritable compétence de Colin? D'après vous, cette phrase est-elle dirigée contre Colin ou contre la société? Justifiez votre réponse.

3. En vous basant exclusivement sur ce qui est dit dans le CHAPITRE LXIII, dites quelles sont ces «laideurs des gens» auxquelles l'auteur fait allusion.

4. Quel passage contenu entre les lignes 5076 et 5084 nous fait bien ressentir le vertige provoqué par la perte d'un être cher?

5. Quelle trouvaille sur le plan narratif suggère que Colin est détaché de lui-même?

6. À la lecture du CHAPITRE LXIV, quelle classe sociale la religion semble-t-elle clairement privilégier?

7. Quelle réplique de Colin insiste sur l'inutilité de la prière?

8. Pouvez-vous repérer une réplique prouvant qu'en dépit de ses préoccupations matérialistes le Religieux est capable de compassion? Justifiez votre réponse.

9. Que montrent la réaction de Colin (ou son absence de réaction) aux insultes du Religieux?

10. En quoi l'influence du *nonsense* est-elle manifeste tout au long du CHAPITRE LXV?

11. Expliquez ce début de phrase: «Ceux du cercueil étaient partis, [...]» (l. 5137-5138).

12. D'après vous, pourquoi Boris Vian croit-il bon de préciser que Colin et Jésus «s'entretenaient à voix très basse et [que] les autres n'entendaient pas leur conversation» (l. 5161-5162)?

13. Faites ressortir le caractère existentialiste de la conversation entre Colin et Jésus.

14. Quelle réplique de Jésus indique qu'il n'est pas en désaccord avec les préoccupations purement matérialistes du curé?

15. Quelle comparaison animale renforce non sans humour la profonde indifférence de Jésus?

Dissertation explicative

1. Tout au long de cet extrait, Colin apparaît comme un personnage plus christique que le Christ lui-même. Défendez cette affirmation.

2. Cet extrait permet d'expliquer pourquoi *L'Écume des jours* est parfois qualifiée de roman existentialiste. Développez cette idée.

ANNEXES

QUELQUES POÈMES ET CHANSONS

Après avoir abandonné la littérature, Boris Vian se lance dans la chanson, une activité qu'il poursuivra jusqu'à sa mort. En tout, 484 chansons verront le jour sous sa plume, parmi lesquelles *Le Déserteur,* l'une de ses pièces les plus connues et reprises, mais aussi de véritables petits bijoux d'humour noir comme *La Java des bombes atomiques,* critique loufoque de la guerre froide, et *Complainte du progrès,* vision parodique de la société de consommation. La lecture additionnelle de deux des plus beaux et des plus célèbres poèmes de Boris Vian, *Je voudrais pas crever* et *La vie, c'est comme une dent,* permet de constater à quel point l'univers du chansonnier est près de celui du jeune romancier de *L'Écume des jours,* que ce soit sur le plan de l'humour, des thèmes, du recours à la fantaisie et à la dérision ou simplement de cette sensibilité à fleur de peau qui était la sienne.

Poèmes

Je voudrais pas crever

Je voudrais pas crever
Avant d'avoir connu
Les chiens noirs du Mexique
Qui dorment sans rêver
Les singes à cul nu
Dévoreurs de tropiques
Les araignées d'argent
Au nid truffé de bulles
Je voudrais pas crever
Sans savoir si la lune
Sous son faux air de thune
A un côté pointu
Si le soleil est froid
Si les quatre saisons
Ne sont vraiment que quatre

Sans avoir essayé
De porter une robe
Sur les grands boulevards
Sans avoir regardé
Dans un regard d'égout
Sans avoir mis mon zobe [1]
Dans des coinstots [2] bizarres
Je voudrais pas finir
Sans connaître la lèpre
Ou les sept maladies
Qu'on attrape là-bas
Le bon ni le mauvais
Ne me feraient de peine
Si si si je savais
Que j'en aurai l'étrenne

---

1. Zobe : pénis (argot).
2. Coinstots : coins (argot).

Et il y a z aussi
Tout ce que je connais
Tout ce que j'apprécie
Que je sais qui me plaît
Le fond vert de la mer
Où valsent les brins d'algue
Sur le sable ondulé
L'herbe grillée de juin
La terre qui craquelle
L'odeur des conifères
Et les baisers de celle
Que ceci que cela
La belle que voilà
Mon Ourson, l'Ursula
Je voudrais pas crever
Avant d'avoir usé
Sa bouche avec ma bouche
Son corps avec mes mains
Le reste avec mes yeux
J'en dis pas plus faut bien
Rester révérencieux
Je voudrais pas mourir
Sans qu'on ait inventé
Les roses éternelles
La journée de deux heures
La mer à la montagne
La montagne à la mer
La fin de la douleur

Les journaux en couleur
Tous les enfants contents
Et tant de trucs encore
Qui dorment dans les crânes
Des géniaux ingénieurs
Des jardiniers joviaux
Des soucieux socialistes
Des urbains urbanistes
Et des pensifs penseurs
Tant de choses à voir
À voir et à z-entendre
Tant de temps à attendre
À chercher dans le noir

Et moi je vois la fin
Qui grouille et qui s'amène
Avec sa gueule moche
Et qui m'ouvre ses bras
De grenouille bancroche [1]

Je voudrais pas crever
Non monsieur non madame
Avant d'avoir tâté
Le goût qui me tourmente
Le goût qu'est le plus fort
Je voudrais pas crever
Avant d'avoir goûté
La saveur de la mort…

La vie, c'est comme une dent

La vie, c'est comme une dent
D'abord on y a pas pensé
On s'est contenté de mâcher
Et puis ça se gâte soudain

Ça vous fait mal, et on y tient
Et on la soigne et les soucis
Et pour qu'on soit vraiment guéri
Il faut vous l'arracher, la vie.

---

1. Bancroche : boiteuse.

Chansons

La Java des bombes atomiques

Mon oncl' un fameux bricoleur
Faisait en amateur
Des bombes atomiques
Sans avoir jamais rien appris
C'était un vrai génie
Question travaux pratiques
Il s'enfermait tout' la journée
Au fond d'son atelier
Pour fair' ses expériences
Et le soir il rentrait chez nous
Et nous mettait en transe
En nous racontant tout.

Pour fabriquer une bombe « A »
Mes enfants croyez-moi
C'est vraiment de la tarte
La question du détonateur
S'résout en un quart d'heure
C'est de cell's qu'on écarte
En c'qui concerne la bombe « H »
C'est pas beaucoup plus vache
Mais un' chos' me tourmente
C'est qu'cell's de ma fabrication
N'ont qu'un rayon d'action
De trois mètres cinquante
Y'a quéqu' chos' qui cloch' là-d'dans
J'y retourn' immédiat'ment.

Il a bossé pendant des jours
Tâchant avec amour
D'améliorer l'modèle
Quand il déjeunait avec nous
Il dévorait d'un coup
Sa soup' au vermicelle
On voyait à son air féroce
Qu'il tombait sur un os
Mais on n'osait rien dire
Et puis un soir pendant l'repas

V'là tonton qui soupire
Et qui s'écrie comm' ça :

À mesur' que je deviens vieux
Je m'en aperçois mieux
J'ai le cerveau qui flanche
Soyons sérieux disons le mot
C'est mêm' plus un cerveau
C'est comm' de la sauc' blanche
Voilà des mois et des années
Que j'essaye d'augmenter
La portée de ma bombe
Et je n'me suis pas rendu compte
Que la seul' chos' qui compte
C'est l'endroit où c' qu'ell' tombe
Y'a quéqu' chos' qui cloch' là-d'dans,
J'y retourn' immédiat'ment.

Sachant proche le résultat
Tous les grands chefs d'État
Lui ont rendu visite
Il les reçut et s'excusa
De ce que sa cagna [1]
Était aussi petite
Mais sitôt qu'ils sont tous entrés
Il les a enfermés
En disant soyez sages
Et quand la bombe a explosé
De tous ces personnages
Il n'est plus rien resté

Tonton devant ce résultat
Ne se dégonfla pas
Et joua les andouilles
Au tribunal on l'a traîné
Et devant les jurés
Le voilà qui bafouille
Messieurs c'est un hasard affreux

---

1. Cagna : abri militaire, mais aussi cabane (argot).

Mais je jur' devant Dieu
En mon âme et conscience
Qu'en détruisant tous ces tordus
Je suis bien convaincu
D'avoir servi la France

On était dans l'embarras
Alors on l'condamna
Et puis on l'amnistia
Et l'pays reconnaissant
L'élut immédiat'ment
Chef du gouvernement.

Complainte du progrès

Autrefois pour fair' sa cour
On parlait d'amour
Pour mieux prouver son ardeur
On offrait son cœur

Maintenant c'est plus pareil
Ça change, ça change
Pour séduire le cher ange
On lui glisse à l'oreille
(*Séducteur*: Ah, Gudule!)

Viens m'embrasser
Et je te donnerai
Un fridigai-reu
Un joli scoutai-reu
Un atomixai-reu
Et du Dunlopillo [1]
Une cuisiniai-reu
Avec un four en ver-reu
Des tas de couvai-reu
Et des pellagâteaux

Une tourniquette
Pour faire la vinaigrette
Un bel aspirateur
Pour bouffer les odeurs

Des draps qui chauffent
Un pistolet à gaufres
Un avion pour deux
Et nous serons heureux

Autrefois, s'il arrivait
Que l'on se querelle

L'air lugubre on s'en allait
En laissant la vaisselle

Maintenant, que voulez-vous
La vie est si chère
On dit rentre chez ta mère
Et on se garde tout
(*Menaçant*: Ah, Gudule!)

Excuse-toi
Ou je reprends tout ça
Mon frigidaire
Mon armoire à cuillères
Mon évier en fer-reu
Et mon poêle à mazout
Mon cire-godasses
Mon repasse-limaces
Mon tabouret à glace
Et mon chasse-filous

La tourniquette
À faire la vinaigrette
Le ratatine-ordures
Et le coupe-friture

Et si la belle
Se montre encor cruelle
On la fiche dehors
Pour confier son sort

Au frigidai-reu
À l'efface-poussiè-reu
À la cuisiniè-reu
Au lit qu'est toujours fait

---

1. Fabricant de matelas.

Au chauffe-savates
Au canon à patates
À l'éventre-tomates
À l'écorche-poulet

Mais très très vite
On reçoit la visite
D'une tendre petite
Qui vous offre son cœur

Alors on cède
Car il faut qu'on s'entraide
Et l'on vit comme ça
Jusqu'à la prochaine fois
Et l'on vit comme ça
Jusqu'à la prochaine fois

Le Déserteur

Monsieur le Président
Je vous fais une lettre
Que vous lirez peut-être
Si vous avez le temps
Je viens de recevoir
Mes papiers militaires
Pour partir à la guerre
Avant mercredi soir
Monsieur le Président
Je ne veux pas la faire
Je ne suis pas sur terre
Pour tuer des pauvres gens
C'est pas pour vous fâcher
Il faut que je vous dise
Ma décision est prise
Je m'en vais déserter

Depuis que je suis né
J'ai vu mourir mon père
J'ai vu partir mes frères
Et pleurer mes enfants
Ma mère a tant souffert
Qu'elle est dedans sa tombe
Et se moque des bombes
Et se moque des vers

Quand j'étais prisonnier
On m'a volé ma femme
On m'a volé mon âme
Et tout mon cher passé
Demain de bon matin
Je fermerai ma porte
Au nez des années mortes
J'irai sur les chemins

Je mendierai ma vie
Sur les routes de France
De Bretagne en Provence
Et je dirai aux gens
Refusez d'obéir
Refusez de la faire
N'allez pas à la guerre
Refusez de partir
S'il faut donner son sang
Allez donner le vôtre
Vous êtes bon apôtre
Monsieur le Président
Si vous me poursuivez
Prévenez vos gendarmes
Que je n'aurai pas d'armes
Et qu'ils pourront tirer

	TABLEAU CHRONOLOGIQUE		
	VIE ET ŒUVRE DE BORIS VIAN	**ÉVÈNEMENTS HISTORIQUES, LITTÉRAIRES ET CULTURELS EN FRANCE**	**ÉVÈNEMENTS HISTORIQUES ET CULTURELS HORS DE FRANCE**
1897	Naissance de Paul Vian, père de l'écrivain et fils d'un riche bronzier.	Edmond Rostand, *Cyrano de Bergerac*. André Gide, *Les Nourritures terrestres*.	Irlande: Bram Stoker, *Dracula*.
1911		Marie Curie, Prix Nobel de chimie. Alfred Jarry, *Gestes et Opinions du docteur Faustroll, pataphysicien*.	
1914			Début de la Première Guerre mondiale. États-Unis: Duke Ellington, *Soda Fountain Rag*.
1917	Paul Vian, rentier, épouse Yvonne Woldemar-Ramenez, fille d'un riche industriel.		États-Unis: enregistrement du premier disque de jazz, par l'Original Dixieland Jazz Band.
1918	Naissance de Lélio Vian, frère.	Guillaume Apollinaire, *Calligrammes*.	Suisse: Tristan Tzara, *Manifeste Dada*. Fin de la Première Guerre mondiale.
1920	Naissance de Boris Vian, le 10 mars.	Alexandre Millerand élu président de la IIIe République. Mort du peintre Amedeo Modigliani. André Breton et Philippe Soupault, *Les Champs magnétiques*. Paul Valéry, *Le Cimetière marin*.	
1921	Naissance d'Alain Vian, frère.	Anatole France, Prix Nobel de littérature.	Italie: Benito Mussolini prend le pouvoir.
1922	Diagnostic formel: il souffre d'insuffisance aortique.	Conférence de Cannes sur les réparations allemandes.	
1924	Naissance de Ninon Vian, sœur.	Breton, *Manifeste du surréalisme*. Jules Romains, *Knock*.	
1927		Premier concert de violon d'un enfant prodige, Yehudi Menuhin.	États-Unis: Ellington, *Black and Tan Fantasy*. Débuts du cinéma parlant, avec *Le Chanteur de jazz*.
1929	La famille Vian gravement touchée par la crise.	Paul Claudel, *Le Soulier de satin*. Breton, *Second Manifeste du surréalisme*. Jean Cocteau, *Les Enfants terribles*.	Krach de Wall Street: crise économique mondiale. Belgique: Hergé crée Tintin.
1930	La villa *Les Fauvettes* est louée et la famille habite la maison du gardien. Amitié avec les Menuhin, nouveaux locataires.	Vote favorable à la construction de la ligne Maginot. Jean Giono, *Regain*.	États-Unis: Ellington, *Mood Indigo*.

TABLEAU CHRONOLOGIQUE		
VIE ET ŒUVRE DE BORIS VIAN	**ÉVÈNEMENTS HISTORIQUES, LITTÉRAIRES ET CULTURELS EN FRANCE**	**ÉVÈNEMENTS HISTORIQUES ET CULTURELS HORS DE FRANCE**
1932 Début de ses problèmes cardiaques.	Albert Lebrun élu président de la IIIᵉ République. Louis-Ferdinand Céline, *Voyage au bout de la nuit*.	États-Unis: Franklin D. Roosevelt élu président.
1933	André Malraux, *La Condition humaine*.	Allemagne: élection d'Adolf Hitler à la chancellerie.
1935	Jean Giraudoux, *La guerre de Troie n'aura pas lieu*.	États-Unis: l'arrivée du *juke-box* popularise le swing; Ellington, *In a Sentimental Mood*.
1936	Abandon de la construction de la ligne Maginot. Georges Bernanos, *Journal d'un curé de campagne*.	
1937 Vian termine son baccalauréat; adhère au Hot Club de France, pratique la trompette et forme son premier orchestre: l'Accord Jazz.		États-Unis: Ellington, *Caravan*. Espagne: Pablo Picasso, *Guernica*.
1938 Prépare son entrée à l'École centrale.	Antonin Artaud, *Le Théâtre et son double*. Jean-Paul Sartre, *La Nausée*.	
1939 Admission à l'École centrale, pour devenir ingénieur.	Jean Renoir, *La Règle du jeu*.	Début de la Seconde Guerre mondiale. Hitler envahit la Pologne. Fin de la guerre d'Espagne. États-Unis: *Autant en emporte le vent*.
1940 Rencontre de Michelle Léglise, à Capbreton. Entame la rédaction des *Cent Sonnets*.	Hitler marche sur Paris. Formation du gouvernement de Vichy. Fin de la IIIᵉ République. Appel à la résistance du général Charles de Gaulle, depuis Londres. Breton, *Anthologie de l'humour noir*.	États-Unis: Ellington, *Chloe (Song of the Swamp)*.
1941 Épouse Michelle Léglise le 3 juillet. Liens d'amitié avec Jacques Loustalot, dit le Major.	Premiers numéros de la revue clandestine *Combat*. Fondation des Éditions de Minuit.	États-Unis: attaque de Pearl Harbor par l'armée japonaise.

TABLEAU CHRONOLOGIQUE

	VIE ET ŒUVRE DE BORIS VIAN	ÉVÈNEMENTS HISTORIQUES, LITTÉRAIRES ET CULTURELS EN FRANCE	ÉVÈNEMENTS HISTORIQUES ET CULTURELS HORS DE FRANCE
1942	Naissance de son fils, Patrick. Termine ses études et forme un orchestre de jazz avec Claude Abadie. Premier emploi d'ingénieur à l'AFNOR. Rédaction de *Conte de fées à l'usage des moyennes personnes* et de *Trouble dans les andains*.	Marcel Carné, *Les Visiteurs du soir*. Albert Camus, *Le Mythe de Sisyphe* et *L'Étranger*.	
1943	Termine *Trouble dans les andains*. Rédaction de *Vercoquin et le Plancton*.	Mort du résistant Jean Moulin, arrêté par la Gestapo. Sartre, *L'Être et le Néant*. Antoine de Saint-Exupéry, *Le Petit Prince*.	URSS : défaite de l'armée allemande à Stalingrad.
1944	Assassinat de son père. *Vercoquin et le Plancton* accepté par Gallimard. Premières collaborations au magazine *Jazz hot*.	Débarquement de Normandie. Libération de Paris. Sartre, *Huis Clos*. Louis Aragon, *Aurélien*.	
1945	Signature de contrat chez Gallimard. Succès bruxellois de l'orchestre d'Abadie, dans lequel Vian joue de la trompette. Notes préparatoires à la rédaction de *L'Écume des jours*.	Carné, *Les Enfants du paradis*. Conférence de Sartre intitulée « L'existentialisme est un humanisme ». Sartre, fondation de la revue *Les Temps modernes*.	Bombe atomique sur Hiroshima et Nagasaki. Pologne : Auschwitz est libéré par l'Armée rouge. Fin de la Seconde Guerre mondiale. Début des Trente Glorieuses (1945-1975).
1946	Rédaction de *L'Écume des jours*, puis de *J'irai cracher sur vos tombes*. Poursuite pour outrage aux bonnes mœurs, mais vif succès de scandale. Le prix de la Pléiade lui échappe. Chronique du Menteur dans *Les Temps modernes*. Vedette à Saint-Germain-des-Prés.	Sartre, publication de *L'existentialisme est un humanisme*. Jacques Prévert, *Paroles*. Cocteau, *La Belle et la Bête*.	Début de la IVe République et de la guerre d'Indochine.
1947	Abandon du métier d'ingénieur. Échec commercial de *L'Écume des jours* et de *L'Automne à Pékin*. Fin de sa participation aux *Temps modernes*.	Vincent Auriol élu président de la IVe République. André Gide, Prix Nobel de littérature. Camus, *La Peste*. Jean Genet, *Les Bonnes*. Raymond Queneau, *Exercices de style*.	Indépendance de l'Inde.

TABLEAU CHRONOLOGIQUE		
VIE ET ŒUVRE DE BORIS VIAN	**ÉVÈNEMENTS HISTORIQUES, LITTÉRAIRES ET CULTURELS EN FRANCE**	**ÉVÈNEMENTS HISTORIQUES ET CULTURELS HORS DE FRANCE**
1948 Naissance de sa fille, Carole. Adaptation théâtrale de *J'irai cracher sur vos tombes*. Rédaction de *L'Herbe rouge*. Amitié avec Duke Ellington. Mort du Major. Sa relation avec Michelle Léglise est au plus bas.	Plan Marshall (aide économique des Américains). Sartre, *Les Mains sales*. Fondation du Collège de 'Pataphysique par le Dr Sandomir. Le cabaret La Rose Rouge lance la mode des boîtes à chansons.	Création de l'État d'Israël. ONU : *Déclaration universelle des droits de l'homme*. Québec : Paul-Émile Borduas, *Le Refus global*.
1949 Rédaction d'un guide touristique humoristique de Saint-Germain-des-Prés. Rencontre d'Ursula Kübler. Arrêté ministériel interdisant la distribution de *J'irai cracher sur vos tombes*.	Simone de Beauvoir, *Le Deuxième Sexe*. Jean-Pierre Melville, *Le Silence de la mer*.	
1950 Publication de *L'Herbe rouge*. Représentation de *L'Équarrissage pour tous*. Publication d'*Elles se rendent pas compte*. Condamnation à 100 000 francs d'amende pour *J'irai cracher sur vos tombes*.	Eugène Ionesco, *La Cantatrice chauve*. Marguerite Duras, *Un barrage contre le Pacifique*.	Guerre de Corée (1950-1953).
1951 Rédaction d'un traité de civisme (inachevé). Admission au Collège de 'Pataphysique. Traduction d'œuvres de science-fiction pour Gallimard. Création du Club des savanturiers. Froid avec Sartre en raison de sa relation intime avec Michelle Léglise.	Élections législatives (le Parti communiste arrive en tête).	
1952 Divorce ; vit depuis un an avec Ursula Kübler. Intègre le corps des Satrapes, du Collège de 'Pataphysique.	François Mauriac, Prix Nobel de littérature. Samuel Beckett, *En attendant Godot*.	États-Unis : explosion de la première bombe H.
1953 Publication de *L'Arrache-cœur*. Représentation de l'opéra *Le Chevalier de neige*. Appartement sur la terrasse du Moulin Rouge.	René Coty, nouveau président de la IVe République. Alain Robbe-Grillet, *Les Gommes*.	

TABLEAU CHRONOLOGIQUE

	VIE ET ŒUVRE DE BORIS VIAN	ÉVÈNEMENTS HISTORIQUES, LITTÉRAIRES ET CULTURELS EN FRANCE	ÉVÈNEMENTS HISTORIQUES ET CULTURELS HORS DE FRANCE
1954	Mariage avec Ursula Kübler. Premières chansons, dont *Le Déserteur,* interdit à la radio.	Henri-Georges Clouzot, *Les Diaboliques.* Françoise Sagan, *Bonjour tristesse.*	Fin de la guerre d'Indochine. Début de la guerre d'Algérie.
1955	Tour de chant à Paris et en province. Réédition de *L'Automne à Pékin,* aux Éditions de Minuit. Premiers rock-and-roll français, dont *Fais-moi mal Johnny.*	Prévert, *La Pluie et le Beau Temps.*	Angleterre : J. R. R. Tolkien, troisième et dernier tome du *Seigneur des anneaux.*
1956	Sévère crise d'œdème pulmonaire.	Romain Gary, *Les Racines du ciel.*	États-Unis : Elvis Presley, *Hound Dog.* Décolonisation du Maroc et de la Tunisie.
1957	Direction artistique des disques Fontana. Rédaction des *Bâtisseurs d'empire.* Petits rôles dans deux films. Nouvelle crise d'œdème pulmonaire.	Albert Camus, Prix Nobel de littérature. Robbe-Grillet, *La Jalousie.* Beckett, *Fin de partie.*	États-Unis : Jack Kerouac, *Sur la route.*
1958	Publication d'*En avant la zizique... et par ici les gros sous.* Fin de sa collaboration à la revue *Jazz hot.* Petit rôle dans *Le Bel Âge* de Pierre Kast.	De Gaulle, premier président de la Ve République. Duras, *Moderato cantabile.* Beauvoir, *Mémoires d'une jeune fille rangée.*	
1959	Démission de chez Fontana. Direction artistique chez Barclay. Petit rôle dans *Les Liaisons dangereuses* de Roger Vadim. Décès, le 23 juin, pendant la projection de *J'irai cracher sur vos tombes.* Représentation posthume des *Bâtisseurs d'empire.*	Ionesco, *Rhinocéros.* Queneau, *Zazie dans le métro.*	États-Unis : Miles Davis, *Kind of Blue.*
1962	L'éditeur Jean-Jacques Pauvert rachète les droits de *L'Écume des jours* à Gallimard.	Ionesco, *Le roi se meurt.*	États-Unis : John Steinbeck, Prix Nobel de littérature. Fin de la guerre d'Algérie.
1963	Réédition de *L'Écume des jours* dans la collection 10/18.	Beauvoir, *La Force des choses.*	États-Unis : assassinat de John F. Kennedy ; Bob Dylan, *Blowin' in the Wind.* Angleterre : The Beatles, *She Loves You.*
1968	L'œuvre de Vian est redécouverte par la génération de mai 68.	Protestations étudiantes et grève générale.	États-Unis : contestation étudiante. Tchécoslovaquie : fin du Printemps de Prague.

GLOSSAIRE DE L'ŒUVRE

À claire-voie: ajouré.

Agent d'armes: néologisme inspiré de «gendarme».

Ambre, ambré: résine fossile de couleur dorée entrant dans la confection de bijoux ou d'objets divers; de la couleur de l'ambre.

Andouillon: néologisme de Vian pour désigner un animal de sa propre création, vraisemblablement d'après «andouille» et «cochon».

Antiquitaire: néologisme de Vian pour désigner un antiquaire.

Appointements: payé.

Arrache-cœur: arme fictive inventée par Vian.

Bec-de-cane: type de loquet.

Bedon: paronyme sarcastique pour désigner le bedeau, employé laïque au service du curé.

Biglemoi: création de Vian. Mot-valise composé du verbe familier «bigler» (regarder) et de «moi»; «biglemoi» a donc le sens de «Regarde-moi».

Boogie (-woogie): blues rapide joué au piano et à la basse, précurseur du rock-and-roll.

Boufre: juron vieilli, synonyme de «diable!».

Carter: enveloppe métallique protectrice.

Chevêche: utilisation moqueuse du nom donné à un petit rapace nocturne, la chevêche, pour désigner ce qui pourrait être ici un évêque ou un archevêque.

Chorus: en jazz, l'ensemble des mesures du thème de la pièce jouée, sur lesquelles un soliste improvise.

Chuiche: déformation phonétique moqueuse de «suisse», gardien d'une église.

Doublezon: monnaie inventée par Vian.

Égalisateur: arme fictive et fantaisiste inventée par l'auteur.

Enfant de Foi: dérivé vianesque d'«enfant de chœur».

Guillotine: châssis coulissant.

Hallebarde: arme d'apparat des gardes suisses, lance à long manche munie de trois fers.

Inopiné: inattendu.

Institrut: néologisme de Vian. Ce mot-valise combine «institut» et «rut» (chez les mammifères, période d'accouplement).

Lustral: bénit, purificateur.

Maroquin: cuir traité de chèvre ou de mouton connu d'abord au Maroc, d'où son nom.

Oblong: de forme allongée.

Pédoncule: terme d'anatomie désignant un élément de forme allongée et étroite liant deux organes.

Pianocktail: création fantaisiste de Vian, combinant les plaisirs de la musique et de l'alcool.

Pick-up: tourne-disque, pour écouter des disques de vinyle.

Sacristoche: néologisme de Vian servant à désigner de manière dépréciative, par l'emploi du suffixe «-oche», la sacristie, annexe d'une église où l'on entrepose les objets sacrés.

Septante-trois: soixante-treize (terme vieilli).

Varlet-nettoyeur: néologisme de l'auteur. Le mot «varlet» est un mot-valise combinant «valet» et «varlope».

Volute: spirale.

MÉDIAGRAPHIE

ARNAUD, Noël (dir.). *Boris Vian de A à Z*, Nyons, Obliques, 1976, 336 p.

ARNAUD, Noël. *Les Vies parallèles de Boris Vian* (nouvelle édition augmentée de nombreux textes inédits), Paris, Christian Bourgeois Éditeur, 1984, 511 p.

BERTOLD, Nicole et autres. *Boris Vian, le Swing et le Verbe*, Paris, Textuel, 2008, 224 p.

BOGGIO, Philippe. *Boris Vian*, Paris, Livre de Poche, coll. « Littérature et documents », 1995, 480 p.

« Boris Vian », *Le Magazine Littéraire*, hors série n° 6, novembre 2004-janvier 2005.

BRIDET, Guillaume et George DECOTE. *Profil d'une œuvre: L'Écume des jours*, Paris, Hatier, coll. « Profil Littérature », 2001, 80 p.

COSTES, Alain. *Lecture plurielle de « L'Écume des jours »*, Paris, Union Générale d'Éditions, coll. « 10/18 », 1979, 396 p.

DADOUN, Roger et autres. *Boris Vian*, Revest-Saint-Martin, Le Jas, 1984, 100 p.

DUCHATEAU, Jacques. *Boris Vian ou les Facéties du destin*, Paris, La Table ronde, 1982, 234 p.

LAPPRAND, Marc. *Boris Vian, la vie contre: biographie critique*, Ottawa, Presses de l'Université d'Ottawa, et Paris, Nizet, 1993, 232 p.

LAPPRAND, Marc (dir.). *Vian, Queneau, Prévert, trois fous du langage: actes du colloque Vian-Queneau-Prévert*, Nancy, Presses universitaires de Nancy, 1993, 254 p.

LAPPRAND, Marc. *V comme Vian*, Sainte-Foy, Presses de l'Université Laval, 2007, 255 p.

LAPPRAND, Marc. *Boris Vian: si j'étais pohéteü*, Paris, Gallimard, 2009, 96 p.

MARCHAND, Valère-Marie. *Boris Vian, le sourire créateur: biographie*, Paris, Écriture, 2009, 500 p.

ORTHLIEB, Gérard. *La Vie avec Boris Vian: du lycée à Saint-Germain-des-Prés*, La Courneuve, AkR, 2005, 148 p.

PAUTROT, Jean-Louis. « Vian et la Musique mystificatrice », dans *La Musique oubliée: La Nausée, L'Écume des jours, À la recherche du temps perdu, Moderato cantabile*, Genève, Droz, 1994, p. 77-129.

PESTUREAU, Gilbert. *Dictionnaire des personnages de Vian*, Paris, Christian Bourgeois Éditeur, 1993, 426 p.

RICARDOU, Jean. *Pour une théorie du Nouveau Roman*, Paris, essai, Seuil, coll. « Tel quel », 1967, 270 p.

RICHAUD, Frédéric. *Boris VIAN — Vérité et légendes*, Paris, Édition du Chêne, 1999, 174 p.

RYBALKA, Michel. *Boris Vian: essai d'interprétation et de documentation*, Paris, Lettres modernes, 1969, 254 p.

SAVOIE, Marc. *Poètes surréalistes*, Montréal, Beauchemin/Chenelière Éducation, coll. « Parcours d'un genre », 2008, 238 p.

TÉNOT, Franck. *Boris Vian, jazz à Saint-Germain-des-Prés*, Paris, Éditions du Layeur, 2009, 80 p.

VIAN KÜBLER, Ursula. *Cohérie Boris Vian*, www.borisvian.org (Consulté le 9 août 2009)

SOURCES ICONOGRAPHIQUES

ŒUVRES PARUES

300 ans d'essais au Québec
400 ans de théâtre au Québec
Apollinaire, *Alcools*
Balzac, *Le Colonel Chabert*
Balzac, *La Peau de chagrin*
Balzac, *Le Père Goriot*
Baudelaire, *Les Fleurs du mal* et *Le Spleen de Paris*
Beaumarchais, *Le Mariage de Figaro*
Chateaubriand, *Atala* et *René*
Chrétien de Troyes, *Yvain ou Le Chevalier au lion*
Colette, *Le Blé en herbe*
Contes et légendes du Québec
Contes et nouvelles romantiques : de Balzac à Vigny
Corneille, *Le Cid*
Daudet, *Lettres de mon moulin*
Diderot, *La Religieuse*
Écrivains des Lumières
Flaubert, *Trois Contes*
Gautier, *Nouvelles fantastiques*
Girard, *Marie Calumet*
Hugo, *Le Dernier Jour d'un condamné*
Jarry, *Ubu Roi*
Laclos, *Les Liaisons dangereuses*
Marivaux, *Le Jeu de l'amour et du hasard*
Maupassant, *Contes réalistes* et *Contes fantastiques*
Maupassant, *La Maison Tellier et autres contes*
Maupassant, *Pierre et Jean*
Mérimée, *La Vénus d'Ille* et *Carmen*
Molière, *L'Avare*
Molière, *Le Bourgeois gentilhomme*
Molière, *Dom Juan*
Molière, *L'École des femmes*
Molière, *Les Fourberies de Scapin*
Molière, *Le Malade imaginaire*
Molière, *Le Médecin malgré lui*
Molière, *Le Misanthrope*
Molière, *Tartuffe*
Musset, *Lorenzaccio*
Perrault, *Il était une fois… Perrault et autres contes de jadis*
Poe, *Le Chat noir et autres contes*
Poètes et prosateurs de la Renaissance
Poètes romantiques
Poètes surréalistes
Poètes symboliques
Racine, *Phèdre*
Récits fantastiques québécois contemporains
Rostand, *Cyrano de Bergerac*
Shelley, *Frankenstein ou le Prométhée moderne*
Tristan et Iseut
Vian, *L'Écume des jours*
Voltaire, *Candide*
Voltaire, *Zadig et Micromégas*
Zola, *La Bête humaine*
Zola, *L'Inondation et autres nouvelles*
Zola, *Thérèse Raquin*